Samba de enredo

Alberto Mussa
Luiz Antonio Simas

Samba de enredo

História e arte

2ª edição
Revista e ampliada

Rio de Janeiro
2023

Copyright © Alberto Mussa e Luiz Antonio Simas, 2010

Todos os direitos reservados. É proibido reproduzir, armazenar ou transmitir partes deste livro, através de quaisquer meios, sem prévia autorização por escrito.

Este livro foi revisado segundo o Acordo Ortográfico da Língua Portuguesa de 1990.

Direitos desta edição adquiridos pela
EDITORA CIVILIZAÇÃO BRASILEIRA
Um selo da
EDITORA JOSÉ OLYMPIO LTDA.
Rua Argentina, 171 — Rio de Janeiro, RJ — 20921-380 — Tel.: (21) 2585-2000.

Seja um leitor preferencial Record.
Cadastre-se no site www.record.com.br
e receba informações sobre
nossos lançamentos e nossas promoções.

Atendimento e venda direta ao leitor:
sac@record.com.br

	CIP-BRASIL. CATALOGAÇÃO NA PUBLICAÇÃO SINDICATO NACIONAL DOS EDITORES DE LIVROS, RJ
M977s 2ª ed.	Mussa, Alberto Samba de enredo : história e arte / Alberto Mussa, Luiz Antonio Simas. – 2ª ed., rev. e ampl. – Rio de Janeiro : Civilização Brasileira, 2023.
	Apêndice Inclui bibliografia e índice novo posfácio da 2ª edição ISBN 978-65-5802-088-2
	1. Samba – Histórias, enredos etc. – Brasil. 2. Carnaval – Brasil – História. 3. Escolas de samba – História. I. Simas, Luiz Antonio. II. Título.
22-81520	CDD: 782.421630981 CDU: 78.011.26(81)
	Gabriela Faray Ferreira Lopes – Bibliotecária – CRB-7/6643

Impresso no Brasil
2023

Para Didi, que me mostrou o Morro e as escolas de samba.
Alberto Mussa

Para o Luiz Grosso, um pernambucano que gostava de samba, cerveja e futebol.
Luiz Antonio Simas

Sumário

Profissão de fé	9
Morro e asfalto: 1870–1932	11
Antigos carnavais	11
O samba carioca	12
As primeiras escolas de samba	14
Os primeiros concursos	15
Questões importantes:	
Fontes para a história do samba de enredo	19
Formação: 1933–1950	21
Malandro regenerado: 1933–1942	21
Conceito extrínseco	24
Conceito intrínseco	29
Carnavais de guerra e de vitória: 1943–1946	39
As primeiras obras-primas: 1947–1950	46
Questões importantes:	
A exigência de temas nacionais	51
O período clássico: 1951–1968	55
O samba-lençol	55
Cenas e paisagens	61
Da África para o Brasil	63
Virando bolacha	68
A época de ouro: 1969–1989	73
Permanência e transformação	73
Ordem e progresso	77
Samba, festa de um povo	79
É arte, é cultura	96
Negro é sensacional	100

Os donos da terra 112

Ratos e urubus 117

Encruzilhada: 1990–2009 121

Questões importantes:
O julgamento do samba de enredo 132

Escolas de samba de enredo 135

Grandes compositores 171

Questões importantes:
Conceito de autoria no mundo do samba 192

Posfácio à segunda edição: Momento atual 195

Apêndices

Relação de sambas de enredo 203

Relação de estandartes de ouro:
sambas ganhadores do grupo especial 257

Bibliografia 259

Índice de agremiações 261

Profissão de fé

O conceito de *literatura*, tomado a rigor, se aplicaria apenas ao conjunto de textos produzidos com finalidade estética e veiculados exclusivamente em meio escrito.

Todavia, os compêndios de história literária incluem tradicionalmente em seus cânones espécimes poéticas de veiculação oral, como a lírica clássica greco-latina, as canções de gesta, o hinário cristão medieval, os cancioneiros galaico-portugueses.

Isso se explica naturalmente: a poesia escrita, desvinculada da música ou mesmo da voz dos recitadores, é sempre uma criação tardia, em todas as culturas que se tornam literárias, herdando suas características fundamentais dos gêneros orais que a precedem.

Assim, é fácil entender por que as antigas formas musicadas continuam a figurar nos compêndios literários: elas são o modelo, o ponto de partida. Aliás, no caso particular da poesia, o conceito de verso — sem o qual o gênero não pode existir — surgiu com as formas orais.

Assim, poesia pressupõe oralidade: a forma escrita e silenciosa constitui uma exceção.

É estranho que, na Europa, os estudiosos tenham relegado a um segundo plano e praticamente excluído da literatura os textos musicados — a letra de música — produzidos depois do chamado Renascimento. Não vem ao caso discutir as razões dessa atitude.

No Brasil, isso não faz nenhum sentido. Pelo contrário, o estudo das letras de música deve merecer uma atenção particular — porque nelas talvez esteja o que há de mais representativo e mais original em toda a nossa produção poética.

Isso porque herdamos grandes legados fundamentalmente orais — indígenas e africanos; e porque nossas raízes europeias estão fortemente fincadas na Ibéria medieval, onde a poesia ainda era cantada.

Nesse vastíssimo acervo que é o da música brasileira, o samba do Rio de Janeiro constitui — seja do ponto de vista musical, seja do poético — uma das mais importantes criações.

Entre as espécies de samba, o samba de enredo é certamente a mais impressionante. Porque não é lírica — no que contraria uma tendência universal da música popular urbana. E porque integra o maior complexo de exibições artísticas simultâneas do mundo moderno: o desfile das escolas de samba.

Mais do que isso: porque o samba de enredo é um gênero épico. O único gênero épico genuinamente brasileiro — que nasceu e se desenvolveu espontânea e livremente, sem ter sofrido a mínima influência de qualquer outra modalidade épica, literária ou musical, nacional ou estrangeira.

Essas considerações bombásticas justificam bem um livro sobre a história do samba de enredo. Mas não foi por isso que ele foi escrito.

Este livro foi escrito por amor, porque somos apaixonados pelo Rio de Janeiro, pelo carnaval carioca, pelas escolas de samba, pelo samba de enredo. Consideramos este o gênero maior.

Temos uma relação antiga, íntima, com o mundo do samba; ouvimos samba desde pequenos; há uns 30 anos acompanhamos em quadra as disputas de sambas de enredo; e há tantos outros assistimos, na passarela, ao desfile das escolas de samba.

Para escrever este livro, ouvimos quase 1.600 sambas de enredo do nosso acervo pessoal. Incluímos outros, sabidos de memória, que nunca foram gravados. Desses, mais de 200 mereceram alguma espécie de comentário. E vale lembrar que dispensamos — salvo num ou noutro caso muito especial — centenas de letras de que não conhecíamos a música. Porque acreditamos que a poesia oral não pode ser convenientemente apreciada sem a manifestação da voz.

Este livro é apenas uma pequena introdução à história do samba de enredo. Não tratamos da história do carnaval, nem da história das escolas de samba.

Gostaríamos que fosse mais ouvido do que lido. Por isso, sugerimos que os leitores escutem as gravações dos sambas citados. Mais um pouco: que visitem uma quadra de escola de samba, que sintam o samba, ao vivo, depois da entrada triunfal da bateria. Essa é a experiência. Depois disso, não haverá mais dúvida sobre a terra.

Morro e asfalto
1870–1932

Antigos carnavais

A cultura popular brasileira é repleta de manifestações que se expressam no formato processional. Os festejos da Senhora do Rosário, os ternos de Santos Reis, as procissões religiosas católicas e os afoxés vinculados aos candomblés confirmam essa afirmação. A tradição do cortejo também está presente, desde pelo menos o século 19, no carnaval de rua carioca.

Entre as camadas mais abastadas da população se destacavam, nos dias de carnaval, os desfiles das Grandes Sociedades. Data de 14 de fevereiro de 1855 o primeiro préstito de Momo do Congresso das Sumidades Carnavalescas. No mesmo ano foi fundada a Euterpe Comercial, núcleo de origem da Sociedade Carnavalesca dos Tenentes do Diabo. No ano seguinte, pela primeira vez um trecho de ruas do Rio — a Rua das Violas, entre a Candelária e a Rua da Quitanda — foi enfeitado para receber o desfile das Sociedades.

As camadas populares preferiam se divertir em blocos improvisados, que em geral terminavam em barafundas memoráveis, cordões de mascarados e ranchos. Esses últimos são fundamentais para se compreender o surgimento das escolas de samba.

A origem mais provável dos ranchos está na estrutura dos ternos de reis e pastoris do Nordeste, e seu surgimento no Rio de Janeiro ocorre entre as comunidades nordestinas, sobretudo baianas, que viviam nas proximidades do Morro da Conceição. Nos primeiros anos os ranchos desfilaram no dia de Santos Reis, 6 de janeiro. Atribui-se a Hilário Jovino Ferreira, figura marcante da comunidade baiana no então Distrito Federal, a ideia de transferir os desfiles dos ranchos para os dias de carnaval.

A ideia de mudar a data dos cortejos funcionou e, em pouco tempo, os ranchos conquistaram os cariocas e foram aceitos também pelas elites. Já em 1894 o Rei de Ouro, rancho do pioneiro Hilário Jovino, apresentou-se no Itamaraty — numa evidente manifestação de prestígio — para o presidente Floriano Peixoto. A informação surpreende. Floriano, um marechal veterano da Guerra do Paraguai, era um sujeito fechado, de poucos amigos e raríssimos sorrisos. Perguntado sobre o que achara da exibição do Rei de Ouro, admitiu que preferia paradas militares.

Em 1909 o *Jornal do Brasil*, àquela época um órgão importantíssimo e de grande circulação entre as camadas mais abastadas, organizou o primeiro concurso de ranchos da cidade. A aceitação das agremiações só fez crescer. Em 1911, no domingo de carnaval, o Ameno Resedá apresentou seu enredo *Corte de Belzebu* no Palácio Guanabara, para o presidente Hermes da Fonseca e seus convidados. Diabos e diabas transformaram o Guanabara numa sucursal do inferno. Alguns afirmam que o próprio presidente da República enfeitou-se com um par de chifres.

Os concursos de ranchos apresentavam regulamentos que exigiam o cumprimento de uma série de exigências disciplinares. As agremiações deveriam ter abre-alas, comissão de frente, alegorias, mestre-sala e porta-estandarte, mestres de canto, coro feminino, figurantes, corpo coral masculino e orquestra.

Isso demonstra que, com o passar do tempo, os ranchos foram procurando cada vez mais construir um espaço de aceitação na sociedade completamente desvinculado de referências da cultura afro-brasileira. O Ameno Resedá, por exemplo, definia suas exibições como "óperas ambulantes" e preferia ser classificado como um "teatro lírico ambulante", para marcar sua diferença em relação aos cordões — fortemente marcados pela presença de negros — e aos blocos de sujo.

Essa tentativa dos ranchos de buscar uma aceitação formal, comparável à das Grandes Sociedades, se expressa, por exemplo, nos nomes das agremiações. Mimosas Cravinas, Rosa de Ouro, Flor do Abacate, Recreio das Flores, Ameno Resedá, Paraíso das Borboletas, e tantos outros, parecem querer passar a impressão de que os ranchos não compactuavam com os blocos e cordões, conhecidos pelas arruaças e arengas promovidas pelos seus componentes.

Para entender esse cuidado há de considerar que, durante a República Velha, as manifestações populares, sobretudo aquelas vinculadas aos negros, como a capoeira, o candomblé e o samba, foram sistematicamente criminalizadas. Não surpreende, portanto, que os ranchos tenham tentado construir vínculos com referências culturais europeias. Era, em síntese, o ideal do branqueamento como caminho para a aceitação.

O samba carioca

A expressão samba é, provavelmente, derivada do quimbundo *di-semba*, umbigada — elemento coreográfico caracterizador do samba rural em todas as suas variantes.

Até o final do século 19 era comum a utilização do nome samba para designar todas as danças populares brasileiras derivadas do batuque africano. Posteriormente, a denominação passou a definir um gênero musical de compasso binário, derivado dos batuques do Congo e de Angola, e a sua dança correspondente.

A chegada de escravizados oriundos do Recôncavo Baiano ao Vale do Paraíba, em meados do século 19, está ligada ao apogeu da cafeicultura na região fluminense e ao declínio do cultivo da cana-de-açúcar no Nordeste.

A partir da década de 1870, é a cafeicultura do Vale do Paraíba que entra em declínio — superada pelo Oeste Novo paulista. Tal fato liberou um grande contingente de mão de obra empregado nos cafezais. Grande parte dessa mão de obra ociosa migra para a capital do Império, a cidade do Rio de Janeiro. A Abolição da Escravatura acelera esse processo.

Com esses negros, chega ao Rio de Janeiro a tradição do samba rural, à base da pergunta e do refrão e servindo como elemento de sustentação da coreografia.

O contato entre os recém-chegados e os crioulos, mestiços e africanos que viviam nas zonas central e portuária da capital cria as condições que levam ao estabelecimento da comunidade baiana do Rio de Janeiro, na região que vai da Pedra do Sal — no Morro da Conceição — até a Cidade Nova, área que Heitor dos Prazeres definiu como a Pequena África.

Esse ambiente urbano — marcado pela circulação de múltiplas referências culturais entre os vários grupos que o habitavam — moldou de forma diferente a matriz do samba rural baiano, que, em contato com outros gêneros musicais, deu origem a outros estilos de samba.

Uma das derivações do samba rural que se desenvolveu no Rio de Janeiro foi o samba amaxixado, gênero que viveu o apogeu na década de 20 e teve em Sinhô seu compositor mais expressivo. Apesar de já se diferenciar do batuque rural, o samba amaxixado tinha uma divisão rítmica que dificultava o canto por grupos em desfile.

Os compositores da região do Estácio de Sá — bairro marcado por um número significativo de embaixadas do samba e ranchos que saíam em cortejo — começaram a alongar as linhas melódicas e a cadenciar o ritmo do samba amaxixado, de maneira a facilitar o canto durante as exibições.

Esse estilo, que desceu o morro com compositores como Ismael Silva, Newton Bastos, Armando Marçal e Bide, ultrapassou os limites das agremiações carnavalescas e cristalizou-se como a mais importante contribuição das camadas populares urbanas do Rio de Janeiro à história da música. De sua base rítmica e melódica desenvolveu-se toda uma linha da música popular brasileira, de Noel Rosa e Ari Barroso a Chico Buarque de Holanda.

As primeiras escolas de samba

Podemos afirmar que a década de 20 foi marcada por um dilema que envolveu as camadas populares urbanas, notadamente as comunidades negras, e o Estado republicano. De um lado, os negros buscavam pavimentar caminhos de aceitação social. O Estado, por sua vez, procurava disciplinar as manifestações culturais das camadas populares; forma eficaz, diga-se de passagem, de controlá-las. Dessa dupla intenção — o interesse regulador do Estado e o desejo de aceitação social das camadas populares urbanas do Rio de Janeiro — surgirão as primeiras escolas de samba.

As escolas de samba se formam a partir de um universo que engloba diversas referências: a herança festiva dos cortejos processionais, a tradição carnavalesca dos ranchos, blocos e cordões e os sons das macumbas, batuques e sambas cariocas. São frutos, portanto, da articulação dessas diversas influências e de uma série de interesses políticos e sociais que marcam a primeira metade do século 20 no Distrito Federal.

Segundo Nei Lopes, que entende como poucos desse riscado, é possível dizer que as escolas de samba apresentam, em suas origens, três aspectos intermediários entre a disciplina dos ranchos e a desordem dos blocos de sujo: a dança espontânea, que substitui a rígida coreografia dos ranchos; o canto das baianas — no lugar do coro das pastoras — e a harmonia e a cadência do samba urbano carioca.

As novas agremiações que foram surgindo dessa fusão entre a desordem dos blocos e a disciplina dos ranchos receberam os nomes de escolas de samba. Consagrou-se a versão de que a utilização do termo escola teria sido criada por Ismael Silva. Inspirado na escola de formação de normalistas que funcionava no Estácio de Sá, Ismael teria dado a denominação de escola de samba à agremiação Deixa Falar, oriunda do bairro. A versão, sustentada por inúmeros depoimentos do próprio Ismael, é de difícil aceitação. O Deixa Falar do Estácio não foi exatamente uma escola de samba, mas sim um bloco que virou rancho, conforme a leitura dos jornais cariocas do início dos anos 30 pode indicar.

A discussão sobre a origem do termo escola de samba é destinada ao fracasso e não nos parece propriamente importante. São muitas as versões, todas elas sustentadas pela tradição oral e fundamentadas na memória dos pioneiros, sempre dispostos — e é absolutamente normal que seja assim — a puxar a brasa para suas sardinhas. O termo surge, e eis aqui a única informação precisa nessa teia de versões, no final da década de 20 e demonstra um evidente desejo de legitimação e reconhecimento do samba e das comunidades negras do Rio de Janeiro.

Em 1930 temos a indicação de cinco agremiações que se definiam como escolas de samba: Estação Primeira de Mangueira, Oswaldo Cruz, Vizinha Faladeira, Para o Ano Sai Melhor (do bairro do Estácio) e Cada Ano Sai Melhor (do Morro de São Carlos). É praticamente impossível estabelecer qual dessas escolas foi a pioneira do carnaval carioca.

O mestre Cartola afirmava que a Mangueira tinha sido fundada como escola de samba no dia 28 de abril de 1928. O nome faz referência ao fato de a Mangueira ser, a partir da Central do Brasil, a primeira estação da linha do trem. As cores, verde e rosa, homenageiam o rancho Arrepiados, agremiação de Laranjeiras que contava com a participação do pai de Cartola, Sebastião de Oliveira. Versões mais delirantes, e plenamente justificadas pela paixão que o futebol desperta, chegavam a sugerir que as cores da Mangueira homenageariam o clube de coração de Cartola, o Fluminense. O próprio compositor negava essa versão. O jornalista Sérgio Cabral encontrou, entre os pertences do radialista Almirante, um papel timbrado que afirmava ter a Mangueira sido criada em 28 de abril de 1929; um ano depois, portanto, da data apontada por Cartola.

Já o portelense Antônio da Silva Caetano, com certa empáfia que sempre caracterizou os membros da azul e branca de Madureira, desautorizou Cartola e Ismael Silva e afirmou em várias entrevistas ter sido ele próprio o idealizador do Conjunto Carnavalesco Escola de Samba Oswaldo Cruz, fundado em abril de 1926. Para Caetano, o grupo de Oswaldo Cruz, que deu origem à Portela, teria sido, sem dúvida, o primeiro a usar a denominação escola de samba e a se organizar como tal.

Os primeiros concursos

O primeiro ensaio de um concurso entre as escolas não ocorreu no dia de carnaval. A competição aconteceu em 20 de janeiro de 1929, dia de São Sebastião, padroeiro do Rio de Janeiro, sincretizado nas macumbas cariocas com o orixá Oxóssi.

O concurso foi organizado pelo pai de santo Zé Espinguela e recebeu apoio do jornal *A Vanguarda*. Conjuntos carnavalescos de Oswaldo Cruz, da Mangueira e do Estácio de Sá concorreram com dois sambas cada, para que o melhor fosse escolhido. A vitória foi da agremiação de Oswaldo Cruz, com o samba *A tristeza me persegue*, de Heitor dos Prazeres.

A disputa realizada por Zé Espinguela é completamente distinta do que se consagrou depois como um desfile de escolas de samba. Para ficar apenas numa diferença fundamental, não houve o desfile em cortejo. O que aconteceu foi um embate entre Oswaldo Cruz, Estácio e Mangueira para que o melhor samba, com temática livre, fosse escolhido. Seria hoje comparável a um concurso de sambas de terreiro. Como acreditamos que uma das características marcantes das escolas de samba é o desfile, não se pode considerar o concurso de Zé Espinguela o primeiro entre as agremiações.

O fato pitoresco do concurso foi a desclassificação da rapaziada do Estácio. O argumento utilizado pelo organizador da disputa para eliminar os bambas foi pra lá de inusitado — o conjunto foi eliminado porque se apresentou de gravata e flauta, tocada pelo grande Benedito Lacerda. Sabemos que instrumentos de sopro nunca foram muito bem-vindos no mundo do samba (tanto que foram formalmente proibidos nos desfiles, em 1935). Mas Zé Espinguela nunca revelou por que resolveu implicar com a beca dos sambistas do velho Estácio.

A primeira disputa à vera, com a ocorrência de um pequeno cortejo, ocorreu no carnaval de 1932, patrocinada pelo jornal *Mundo Sportivo* e idealizada pelo jornalista Mário Filho, um homem de imprensa que colaborou decisivamente para que o samba e o futebol conquistassem de vez as ruas do Rio de Janeiro. O concurso contou com a participação de 19 agremiações que desfilaram em frente a um coreto montado em uma Praça Onze apinhada de gente.

O júri, formado por Álvaro Moreira, Eugênia Moreira, Orestes Barbosa, Raimundo Magalhães Júnior, José Lira, Fernando Costa e J. Reis premiou quatro escolas: Mangueira, Vai Como Pode (novo nome adotado pela Oswaldo Cruz, antes de virar Portela), Para o Ano Sai Melhor e Unidos da Tijuca. As agremiações não tinham, segundo o regulamento, nenhuma obrigação de apresentar sambas relacionados a um enredo. Cada escola poderia apresentar até três sambas, com temática livre.

A vitoriosa Mangueira cantou dois sambas — *Pudesse meu ideal*, de Cartola e Carlos Cachaça, e *Sorri*, de Gradim. Vale ressaltar, portanto, que esse primeiro concurso entre as escolas não apresenta nenhuma composição que possa ser caracterizada — ou até mesmo aproximada — como o gênero musical que se cristalizou tempos depois como samba de enredo.

O concurso de 1933 foi organizado pelo jornal *O Globo* e apresentou um regulamento com quesitos que deveriam nortear o papel da comissão julgadora. O julgamento levaria em consideração a poesia do samba, o enredo, a originalidade e o conjunto.

O carnaval de 1933 foi, também, aquele em que houve o primeiro auxílio do poder público ao desfile das escolas. Além de o concurso ter sido inscrito no programa oficial da folia, elaborado pelo Touring Club e pela Prefeitura do Distrito Federal, o governo do prefeito Pedro Ernesto liberou uma verba, ainda que pequena, para auxiliar a realização da festa.

A exigência do enredo como critério de julgamento das escolas, uma novidade de 1933, é certamente inspirada no desfile dos ranchos. Essas agremiações já desfilavam, desde pelo menos o início dos anos 20, com enredos de valorização de temas nacionais, personagens marcantes do Brasil e a exuberância da natureza brasileira. Já havia, portanto, uma tendência de usar os cortejos carnavalescos para promover certa pedagogia do amor ao Brasil, anterior até mesmo à fundação das primeiras escolas de samba. Vale ressaltar, porém, que o samba cantado pelas escolas não precisava estar de acordo com o enredo visualmente desenvolvido.

Em 1934 o desfile aconteceu entre as cotias do Campo de Santana, no dia de São Sebastião, durante uma grande festa em homenagem ao prefeito Pedro Ernesto. A vitória, assim como no concurso de 1933, foi mangueirense.

O fato mais importante daquele ano de 1934 ocorreu, entretanto, bem depois do carnaval. No dia 6 de setembro foi fundada a União das Escolas de Samba, com a proposta explícita de alcançar para as novas agremiações a mesma projeção já obtida pelas grandes sociedades, ranchos e blocos.

Na figura de seu primeiro presidente, Flávio Paulo da Costa, a União das Escolas de Samba endereçou uma carta ao prefeito Pedro Ernesto que é da maior importância para a história do carnaval carioca. Diz a missiva que as escolas de samba pretendiam funcionar como "núcleos onde se cultiva a verdadeira música nacional, imprimindo em suas diretrizes o cunho essencial da brasilidade".

Mais adiante a carta fala que a associação criada era "composta de 28 núcleos, num total aproximado de 12 mil componentes, tendo uma música própria, seus instrumentos próprios e seus cortejos baseados em motivos nacionais, fazendo ressurgir o carnaval de rua, base de toda a propaganda que se tem feito em torno da nossa festa máxima". Há de duvidar desse número de 12 mil componentes.

Para certamente impressionar Pedro Ernesto, o presidente da União das Escolas de Samba exagerou na dose. Mas o exagero funcionou.

Poucos dias após, a prefeitura sancionou a presença das escolas de samba no carnaval carioca, reconheceu a União das Escolas de Samba como sua única representante e prometeu auxiliar financeiramente as agremiações. Para ter direito às verbas públicas, as escolas de samba deveriam se legalizar na polícia do Distrito Federal.

A regra do jogo era claríssima. As escolas buscavam o apoio do poder público como um caminho para a legitimação e aceitação de suas comunidades; o poder público, por sua vez, via na oficialização dos desfiles uma maneira de disciplinar e controlar as camadas populares urbanas em alguns de seus redutos mais significativos.

Não surpreende constatar também que a ideia de se usarem temas de exaltação nacional não foi uma imposição do governo, partiu dos próprios redutos do samba, antenados com a perspectiva nacionalista que caracterizava a atuação do Estado na recém-iniciada Era Vargas. Exaltar os valores nacionais era uma bela estratégia em busca do reconhecimento formal das escolas de samba. Antes de ser uma imposição passivamente aceita pelo mundo do samba, falar da pátria era uma forma de o sambista encontrar a aceitação social pretendida, em uma postura pragmática que permitiria a sobrevivência das agremiações.

O primeiro concurso promovido diretamente pela prefeitura aconteceu em 1935 e foi patrocinado pelo jornal *A Nação*. Naquele ano o regulamento estabelecia que fossem julgados quatro quesitos: originalidade, harmonia, bateria e bandeira. Não permaneceu, portanto, o regulamento de 1933, que previa o julgamento da poesia do samba.

A argumentação contra o quesito poesia do samba foi apresentada pela escola Vizinha Faladeira. A direção da Vizinha, valorosa escola da zona portuária, argumentou que era impossível estabelecer critérios precisos para julgar versos de improviso, como aqueles que em geral compunham as segundas partes dos sambas apresentados. Para a Vizinha Faladeira, o único critério viável para se julgar o samba era se o mesmo fosse obrigatoriamente atrelado ao enredo proposto.

Temos aí o primeiro esboço de uma ideia que, aos poucos, iria se impor aos desfiles; a necessidade de o samba estar de acordo com a apresentação do enredo da escola. Essa adequação, que nos anos 30 apenas se esboça, está de acordo com a tendência de padronização e perda da espontaneidade que os desfiles das escolas de samba irão adquirir, sobretudo após a oficialização da festa pelo poder público.

O concurso de 1935 estabeleceu que cada escola apresentasse dois sambas. As letras dos coros deveriam ser enviadas antes do dia do desfile a uma comissão organizadora. Os instrumentos de sopro foram proibidos, assim como os estandartes e carros alegóricos, que poderiam ofuscar o samba. É curioso para quem assiste aos desfiles de hoje, com escolas gigantescas que se esmeram no visual e se desdobram para terminar o cortejo em uma hora e meia, correndo feito o diabo da cruz, saber que o regulamento de 1935 temia que a parafernália visual prejudicasse o samba e previa que cada agremiação se apresentasse em, no máximo, 15 minutos.

Nesse ano também houve uma discussão sobre o local dos desfiles. A União das Escolas de Samba tentou transferir a festa da Praça Onze para a Avenida Rio Branco. Ao negar o pedido dos sambistas, o diretor de turismo do Distrito Federal, Alfredo Pessoa, evocou as tradições sambistas da praça e argumentou que haveria forte prejuízo ao tráfego, em um dia em que se realizaria na Avenida Rio Branco o desfile do corso — os foliões atravessavam a avenida em seus carros, fantasiados e jogando confetes e serpentinas.

As escolas de samba não eram ainda vistas com a importância suficiente para destronar o corso da mais famosa das avenidas cariocas. Não custa lembrar que o corso hoje está extinto como manifestação carnavalesca, ainda mais em tempos em que a combinação entre álcool e direção dá cadeia. Admitamos que os motoristas da parada do corso não dirigiam, fantasiados e em pleno carnaval, exatamente sóbrios.

QUESTÕES IMPORTANTES
Fontes para a história do samba de enredo

Qualquer pessoa que queira estudar a história dos sambas de enredo acabará, forçosamente, diante do problema das fontes de pesquisa.

Os registros fonográficos sistemáticos só surgem no final da década de 60. Antes disso, as gravações são esporádicas e, não raro, apresentam poucos dados sobre as obras gravadas.

Os estudos existentes sobre o tema privilegiam, geralmente, análises qualitativas — destacando em geral apenas os sambas que adquiriram projeção acima da média e tiveram boa repercussão na mídia. Esse trabalho parte de outro princípio; o de que a análise qualitativa depende primeiramente de um apanhado do maior número possível de sambas de enredo.

Desse modo, é inevitável que o mergulho no universo dos sambas de enredo, da trajetória dos seus autores e das escolas de samba dependa da transmissão oral do conhecimento — e essa sempre é provisória e determinada vigorosamente pelo ponto de vista daqueles que relatam as experiências vividas.

São muitas as versões, algumas francamente opostas, e poucas as certezas. Não importa. Longe da pretensão de construir verdades definitivas e afirmá-las em documentos oficiais, formular um conhecimento provisório sobre o samba de enredo é menos a vontade de produzir um relato verdadeiro da história (de antemão impossível) que uma forma de render tributo aos nossos heróis — os compositores dos sambas.

Formação
1933–1950

Malandro regenerado: 1933–1942

Em 1933, um jovem genial chamado Wilson Baptista, nascido em Campos dos Goytacazes, compôs um belíssimo samba de exaltação à malandragem carioca, que tem versos como estes:

> Meu chapéu de lado
> Tamanco arrastando
> Lenço no pescoço
> Navalha no bolso

O malandro de Wilson Baptista é um herói mítico do Rio de Janeiro, que descende diretamente do antigo capoeira — não o baiano, aquele da roda e do berimbau, mas a personagem carioca que surgiu no século 18, retratada por Macedo (*Memórias da Rua do Ouvidor*), Luiz Edmundo (*O Rio de Janeiro no tempo dos vice-reis*) e Aluísio Azevedo (*O cortiço*), para ficarmos só com três exemplos.

Tanto o capoeira como o malandro apresentam três características inconfundíveis: querem viver sem trabalhar (e trabalho aqui significa as formas mais pesadas e menos prestigiadas, as únicas que se ofereciam aos moradores do morro); querem provar que são bons de briga; e querem provar que são bons de samba, que sabem compor e fazer versos.

O malandro de Wilson Baptista, portanto, reúne numa mesma pessoa o vadio ("vejo quem trabalha andar no miserê"), o valente ("provoco e desafio") e o bamba, aquele que é bom de samba ("eu me lembro: era criança, tirava samba-canção").

Mas nem todos os sambistas da época concordavam em exaltar esse modelo. Noel Rosa, por exemplo, era um deles. E compôs, para rebater a tese de Wilson, o seguinte samba:

> Deixa de arrastar o teu tamanco
> Pois tamanco nunca foi sandália
> E tira do pescoço o lenço branco

Compra sapato e gravata
Joga fora essa navalha
Que te atrapalha
De chapéu de lado deste rata
Da polícia quero que escapes
Fazendo um samba-canção
Já te dei papel e lápis
Arranja um amor e um violão
Malandro é palavra derrotista
Que só serve pra tirar
Todo o valor do sambista
Proponho ao povo civilizado
Não te chamar de malandro
E sim de rapaz folgado

O que Noel ataca no malandro de Wilson Baptista é apenas uma das características típicas da malandragem: a valentia, associada ao crime e à marginalidade social. Como se sabe, o lenço de seda no pescoço era uma proteção contra as navalhadas; e o tamanco, verdadeira arma quando calçava o pé de um capoeira.

Noel Rosa sabia (e outros sambistas também vinham percebendo a mesma coisa) que a única maneira de o samba ser definitivamente aceito pelo asfalto era não se vincular ao crime.

Por isso, Noel dá ênfase ao sambista, ao bamba, propondo um novo conceito de malandro — o folgado. É o malandro do jeitinho, que valoriza os prazeres da vida, que coloca o trabalho nos limites da subsistência ou faz do próprio samba uma forma de ganhar a vida. Esse novo herói não representa perigo para ninguém, pelo contrário, é através dele que o morro se integra ao asfalto.

Esses dois sambas espetaculares deram início à famosa polêmica entre Noel e Wilson, que terminou com uma bela parceria.

A importância da polêmica não foi apenas musical e poética. Ela marcou uma mudança ideológica no mito do malandro, que se refletia em todas as camadas populares da cidade. As escolas de samba não ficaram de fora. E tiveram em Paulo da Portela — para quem o sambista tinha que andar de terno, gravata e sapato — o principal representante dessa nova ideia.

Essas agremiações viviam, naquele momento histórico, um verdadeiro deslumbramento com o interesse da cidade pelo samba do morro. Pela primeira vez na história, a gente do morro se sentia integrada ao "asfalto", capaz de contribuir com alguma forma de arte, digna de simbolizar a cultura brasileira.

O samba da Unidos da Tijuca, de 1933, composto por Nelson de Morais, expressa bem essa mentalidade, quando diz que os componentes da escola (e moradores do morro) não queriam "abafar nem desacatar" e pretendiam apenas "cantar o nosso samba que é nascido no terreiro".

O pessoal da Unidos, portanto, rejeitando a ideologia de Wilson e abraçando a de Noel, não vinha "desacatar". O desacato era coisa de malandro, que degenerava em briga e navalhadas.

O mesmo se pode dizer do célebre *Homenagem*, de Carlos Cachaça, cantado pela Mangueira em 1934:

> Recordar Castro Alves,
> Olavo Bilac e Gonçalves Dias
> E outros imortais
> Que glorificaram nossa poesia

Depois dessa evocação, o sambista afirma que esses grandes poetas do cânone erudito nunca poderiam ter imaginado que seus nomes seriam glorificados numa letra de samba, compostos em "versos rudes", "sem perfeição, sem riquezas mil". E termina dizendo que, apesar de tudo, os sambas do morro "são prova de estima de um povo varonil".

Aliás, basta analisar os títulos de uns poucos enredos conhecidos para ter noção de como, nessa época, o sucesso do samba impressionava os sambistas: a Vizinha Faladeira desfilou em 1934 com *Malandro regenerado*; a Azul e Branco, no mesmo ano, com *Triunfo do samba*; a Portela (ou Vai Como Pode), em 1935, com *O samba dominando o mundo*; de novo a Vizinha, em 1936, com *Ascensão do samba na alta sociedade*; e finalmente a Portela, com *Teste ao samba*, em 1939, e *A vida do samba*, em 1942.

Dois sambas compostos para esses enredos são exemplares: o de Paulo da Portela, de 1939, termina declarando que "lá no morro vamos vivendo de amor, estudando com carinho o que nos passa o professor". Ou seja, no morro as pessoas são iguais às do asfalto, também estudam, também dão importância à educação formal, merecem fazer parte da sociedade.

O segundo, de Alvaiade e Chatim, de 1942, resume bem os conceitos expressos nesse período de formação — o samba desceu do morro, foi aceito pela cidade, tornou-se conhecido internacionalmente e passou a ser motivo de orgulho de todos os brasileiros, não apenas dos sambistas.

Mas será que os sambas desse período podem ser considerados sambas de enredo? Essa questão só pode ser respondida em duas partes.

Conceito extrínseco

Na maior parte dos tratados sobre a história das escolas de samba, é recorrente a discussão sobre qual teria sido o primeiro samba de enredo, qual composição original teria fundado o gênero. Embora as opiniões divirjam, há uma constante: o critério extrínseco — ou seja, a noção de que samba de enredo é a expressão poética do enredo apresentado no desfile.

O samba de enredo seria, assim, o poema musicado que alude, discorre ou ilustra o tema alegórico eleito pela escola. Se não há enredo, não há samba de enredo.

O problema fundamental, portanto, passa a ser outro: a definição de enredo.

Num sentido amplo, qualquer samba pode conter enredo: uma história de adultério, façanhas da malandragem, a vida dura do morro. Mas o termo enredo, no âmbito semântico das escolas de samba, tem duas acepções bem distintas.

Na primeira, enredo tem um sentido abstrato, teórico: é o tema proposto pela escola, a ser apresentado no desfile. Nunca foi objeto de julgamento. O que se julga é o enredo em sua segunda acepção: o desenvolvimento ou a representação desse tema teórico nas alegorias, adereços e fantasias. Ou seja, a manifestação plástica do enredo abstrato. É este segundo enredo que tradicionalmente vale pontos.

A definição de samba de enredo segue um raciocínio análogo. Sendo uma forma lítero-musical, uma conjunção de letra e música, os sambas sempre foram julgados levando em conta esses dois polos. E, desde cedo, as letras de sambas cantados em desfiles começaram a se adequar ao "enredo" da escola: não ao enredo em sua segunda acepção, mas ao enredo teórico, ao tema geral, proposto em forma abstrata.

Não há relação de precedência, portanto, entre o enredo plástico e o samba de enredo: ambos decorrem e devem expressar, da melhor maneira possível, o enredo teórico da escola.

Samba de enredo, portanto, é o samba cuja letra, entre outros requisitos estéticos, desenvolve, expressa ou alude ao tema da escola — tema esse que também se manifesta, paralelamente, em fantasias, alegorias e adereços.

Dessa forma, o fato de as escolas de samba, até 1952, terem apresentado mais de um samba no desfile; o fato de os regulamentos não exigirem que esses sambas expressassem o enredo; o fato de as escolas exibirem recursos plásticos muito rudimentares, — às vezes sem mesmo aludirem ao enredo proposto — não afeta o conceito de samba de enredo.

É importante fazer uma análise mais detida dos sambas que têm sido apontados pelos estudiosos como fundadores do gênero; ficam excluídos desse exame, evidentemente, inúmeras composições — como *Lacrimário*, de Carlos Cachaça, *Garças pardas*, de Cartola e Zé da Zilda, *Linda cubana*, de Boaventura, ou *Cidade-Mulher*, de Paulo da Portela — que foram apresentados em desfiles, mas cujas letras, francamente líricas, nem de longe se acercavam dos enredos. E também vale lembrar que o número de sambas em que as análises se baseiam é muito pequeno, para esse período, porque grande parte dos registros se perdeu.

A mais antiga das obras tida como precursora do samba de enredo foi composta por Nelson de Morais para a Unidos da Tijuca em 1933. O enredo era *O mundo do samba*. Eis a letra:

> Somos Unidos da Tijuca
> E cantamos com harmonia
> E alegria
> O samba nascido no terreiro
> Não queremos abafar
> Nem desacatar
> Viemos cantar o nosso samba
> Que é nascido no terreiro
> Perante o luar

Infelizmente, não dispomos da melodia. Os versos acima parecem indicar que se trata apenas da primeira parte fixa do samba, sendo a segunda livre, improvisada durante a evolução. A mensagem parece clara: os sambistas da Unidos não desprezam os concorrentes, querem tão somente mostrar ao público suas composições, que são belas, autênticas e inspiradas pela lua. Não há — parece óbvio — nenhuma referência ao enredo *O mundo do samba*: é a descrição de um estado de espírito, de um ânimo; não do enredo.

Outro samba por vezes considerado o primeiro samba de enredo é *Homenagem*, de Carlos Cachaça, cantado pela Mangueira em 1934. Diz a "primeira":

> Recordar Castro Alves,
> Olavo Bilac e Gonçalves Dias
> E outros imortais
> Que glorificaram nossa poesia
> Quando eles escreveram
> Matizando amores poemas cantaram
> Talvez nunca pensaram
> De ouvir os seus nomes num samba algum Dia

Há ainda, nesse samba, duas "segundas", que falam dos poetas do morro, da sua grandeza, do seu amor ao samba, do seu respeito aos vultos imortais mencionados e da consciência de seu próprio valor.

Poderia ser um samba de enredo, se o enredo fosse sobre Castro Alves, Olavo Bilac e Gonçalves Dias ou sobre a poesia brasileira, em geral. Todavia, o enredo da Mangueira em 1934 foi *A república da orgia*. Carlos Cachaça não compôs um samba de enredo, pelo menos nessa ocasião. Veremos mais tarde, contudo, que seu papel histórico foi seminal.

Há ainda um terceiro samba entre os considerados precursores: *Natureza bela*, de Henrique Mesquita, levado pela Unidos da Tijuca em 1936. A letra é a seguinte:

> Natureza bela do meu Brasil
> Venha ouvir esta canção febril
> Sem você não tem noite de luar
> Pra cantar uma linda canção
> Ao nosso Brasil
> É o sambista apaixonado
> Que lhe pede, natureza,
> As noites de luar
> Que vive bem perto de você
> Mas sem lhe ver
> Eu vejo a água correr
> E sinto o meu coração palpitar
> O meu pinho gemendo
> Vem a saudade matar

A escola foi campeã com esse samba, gravado depois pelo cantor Gilberto Alves. Se fosse um samba de enredo, teria sido o primeiro a ser gravado. Contudo, o enredo era *Sonhos delirantes*; e a letra não trata do tema — a não ser com muita concessão.

Em 1935, a Mangueira desfilou com o enredo *A pátria*. Três sambas foram exibidos. Um deles, composto por Cartola, Carlos Cachaça e Artur Faria, dizia assim:

> Brasil, terra adorada
> Jardim de todos estrangeiros
> És a estrela que mais brilha
> No espaço brasileiro
> Braço é braço
>
> Ó Brasil, és tão amado
> Teu povo é honrado
> Invejado no universo
> Nesta bandeira afamada
> Não falta mais nada
> Pede o escudo
> Ordem e progresso
>
> Houve já um curioso
> Que perguntou nervoso
> Brasil, onde vais parar?
> Eu respondo sempre a todos
> Com o mesmo orgulho
> Irei para um lindo futuro

É um enredo com amplas possibilidades de exploração; mas é inegável que a letra cingiu-se ao tema, estritamente. *A pátria* é um samba de enredo — consoante o critério extrínseco. Como o samba de Antenor Gargalhada, que a Azul e Branco do Salgueiro escolheu em 1938 para o enredo *Asas para o Brasil*:

> Viemos apresentar
> Artes que ninguém viu
> Mocidade sã
> Céu de anil
> Dai asas ao Brasil
>
> Tenho orgulho dessa terra
> Berço de Santos Dumont

Nasceu e criou, viveu e morreu
Santos Dumont, pai da aviação

Curiosamente, no entanto, a maioria dos especialistas considera *Teste ao samba*, de Paulo da Portela, composto para o desfile de 1939, o primeiro samba de enredo, em detrimento de *A pátria* ou de *Asas para o Brasil*. O samba da Portela tem a seguinte letra:

Vou começar a aula
Perante a comissão
Muita atenção, eu quero ver
Se diplomá-los posso
Salve o "fessor"
Dá a mão pra ele, senhor
Catorze com dois doze
Noves fora, tudo é nosso

Cem dividido por mil
Cada um com quanto fica?
Não pergunte à caixa-surda
Não peça cola à cuíca
Lá no morro
Vamos vivendo de amor
Estudando com carinho
O que nos passa o professor

Teste ao samba foi o enredo da Portela; o samba de Paulo, segundo o critério extrínseco que estabelecemos, é um samba de enredo. Um dos primeiros, mas não o primeiro.

Talvez o que tenha influenciado a opinião dos estudiosos tenha sido um fato alheio à história específica do samba de enredo. É que Paulo da Portela, também responsável pelo aspecto plástico da escola, vestiu os componentes com fantasias de alunos e professores, encenou uma entrega de diplomas e concebeu uma alegoria que representava um quadro-negro.

Ou seja, a Portela foi provavelmente a primeira escola a desenvolver plasticamente um enredo, explorando o máximo de possibilidades estéticas disponíveis, inaugurando o enredo propriamente dito, na segunda acepção do termo. Mas não é isso que faz de *Teste ao samba* o primeiro samba de enredo — já que, como se disse, não há precedência entre a segunda acepção de enredo e samba de enredo.

Se, em função de sua amplitude temática, esse mérito não pode ser atribuído ao samba *A pátria*, da Mangueira — *Asas para o Brasil*, da Azul e Branco, anterior ao samba de Paulo da Portela, deveria ser considerado o primeiro samba de enredo.

Não obstante, é necessário lembrar um aspecto: nosso critério, até aqui, é meramente extrínseco. Falamos de composições que aludem, descrevem ou desenvolvem um tema qualquer. Ora, isso não é característica única e exclusiva dos sambas de enredo. Na verdade, nos primeiros anos, os sambas cantados nos desfiles não diferiam, estruturalmente, das demais composições — dos sambas que mais tarde seriam chamados sambas de terreiro, para diferenciá-los dos sambas de enredo.

O samba cantado pela escola não estabelecia apenas uma relação com o enredo. Havia, em primeiro lugar, necessidade de ter qualidades estéticas intrínsecas. E, em segundo lugar, devia ao menos favorecer a harmonia do canto e a evolução coreográfica e dramática dos componentes. Tinha, assim, uma importância capaz de afetar vários aspectos do espetáculo.

Ou seja, o samba de enredo necessitava desenvolver caracteres estruturais próprios, tornar-se um gênero singular de samba, plenamente capacitado para atender aos fins do desfile.

Conceito intrínseco

Embora a vinculação ao enredo seja um critério indispensável para definição de samba de enredo, certamente não é o único.

Por se tratar de uma forma poética, o samba de enredo não pode ser compreendido sem que se defina sua unidade constitutiva fundamental: o verso.

Na poesia escrita, o verso é visualmente identificável na própria estrutura gráfica do texto. Nos gêneros orais, a noção de verso decorre do ritmo da enunciação, que pode ser reforçado por diversos tipos de marcadores, como rimas, por exemplo.

Especificamente no caso da música, o verso se define por algum acidente no contínuo rítmico-melódico, também reforçáveis por marcadores lítero-verbais.

Por ser o samba de enredo uma das espécies do gênero "samba", é necessário antes estabelecer o conceito de verso num sentido amplo, geral, conforme os sambistas o compreendem.

Comecemos pelo que teria sido o primeiro samba a ser gravado: *Pelo telefone*, atribuído a Donga. Eis a primeira parte da letra:

> O chefe da polícia
> Pelo telefone
> Manda me avisar
> Que na Carioca
> Tem uma roleta
> Para se jogar

Essa forma de distribuir os versos parece bastante natural, uma vez que segue a acentuação melódica, que recai — coincidentemente — sobre a sílaba tônica das palavras. Donga teria composto, assim, uma sextilha, forma poética não incomum na tradição da língua portuguesa.

Todavia, há um pequeno problema: este é um poema musicado; associado, portanto, a uma melodia e a uma estrutura rítmica. Como se trata de uma forma rigorosamente oral, é o ritmo real, cantado, que deve ser considerado para definição do verso.

O desenho rítmico mais elementar aplicável à *Pelo telefone* (que é na verdade um samba-maxixe) pode ser representado da seguinte forma:

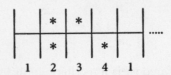

A figura acima indica um desenho rítmico executado sobre — por exemplo — um pandeiro. Os asteriscos postos acima da linha marcam as pancadas com mão aberta na parte central do couro; enquanto os de baixo assinalam as batidas com o polegar junto da borda. Ou seja, percussões agudas e graves, respectivamente. As colunas indicam um tempo, duas colunas assinalam um compasso, tendo toda a sequência rítmica a duração de dois compassos ou um compasso binário.

Se sobrepusermos esse trecho da letra à cadeia rítmica estabelecida acima, o poema toma outra feição:

> O chefe da polícia
> Pelo telefone
> Manda me avisar

....
Que na Carioca
Tem uma roleta
Para se jogar
....
O chefe da polícia

Cada linha transcrita acima corresponde, na execução, ao desenho rítmico elementar, com o tempo de dois compassos. É, basicamente, a mesma estrofe, a mesma sextilha, que reproduzimos antes. Todavia, como a linha pontilhada indica, há durante o canto um silêncio — que dura precisamente os mesmos dois compassos do desenho rítmico elementar — após os versos que terminam em "avisar" e "jogar".

Ou seja, se estamos definindo verso em função do ritmo e da melodia, não temos uma sextilha, mas uma oitava — porque são executados oito desenhos rítmicos elementares.

Todavia, embora possa parecer absurdo, os compassos musicais nem sempre estão preenchidos por letra — daí a necessidade de admitirmos o conceito de verso vazio, como ocorre em *Pelo telefone*.

Por ser um ciclo, teoricamente infinito, nada nos impede de pôr esses versos vazios no início da estrofe. Assim:

[...]
O chefe da polícia
Pelo telefone
Manda me avisar
[...]
Que na Carioca
Tem uma roleta
Para se jogar

Nessa disposição, as rimas — que são indiscutíveis marcadores rítmicos — ocupam sua posição natural, assinalando o meio e o fim da estrofe.

Podemos pensar, em teoria, que o samba (como provavelmente outros gêneros musicados) tem uma métrica fixa abstrata, no nível rítmico, que pode ser preenchida por um verso poético com número livre de sílabas, incluindo o zero.

Dessa maneira, ao menos nesse texto, a unidade mínima do poema — o verso — compreende um desenho rítmico elementar, com duração de dois compassos.

Pelo telefone é um samba-maxixe. Não obstante, se executássemos essa mesma composição, batendo sobre o mesmo pandeiro, mas com ritmo de samba propriamente dito, mais especificamente com ritmo de partido-alto, obteríamos uma divisão distinta:

> O chefe da polícia
> Pelo telefone manda me avisar
> Que na Carioca
> Tem uma roleta para se jogar

É uma diferença fundamental. No ritmo de samba-maxixe, cada verso de *Pelo telefone* dura um único compasso binário e tem um desenho rítmico elementar. Em ritmo de partido-alto (a que se pode reduzir, teoricamente, todo gênero de samba propriamente dito), as batidas sobre o pandeiro não duram um, mas dois compassos binários — com um desenho rítmico mais complexo, conforme a figura abaixo:

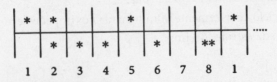

Assim, podemos afirmar, ou ao menos estabelecer como hipótese, que o verso de samba compreende oito tempos (ou dois compassos binários) e um desenho rítmico elementar, correspondente à batida-padrão do pandeiro, na cadência do partido-alto.

Com efeito, os antigos sambas parecem se encaixar precisamente nessa estrutura. Tomemos, por exemplo, o partido-alto anônimo *Roxa*, gravado por Clementina de Jesus no disco *Gente da antiga*:

> Roxa,
> Vamos vadiar, minha nega
> *bis*
>
> Joguei o jogo do monte
> Cinco noite, cinco dia

Malandro se admirava
Do macete que eu fazia

Roxa...

Chove chuva miudinha
Na copa do meu chapéu
Padre-nosso de mulher
Não leva homem pro céu

Roxa...

Escritos, os versos do refrão parecem não ter rima; mas é que as palavras finais se pronunciam como oxítonos: "Roxá" e "negá". Essa peça exemplifica, inclusive, e de forma admirável, a própria história da formação do samba urbano carioca: convergência das poéticas africana e portuguesa.

Como se verifica, o refrão, ou "primeira", é um dístico de métrica livre, que pode facilmente ser convertido para a batida de samba de roda, gênero pronunciadamente africano, cujos versos, como o samba-maxixe, têm um compasso binário. Por outro lado, as partes improvisadas, ou "segundas", são redondilhas ortodoxas, na melhor tradição da poesia popular ibérica.[*]

Tomemos outro samba antigo, *Batuque na cozinha*, de João da Bahiana, gravado no mesmo disco:

Batuque na cozinha sinhá não quer
Por causa do batuque eu queimei meu pé
bis

Não moro em casa de cômodo
Não é por ter medo não
Na cozinha muita gente
Sempre dá em alteração

Batuque...

Então não bula na cumbuca não me espante rato
Se o branco tem ciúme que dirá mulato
Eu fui na cozinha atrás de uma cebola

---

[*] Não se pode esquecer que, oralmente, o verbo "admirava" se pronuncia *a-di-mi-ra-va*. São, portanto, sete sílabas.

E o branco com ciúme de uma tal crioula
Larguei da cebola peguei na batata
E o branco com ciúme de uma tal mulata
Peguei no balaio pra medir a farinha
E o branco com ciúme de uma tal branquinha
Então não bula na cumbuca não me espante rato
Se o branco tem ciúme que dirá mulato

Batuque...

Voltei na cozinha pra tomar café
E o malandro tá de olho na minha mulher
Mas comigo eu apelei pra desarmonia
E fumos diretos pra delegacia
Seu comissário foi dizendo com altivez
É da casa de cômodo da tal Inês
Revistem os dois botem no xadrez
Malandro comigo não tem vez

Batuque...

Mas seu comissário eu tou com a razão
Eu não moro na casa de arrumação
Eu fui apanhar meu violão
Que estava empenhado com o Salomão
Eu pago a fiança com satisfação
Mas não me bote no xadrez com esse malandrão
Que faltou com o respeito a um cidadão
Paraíba do norte, Maranhão

Aqui, João da Bahiana continua explorando como refrões os dísticos da tradição rural — do samba de roda, do batuque — ou do samba duro, da pernada. Mas a estrofe das segundas já não segue o modelo ibérico das redondilhas, porque tem uma métrica livre, com versos de mais de dez sílabas, e rimas em pares, quando não estrofes monorrimas.

Se *Roxa* e *Batuque na cozinha* representam estruturas mais arcaicas, por terem vínculos evidentes com seus antecessores rurais, cuja característica é um refrão em dístico, os velhos sambas do Estácio, peças já tipicamente urbanas, estabelecem um formato novo, com duas estrofes, de oito ou mais versos —

versos esses que compreendem um desenho rítmico elementar executado sobre o pandeiro com duração de dois compassos binários.

É isso que se ouve em *A tua sina*, anônimo por vezes atribuído a Bernardo Mãozinha, gravado pela mesma Clementina, no mesmo disco:

> Mulher
> A tua sina
> É de viver
> No meio de vagabundo
> Não sei pra que
> Você nasceu
> Assim, a tua vida
> É a desgraça do mundo
> *bis*
>
> Lá no Morro de São Carlos
> Existem dois holofote
> De perto conhece os fraco
> De longe conhece os forte
> E quando tu vai pra lá
> É de longe percebida
> Os malandro já conhece
> Tua fama de atrevida

É interessante perceber que a primeira desse samba (cantada duas vezes) adota uma versificação livre, com versos que chegam a ter apenas duas sílabas ("mulher"); enquanto a segunda é feita de versos redondilhos.

É interessante ver de perto outros sambas do Estácio — como, por exemplo, este clássico de Bide e Marçal, *Agora é cinza*:

> Você
> Partiu
> Saudade me deixou
> Eu chorei
> Nosso amor
> Foi uma chama
> Que o sopro
> Do passado desfaz
> Agora é cinza

Tudo acabado
E nada mais
bis

Você
Partiu de madrugada
Não me disse nada
Isso não se faz
Me deixou
Cheio de saudade
E paixão, não me conformo
Com a sua ingratidão

A primeira estrofe (sempre repetida) tem 11 versos, conforme definimos — ritmicamente fixos e silabicamente livres. A segunda tem oito versos, também livres. Foi essa estrutura que se tornou usual: duas estrofes, sendo a primeira bisada, em geral com número variável de versos sem métrica silábica definida, como se vê nos dois últimos sambas; e uma segunda (ou mais "segundas"), já tendentes à adoção da redondilha e ao limite de oito versos, como se observa em *A tua sina*, mas que não excluem estrofes não silabicamente metrificadas como em *Agora é cinza*.

Analisemos agora os sambas que, segundo o critério extrínseco, seriam pioneiros do gênero samba de enredo. Comecemos por *A pátria*, de 1935:

Brasil
Terra adorada
Jardim
De todos estrangeiros
[...]
És a estrela que mais brilha
No espaço brasileiro
Braço é braço
bis

[...]
Ó Brasil, és tão amado
Teu povo é honrado
Invejado no universo
[...]

> Nesta bandeira afamada
> Não falta mais nada
> Pede o escudo ordem e progresso
>
> Brasil...
>
> [...]
> Houve já um curioso
> Que perguntou nervoso:
> Brasil, onde vais parar?
> [...]
> Eu respondo sempre a todos
> Com o mesmo orgulho, irei
> Para um lindo futuro

Esses versos correspondem a dois compassos binários. Do ponto de vista estrófico, o samba se organiza com uma primeira, que se repete e é seguida, alternadamente, por duas segundas. Todas são oitavas. Embora a distribuição das rimas seja mais imprevisível, a estrutura é idêntica à de inúmeros sambas de terreiro contemporâneos.

A letra, embora se refira à pátria, não passa de uma enumeração de sentimentos ufanistas: não há nenhuma elaboração narrativa ou descritiva. Apenas alusão ao enredo.

Infelizmente não dispomos da melodia de *Asas para o Brasil*, da Unidos da Tijuca. Mas basta ler a letra para que observemos que se trata de um samba curto, com primeira e segunda, no padrão do samba de terreiro.

Tomemos agora *Teste ao samba*, que tem sido considerado pela maioria dos analistas o primeiro samba de enredo:

> Vou começar a aula
> Perante a comissão
> Muita atenção, eu quero ver
> Se diplomá-los posso
> Salve o "fessor"
> Dá nota a ele, senhor
> Catorze com dois doze
> Noves fora, tudo é nosso
> *bis*

Cem
Dividido por mil
Cada um com quanto fica?
Não pergunte à caixa-surda
Não peça cola à cuíca
Lá no morro
Vamos vivendo de amor
Estudando com carinho
O que nos passa o professor

O samba tem ao todo 17 versos, divididos em duas estrofes de oito e nove. Também não foge à estrutura e à extensão geral dos sambas de terreiro. A métrica é livre, mas há uma forte tendência à redondilha, que é usada sequencialmente em dois terços da segunda parte — "cada um com quanto fica"; "não pergunte à caixa-surda"; "não peça cola à cuíca"; "vamos vivendo de amor"; "estudando com carinho"; "o que nos passa o professor".*

Como se vê, não há nada, no nível formal, que o diferencie das outras composições da época.

O quarto samba que, pelo critério extrínseco, pode ser considerado de enredo é *A vida do samba*, de Alvaiade e Chatim, composto para o carnaval de 1942 da Portela:

Samba
Foi uma festa
Dos índios, nós
O aperfeiçoamos
Mais é uma realidade
Quando ele desce do morro
Para viver na cidade
bis

Samba
[...]
Tu és muito conhecido
No mundo inteiro, samba
[...]

---

* Neste último verso, o primeiro artigo é pronunciado como extensão da vogal final do verso anterior.

> Orgulho dos brasileiros
> Foste
> Ao estrangeiro e alcançaste
> Grande sucesso, muito
> Nos orgulha o teu progresso

A primeira estrofe tem oito versos e é bisada; a segunda, dez, com dois versos vazios. Formalmente, também nada que se insurja contra o padrão vigente dos sambas de terreiro.

Carnavais de guerra e de vitória: 1943–1946

Durante a Segunda Guerra Mundial a história do samba de enredo começaria a mudar de maneira mais perceptível. Os carnavais passaram a ser temáticos, as escolas de samba tinham que falar da guerra, ou melhor, da participação do Brasil na guerra. E, obviamente, de maneira ufanista.

Isso contribuiu para sedimentar a noção de enredo, a existência de um tema a ser abordado no desfile. E algumas importantes modificações formais começaram a surgir.

Um dos sambas da Portela em 1943 para o enredo *Carnaval e guerra* foi composto por Alvaiade, Nilson e Ataulfo Alves:[*]

> Brasil
> [...]
> Terra da liberdade
> Brasil
> [...]
> Nunca usou de falsidade
> [...]
> Hoje estamos em guerra
> [...]

---

* Há notícia de outro samba cantado no mesmo desfile, cuja melodia ignoramos. Sabemos que, nessa época, as escolas apresentavam mais de uma composição: democracia / palavra que nos traz felicidade / pois lutaremos/ para honrar a nossa liberdade / Brasil, oh, meu Brasil / unidas nações aliadas / para o front eu vou de coração / abaixo o Eixo / eles amolecem o queixo / a vitória está em nossas mãos (Alvaiade e Nilson).

Em defesa da nossa
Terra
Se a pátria me chama
Eu vou serei mais um defensor
bis

Irei
Para a linha de frente travar um duelo
Em defesa
Do meu pendão verde-amarelo
Embora tenha que ser
Sentinela perdida,
Honrarei
Minha Pátria
Querida

Temos aqui a mesma estrutura de primeira bisada e segunda. Todavia, já podemos notar uma pequena diferença: a primeira tem 14 versos, num total de 22. Os sambas de terreiro dificilmente alcançavam essa marca, já que as estrofes oscilavam normalmente entre 8 e 10 versos. Outra característica interessante é que, desses 14 versos, 4 são vazios — recurso que não apenas permite alternâncias de ritmo e melodia, mas também a tomada de fôlego dos puxadores e dos componentes, que sambam e cantam simultaneamente.

Dispomos da letra de um outro samba: *Alô, alô, América!*, composto por Pindonga para a Azul e Branco, em 1943:

Alô, alô, América!
O Brasil tem imenso prazer
Se a Inglaterra está com você
Existe uma união
Entre três países decididos
Brasil, Inglaterra e Estados Unidos
Não tememos a ninguém
Este é o nosso ideal
E em nossa união
Temos também Portugal
Terminamos nossa história
Confiantes no V da vitória

Mesmo sem a execução, dá para perceber que há nele duas estrofes, sendo a primeira provavelmente bisada.

Temos ainda dois sambas cantados pela Portela: *Brasil glorioso*, de Jair do Cavaquinho, em 1944:

> Brasil
> Terra adorada
> Brasil
> Dos brasileiros
> Conhecido no mundo inteiro
> Como um país
> Hospitaleiro
> Com uma
> Só bandeira
> Acolhe
> O mundo inteiro
> O Brasil
> É um país diverso
> Está sempre
> Com os braços abertos
>
> No
> Brasil sempre existiu huma-
> -nidade
> O Brasil é um país
> Sincero
> No Brasil se encontra a li-
> -berdade

E *Motivos patrióticos*, de Zé Barriga Dura, em 1945:

> Somos todos brasileiros
> E
> Por ti
> Queremos seguir
> [...]
> O clarim já tocou
> Reunir, adeus
> Minha querida, que já vou

Partir
Em defesa do nosso
País verde
Amarelo, branco e azul
Cor de anil
É o meu Brasil

Oh!
Meu torrão abençoado
[...]
Pelos teus filhos adorado
[...]
Seguiremos para a fronteira
Pra defender a vida inteira
Nossa querida bandeira

Na execução de que dispomos — a do disco *História do samba de enredo: 1932 a 1975* — a primeira desses sambas não é bisada. A distinção entre primeira e segunda se dá apenas no nível melódico. Todavia, é fácil notar que, enquanto as primeiras têm respectivamente 16 e 14 versos, as duas segundas são oitavas. Isso ainda representa uma ligação com o modelo dos sambas de terreiro, que têm em geral uma oitava como segunda, preferentemente com redondilhas. Mas a tendência de alongamento da primeira permanece.

O ano de 1946 é muito importante para a história do samba de enredo porque, pela primeira vez, dispomos de sambas de mais de duas escolas. Mais precisamente, de quatro delas: Prazer da Serrinha, Mangueira, Portela e Unidos da Tijuca.

O Prazer da Serrinha desceu com *Conferência de São Francisco*, também chamado de *Paz universal*, de Silas de Oliveira e Mano Décio da Viola:

Restabeleceu
A paz universal
Depois da guerra
Mundial
A união
Entre as Américas
Do Sul, Norte e Central
Nunca existiu

> Outra igual na vida
> Internacional
> *bis*
>
> Nosso país
> Sempre teve interferência
> Nas grandes conferências
> Da paz universal
> É o gigante
> Da América Latina
> Uruguai e Paraguai
> Bolívia, Chile e Argentina

Estruturalmente, segue o padrão clássico do samba de terreiro, com primeira bisada e segunda em oitava, perfazendo 18 versos, número inferior à média verificada nos sambas anteriores, que desde 1943 passava de 20.

Todavia, há uma circunstância importante nesse samba: há nele mais narração e menos enumeração de sentimentos. Ou seja, a poesia começa a abandonar o lirismo, típico de todos os gêneros de música popular urbana, e assume um tom mais épico, reforçado pela densidade da melodia que passaria a caracterizar o samba de enredo.

A Portela apresentou *Alvorada do novo mundo*, composto por Ventura:

> O
> Carnaval
> Da vitória é
> O que a Portela
> Revela, liberdade
> Progresso, justiça
> Que realiza o valor
> De um povo herói
> Jamais
> Poderei esquecer essa data sagrada
> Que o mundo inteiro
> Sempre lembrará
> Esse
> Carnaval de encantos mil
> Canta, canta
> Meu Brasil

Lá

Lá lá lá

Lá

Lá lá lá

Lá

Lá lá lá lá

O samba tem 22 versos e, na execução de que dispomos (*História do samba de enredo: 1932 a 1975*) a primeira não é bisada. Ou seja, a Portela manteve o estilo que vinha adotando desde 1943, com uma ligeira mudança na estrutura da segunda.

Infelizmente não temos a melodia de *Anjos da paz*, samba da Unidos da Tijuca, de autoria não identificada. A página Academia do Samba dá para esse samba o ano de 1943, mas é impossível, porque a letra menciona a batalha de Monte Castelo, ocorrida entre 1944 e 1945. Este é o texto:

Segunda Guerra Mundial

Brasil, tens o nome na história

Brasil, teus filhos nos deram muitas glórias

Salve os grandes heróis de Monte Castelo

Souberam honrar o pavilhão verde-amarelo

Hoje toda América está contigo muito contente

Brasil, Brasil

Teus filhos não recuaram da linha de frente

Pelas Nações Unidas, lutaste até o final

Ficou mais uma vez provado

Que o bom não é pago com o mau

Voltaram cheios de glórias

Nossos heróis brasileiros

Mostraram a toda a Europa

Que também somos guerreiros

Não dá para saber se havia alguma parte bisada e o número exato de versos. Mas, em função da quantidade de palavras do texto, podemos presumir que se trata de um samba longo, com certamente mais de 20 versos. Isso mostra que o aumento da extensão dos sambas era um fenômeno geral. Vale notar também no samba da Unidos da Tijuca um melhor desenvolvimento do enredo, que também não é apenas alusivo ao tema.

A Mangueira veio com *Carnaval da vitória*, de José Ramos e Geraldo da Pedra. Embora Tantinho, no disco *Memória em verde e rosa*, e as páginas especializadas Academia do Samba e Galeria do Samba registrem essa composição como de 1945, com o título de *Nossa história*, trata-se de um evidente equívoco — já que a letra declara que a guerra acabou, fato que ocorreu só em outubro de 1945 — o que não poderia ser cantado em fevereiro desse ano. Eis o texto:

Vejo a bandeira erguida
Os sinos dobrando acabou-se a guerra
Sinto falta
Dos meus companheiros que em campo de luta
Tombaram por
Terra, em defesa da
Pátria, o povo varo-
-nil, lutei
Pela vitória
Do meu Brasil, a voz
Do dever me chamou
Varonil incontinente
Eu parti pra defender
Meu Brasil, foi
Com grande prazer
Que eu ergui
Meu fuzil sem temer

Tudo eu farei
Tudo até
Morrer, pra ver
Meu Brasil vencer
bis

O samba tem 21 versos e uma novidade fundamental: não tem segunda. Termina com um refrão, uma quadra de versos curtos, cantada duas vezes — cujo efeito rítmico é completamente diferente de uma primeira de oito ou mais versos bisada. A única estrofe propriamente dita é longa, somando 17 versos. As rimas são imprevisíveis, ou seja, não ocupam posições predefinidas. Os versos não necessariamente correspondem a uma unidade sintática (por exemplo: "terra, em defesa da") e não obedecem à métrica. E o enredo tem um desenvolvimento razoável.

Todas essas características tornam essa composição muito diferente daquele estilo de samba de terreiro criado no Estácio. Muitas delas estarão presentes nos sambas de enredo da década seguinte, quando o gênero atinge uma feição inconfundível.

Todavia, não é possível dizer que *Carnaval da vitória* é o primeiro samba de enredo extrínseca e intrinsecamente. Na verdade, um gênero poético é uma construção coletiva, depende de reconhecimento e aceitação do meio em que circula. Tanto que, após 1946, as escolas retomam modelos mais antigos.

As primeiras obras-primas: 1947–1950

A Portela desceu em 1947 com *Honra ao mérito* (às vezes dito *Homenagem a Santos Dumont*), de Alvaiade e Ventura:

> Salve
> [...]
> Alberto Santos Dumont
> [...]
> Denominado **Pai** da Aviação
> [...]
> Suas glórias são i-
> -mortais, salve
> [...]
> O filho de Minas Gerais
> *bis*
>
> Nesse
> País
> Tão glorioso, tudo encanta
> Tudo seduz
> Alberto
> De Santos Dumont, com sua
> Invenção primeira, asas
> Asas
> Brasileiras, Salve...

Como se percebe, temos novamente a primeira bisada, fórmula que logo desapareceria, definitivamente, dos sambas de enredo de 1950 em diante. Um traço interessante desse samba é a "emenda" — como podemos definir esse recurso que torna o canto completamente circular.

Explicando melhor: quando a execução se inicia, o primeiro verso é "salve". Normalmente, após o último verso, o samba recomeça com a repetição do verso inicial, sem alterações. Todavia, nesse caso, o último verso ("brasileiras") coincide com o começo do samba, com o "salve" inicial. Ou seja, tanto "brasileiras" (última palavra da letra) quanto "salve" (a primeira) estão no mesmo compasso duplo do desenho rítmico-padrão. Portanto, compreendem *um único verso* — que só se canta integralmente a partir da segunda passagem do samba.

Conhecemos um outro samba de 1947: *Brasil: ciência e arte*, de Cartola e Carlos Cachaça. Foi composto especificamente para o enredo, mas não desfilou, ao contrário do que muitos pensam. É curioso que o samba vencedor tenha sido esquecido. Talvez tenha sido a primeira vez que um samba perdedor, pela beleza, superou em fama o concorrente.

> Tu és
> Meu Brasil em toda parte
> Quer na ciência ou na arte
> Portentoso e altaneiro
> Os homens
> Que escreveram tua história
> Conquistaram tuas glórias
> Epopeias triunfais
> E quero
> Neste pobre enredo
> Revivê-los glori-
> -ficando os nomes
> Teus, levá-los
> Ao panteão dos grandes
> Imortais
> Pois merecem muito mais
> [...]
> Não querendo leva-los ao cume da altura
> [...]
> Cientistas tu tens e tens cultura e nestes

> Rudes poemas destes pobres
> Vates há sábios
> Como Pedro Américo e César
> Lates, tu és...

Aqui, a emenda aparece de novo. Exceto pela ausência de refrão, e pelo emprego de versos vazios (que permitem uma bela mudança na linha melódica), todas as características de *Carnaval da vitória* também estão presentes.

Outro dado relevante é que essa peça iguala o número de 24 versos do samba da Portela em 1944 — até então o mais longo samba de enredo —, ratificando a tendência de crescimento da letra.

Conhecemos três sambas cantados no carnaval de 1948. De um deles, só a letra: o da Portela, *Princesa Isabel*, composto por Manaceia:[*]

> Foi a Princesa Isabel
> Que nos deu a liberdade
> Libertando aqueles que sofriam
> Foi para ela uma glória deixar
> O nome na história
> Do Brasil
> Somente ela quem via
> Como o preto sofria, noite e dia
> Hoje no mundo,
> Preto tem o seu valor profundo

Como não temos a melodia, é impossível tirar maiores conclusões sobre a estrutura. Màs certamente não é um samba muito longo. O mesmo se pode dizer de *Castro Alves* levado pelo Império Serrano, escrito por Mano Décio, Comprido e Molequinho:

> Salve
> Antônio Castro
> Alves o grande poeta
> Do Brasil
> [...]

---

[*] Casquinha dá uma versão ligeiramente diferente para o mesmo samba: Foi a Princesa Isabel / Que acabou com a escravidão / Dando luz àqueles que sofriam / Hoje no Brasil, preto goza liberdade / Tem o seu direito, tem o seu valor / Foi Princesa Isabel quem ofertou / Ô, ô, ô...

Que o mundo inteiro jamais es-
-queceu sua poesia de encantos
Mil, deixou
Histórias lindas
Seu nome na glória
Vive ainda
bis (omitindo "mil")

Salve
Esse vulto varonil
[...]
Amado poeta de nosso Brasil
Foi
A Bahia que nos deu
Sua
Poesia o mundo
Jamais esqueceu, salve...

Não é muito longo (20 versos), mas é sofisticado: tem emendas, rimas imprevisíveis, versos vazios e um refrão — uma quadra de versos curtos — que marca não o fim, mas a passagem da primeira para a segunda. É interessante notar que esse refrão tem uma emenda: ou seja, no momento em que se repete, omite "mil", que é a última palavra da primeira parte.

Talvez não por coincidência, essa mesma inovação — um refrão que marca a transição entre primeira e segunda — aparece em *Vale do São Francisco*, samba da Mangueira, composto por Cartola e Carlos Cachaça:

Não há
Nesse mundo
Cenário tão lindo, tão vário
E de tanto esplendor
Nos montes
Onde jorram
As fontes, que quadro sublime
De um santo pintor
Pergunta
O poeta esquecido
Quem fez essa tela
De riquezas mil

Responde
Soberbo o campestre
Foi Deus, foi o mestre
Que fez meu Brasil
Meu Brasil
bis

E se vires,
Poeta, o vale do rio
Em noite invernosa, em noite de estio
Seu chão de prata, riquezas es-
-tranhas, espraiando beleza
Por entre montanhas que passam, que ficam
Em terras tão boas, Pernambuco
Sergipe, majestosa Alagoas
E a Bahia
Lendária das mil catedrais
E a terra do ouro, berço de Tiradentes
Que é Minas Gerais

Notáveis nesse samba, além da beleza da melodia — que imita o curso sinuoso do rio — é a extensão (29 versos), que ultrapassa de longe e definitivamente o tamanho dos sambas de terreiro; e o desenvolvimento narrativo. Embora seja descritiva, pela própria natureza do enredo, esta é a primeira vez que uma letra aborda o tema sem se limitar a fazer apenas aquelas vagas alusões que caracterizavam suas predecessoras.

Para que se tenha a dimensão exata da influência, nesse aspecto, desse samba da Mangueira, basta dizer que, no ano seguinte, em 1949, todas as letras conhecidas — *Exaltação a Tiradentes* (Império Serrano), *Apologia aos mestres* (Mangueira), *Despertar do gigante* (Portela) e *Proclamação da República* (Unidos da Tijuca) — dissertam sobre o enredo, com nítido distanciamento narrativo.

Seria maçante demais estender essa análise a cada um desses sambas. Mas vale a pena fazer um balanço das conquistas formais, extrínsecas e intrínsecas, até 1950:

1. Abandono da disposição estrófica preferencial dos sambas de terreiro do Estácio, que têm uma primeira bisada, geralmente com 8 a 10 versos, e uma segunda em oitava;

2. Redução do emprego da redondilha, muito característica da versificação portuguesa, e opção clara pelo verso livre, de métrica oscilante, em geral com alternância entre curtos e longos;

3. Adoção de estrofes longas, com mais de 12 versos, permitindo que a composição como um todo atingisse mais de 22 versos;

4. Abandono de rimas com localização predefinida e adoção do princípio da imprevisibilidade, que inclui rimas em posição interna aos versos;

5. Emprego de versos vazios, como recurso melódico e rítmico;

6. Não correspondência eventual entre verso e sintaxe, como recurso melódico, rítmico e poético;

7. Introdução do refrão de versos curtos, no fim do samba ou na transição da primeira para a segunda; e

8. Abandono da abordagem meramente alusiva, com progressivo desenvolvimento descritivo e impessoal do enredo.

É importante deixar claro que esses elementos não são necessariamente exclusivos do samba de enredo. O que faz um gênero poético ser reconhecido é a presença conjunta ao menos da maioria desses traços formais em cada uma de suas manifestações.

Antes de tal formato se consolidar de maneira definitiva, houve, é claro, oscilações. Não é possível, assim, apontar qual foi o primeiro samba de enredo. O gênero passou por um processo de formação, para se diferenciar dos sambas de terreiro.

QUESTÕES IMPORTANTES
A exigência de temas nacionais

Quando surgiu a exigência de que as escolas só poderiam desfilar com temas nacionais? De quem foi a ideia? As perguntas são boas; as respostas não serão exatamente precisas.

Há certo senso comum que atribui a exigência dos temas patrióticos ao Departamento de Imprensa e Propaganda — o DIP —, órgão responsável pela censura e propaganda na ditadura do Estado Novo (1937–1945) de Getúlio Vargas.

Que a censura na Era Vargas foi um caso sério não se discute. Que o DIP tenha interferido profundamente nas manifestações da cultura brasileira, também não. Acontece que, nessa questão específica que envolve as escolas de samba, o buraco é mais embaixo. A exigência nos regulamentos de temas nacionalistas não partiu do DIP — está muito mais ligada aos próprios sambistas que a uma imposição do governo.

Em 1938 o primeiro artigo do regulamento proposto pela União das Escolas de Samba dizia o seguinte: *De acordo com a música nacional, as escolas não poderão apresentar os seus enredos no carnaval, por ocasião dos préstitos, com carros alegóricos ou carretas, assim como não serão permitidas histórias internacionais em sonhos ou imaginação.*

É evidente que o clima de exaltação nacionalista e o controle ideológico estabelecido pela ditadura motivaram essa decisão dos sambistas. Nada mais natural que as escolas — permanentemente em busca da aceitação oficial e da legitimidade social — embarcassem no ufanismo patriótico que sustentou o discurso do Estado Novo getulista. Podemos dizer, portanto, que o governo criou uma situação propícia à exigência de temas nacionais. A decisão nesse sentido partiu, porém, do mundo do samba e certamente agradou aos homens do poder.

Foi esse polêmico artigo do regulamento de 1938 que gerou a desclassificação, no carnaval seguinte, da Vizinha Faladeira. A escola desfilou com o enredo Branca de Neve, baseado no desenho de Walt Disney. A comissão de carnaval considerou que a Vizinha usara uma lenda internacional e puniu a agremiação.

É curioso notar que no ano de 1997, quando a exigência de enredos nacionais foi abolida, a escola de samba Acadêmicos da Rocinha desfilou com o enredo *A viagem fantástica do Zé Carioca à Disney.* Na apresentação de seu tema para aquele ano, a Rocinha dizia que *O carnaval do Rio de Janeiro terá pela primeira vez em sua história uma escola de samba desfilando com um motivo internacional.*

Certamente os elaboradores do enredo desconheciam o desfile de 1939 que desclassificou a Vizinha Faladeira. A Acadêmicos da Rocinha, aliás, foi rebaixada naquele 1997 — o que prova, convenhamos, que Walt Disney no mínimo não dá sorte às agremiações que resolvem homenageá-lo.

A intervenção do poder público nas escolas foi reforçada ao longo da década de 40. As agremiações embarcavam no clima ufanista difundido pela ideologia do Estado Novo, caracterizado pela exaltação da grandeza da pátria, do esplendor da natureza e dos heróis memoráveis do panteão nacional.

As escolas de samba começaram a ser vistas, inclusive, como importantes meios de promoção de certa pedagogia de exaltação aos valores da pátria. Os enredos e os sambas seriam instrumentos civilizadores das massas.

O radialista Silvio Moreaux, por exemplo, em suas notas radiofônicas de 1942, citadas por Sérgio Cabral, diz literalmente o seguinte sobre os enredos das escolas de samba: *Há muita coisa interessante para ser abordada, como há também muita maneira inteligente de livrar o nosso povo das ideias africanistas que lhe são impingidas pelos maestrecos e poetaços que lhes impingem temáticas africanas.*

Eis o paradoxo. Um ritmo de bases africanas, o samba, deve servir para livrar o povo das ideias africanistas. Para isso, as escolas devem apresentar enredos que divulguem valores ditos "civilizados" — não africanos. As letras dos sambas de enredo ganham, então, importância fundamental nessa espécie de pedagogia das massas.

Os carnavais de 1943, 1944 e 1945 foram temáticos — versaram sobre a participação do Brasil na Segunda Guerra Mundial e foram organizados pela Liga da Defesa Nacional e pela União Nacional dos Estudantes. A ideia das escolas de samba como instrumentos de educação das camadas populares se reforçava cada vez mais. Em 1946 tivemos o Carnaval da Vitória, em comemoração ao triunfo aliado contra os nazistas.

Foi em 1947, já durante a vigência do Estado democrático, que o regulamento dos desfiles das escolas de samba falou explicitamente na obrigatoriedade de enredos com motivos nacionais. O que estava sugerido desde 1938 tornava-se explícito.

No ano seguinte, uma mudança aparentemente banal aprofundava essa perspectiva — os enredos não apenas deveriam versar sobre motivos nacionais; teriam que obedecer a finalidades nacionalistas. O caráter pedagógico dos desfiles se definia completamente e o próprio samba de enredo começaria a ganhar um formato clássico que o consagraria como um gênero musical com características precisas.

Os regulamentos dos anos 40 não incluem mais a liberdade que as escolas de samba teriam de se exibir cantando mais de um samba durante o desfile. A nova proposta — um carnaval com finalidades pedagógicas — exigia que os enredos nacionalistas fossem devidamente ilustrados com sambas de enredo adequados ao discurso visual proposto. Samba e enredo começam definitivamente a andar juntos.

A perspectiva moldada no final da década de 40 permaneceu — com pequenas variações — inalterada até a década de 90, quando a obrigatoriedade da temática nacionalista foi abolida. O Mickey, a Branca de Neve e o Pato Donald já poderiam desfilar livremente na Marquês de Sapucaí.

O período clássico
1951–1968

O samba-lençol[*]

Em 1951, o Império Serrano desceu com *Sessenta e um anos de República*, de Silas de Oliveira:

> Apresentamos
> A parte mais importante da nossa história
> Se não nos falha a memória
> Foi aonde
> Seus vultos notáveis deixaram suas "rúbricas"
> Através dos sessenta e um anos de República
> Depois
> Da sua vitória proclamada
> Constituinte votada
> Foi a mesma promulgada
> Apesar
> Do insistente e forte zum-zum-zum
> Em mil oitocentos e noventa e um
> Sem causa perca
> Era eleito
> Deodoro da Fonseca
> Cujo governo foi bem audaz
> Entregou
> A Floriano Peixoto
> E este
> A Prudente de Morais
> Que apesar de tudo
> Terminou com a guerra de Canudos

---

[*] Para simplificar a leitura, deixamos a partir deste capítulo de dividir os versos citados de acordo com o desenho rítmico padrão.

Estabelecendo enfim a paz
Terminando enfim todos os males
Em seguida veio Campos Sales
Rodrigues Alves
Afonso Pena
Nilo Peçanha
Hermes da Fonseca e outros mais
Hoje a justiça
Numa glória opulenta
A três de outubro
De mil e novecentos e cinquenta
Nos trouxe aquele
Que sempre socorreu a pátria em horas amargas
O eminente estadista
Getúlio Vargas
Eleito com a soberania do povo
Sua vitória
Imponente e altaneira
Marcará por certo um capítulo novo
Na história da República brasileira

Sessenta e um anos de República marca uma nova fase na história. A partir dele, passa a ser impossível confundir samba de enredo com qualquer outro gênero de samba. Silas, que viria a ser considerado, pela maioria dos críticos, o maior compositor de sambas de enredo de todos os tempos, deu ao gênero sua forma cabal, clássica, hoje conhecida como "samba-lençol".

Além de desenvolver as características apontadas antes, no período clássico o samba de enredo se caracterizou por melodias solenes, por jogos rítmicos frequentes (às vezes fazendo a sílaba tônica não coincidir com o acento musical, o que aumenta o efeito da síncopa) e por um vocabulário sofisticado, que se afastava definitivamente da linguagem popular. O gosto por expressões bombásticas é talvez a marca mais notável. Neste samba do Silas, por exemplo, temos "glória opulenta", "eminente estadista" e "vitória altaneira".

Nessa época, por força do regulamento de 1946, em que os temas deviam ter finalidade patriótica, eram comuns enredos sobre grandes vultos e efemérides históricos, assim reconhecidos na historiografia tradicional do Brasil. Aliás, de feição tipicamente escolar.

As figuras históricas normalmente representadas nesses sambas se ligavam a quatro grupos principais: à história política, como Dom João VI, Rui Barbosa, Getúlio Vargas, Princesa Isabel, Tiradentes; à história militar, como Caxias, Tamandaré, Almirante Barroso; à ciência, como Osvaldo Cruz, Ana Néri, Santos Dumont (talvez o mais lembrado dos grandes vultos brasileiros); e à arte, aqui compreendida a literatura: Pedro Américo, Castro Alves, Gonçalves Dias, Carlos Gomes, Villa-Lobos.

Talvez uma exceção notável seja Fernão Dias Paes, provavelmente o primeiro vulto histórico que mesmo derrotado é tido por herói. Um samba de Silas de Oliveira e Mano Décio (*O caçador de esmeraldas*, 1956) trata do assunto de forma quase heroica, culminando com estes versos:

> Não importa
> Que as pedras verdes tivessem sido um sonho em vão
> E a serra da prata sua desejada paixão
> Glória ao sertanejo
> Que pelas matas do bravio sertão
> Deu a própria vida ao progresso
> Da nossa nação

Mas esse samba é uma exceção. Os sambistas vinham de uma experiência de exaltação nacional desde os carnavais de guerra e da vitória. Quando os enredos passaram a tratar de personagens e datas históricas do Brasil, o tom laudatório e ufanista não desapareceu. Pelo contrário, até se intensificou.

Eram assuntos distantes do compositor. Por isso, a estratégia estilística foi usar uma linguagem que se julgava apropriada ao tratamento dado aos enredos.

Se em termos de letra os sambas de enredo parecem empolados e artificiais, foi talvez esse distanciamento do tema que fez os compositores desenvolverem recursos melódicos cada vez mais sofisticados, para tornar suportável a formalidade discursiva das letras.

Logo em 1952, Cícero, Pelado e Padeirinho compõem para a Mangueira *Gonçalves Dias*, uma das linhas melódicas mais belas da década de 50:

> Louvor
> E honra ao mérito
> À memória de um poeta
> De sublime inspiração

O samba tem as necessárias citações da obra gonçalviana, como "nosso céu tem mais estrelas de beleza deslumbrante" e belíssimas passagens musicais, que traduzem o espírito da letra, como na subida "vamos elevar aos píncaros da glória o nome de Gonçalves Dias". Era na arte melódica que residia, portanto, a beleza da composição.

São da Mangueira também dois outros sambas de belíssimas melodias, que compensam a formalidade das letras e a relativa menor criatividade que disso decorre.

O primeiro é *O grande presidente*, composto por Padeirinho para o carnaval de 1956:

> No ano
> De 1883
> No dia 19 de abril
> Nascia
> Getúlio Dornelles Vargas
> Que mais tarde teria o governo
> Do nosso Brasil

O outro — verdadeira obra-prima do ponto de vista estritamente musical — é *Exaltação a Villa-Lobos*, de 1966, composto por Jurandir e Cláudio:

> Relembrando
> As sublimes melodias
> Que o poeta escrevia
> Em lindas canções divinais
> Surgiram
> Os acordes musicais
> E sonoras sinfonias
> Na beleza de poemas imortais

A Portela deve seus melhores sambas, nesse período, a Candeia. Dele, com Valdir 59, temos *Riquezas do Brasil* (em 1956) e, com o mesmo Valdir e Picolino, *Legados de Dom João VI* (em 1957).

> Brasil
> Tu és uma dádiva divina
> Cacau, cana-de-açúcar, algodão
> Uva, chá-mate e café

Produtos dessa imensa nação
***
Quando
Veio para a nação
Que mais tarde o consagraria
Dom João VI
O nobre magistrado
Ao passar pelo estado
Da Bahia

Em 1957 o Império Serrano também desceu com *Dom João VI*, samba de Silas de Oliveira, Mano Décio e Penteado:

Foi Dom João VI
O precursor
Da nossa independência

Interessante nesse samba (que não é dos melhores da parceria Silas Mano Décio) é a ideia de fazer a personagem falar ("felicidades perenes eu gozei, ali eu fui feliz, ali eu fui um rei"), o que dava um tom mais íntimo e menos formal à letra, tornando o samba mais leve. Aliás, é também um samba bem mais curto — o que prova que nem todos os sambas da época optavam pelo formato lençol.

Um dos fatos mais importantes desse período foi o surgimento de grandes compositores, e grandes sambas, em escolas menores, ou seja, aquelas que não disputavam diretamente o título do carnaval ou desfilavam nos grupos de baixo.

Exemplo interessante é o da quase desconhecida Cartolinhas de Caxias, lembrada praticamente em função de um único samba, *Benfeitores do universo*, obra de Hélio Cabral para 1953:

Acordem
Benfeitores do universo
Que vou
Render tributo aos meus heróis

Tem uma bela melodia, esse samba; e uma característica interessante: em vez de narrar, apenas enumera os benfeitores, todos grandes personagens da história do Brasil.

Um dos casos mais notáveis de grandes compositores surgidos em escolas pequenas foi o da parceria — das maiores de todos os tempos — que despontou na União da Ilha: Didi e Aurinho. Uma das obras mais significativas da dupla, no período, é este *Epopeia do petróleo*:

> Olhai
> Ó brasileiros
> Para o chão
> E vejam o tesouro
> De nossa nação

A Beija-Flor também começou a aparecer, com dois grandes compositores: Osório Lima e Cabana. Do primeiro, temos *O caçador de esmeraldas*, de 1954:

> Apresentamos
> Neste carnaval
> Essa história exuberante

De Cabana, temos *Dia do Fico*, de 1962:

> Como é para o bem de todos
> E felicidade geral da nação
> Digo ao povo que fico
> Isso aconteceu

Zinco e Caxambu são outros dois dos grandes surgidos na esquecida Filhos do Deserto, uma das escolas que deram origem à Lins Imperial. *Inferno verde*, de 1955, é um dos seus clássicos:

> Amazônia
> Misteriosa és
> Das selvas verdes tão formosas

Há uma belíssima passagem melódica, "Amazônia, dos índios fortes, do Alto Xingu, Roncador". Uma curiosidade: foi o primeiro samba de enredo a mencionar o nome de um povo indígena, os xavantes.

Completa o quadro o grande Bidi, da Imperatriz Leopoldinense, que fez, em 1963, o clássico *As três capitais*:

> Brasil
> Meu Brasil retumbante
> Um passado brilhante
> Resplandece em teus anais

Cenas e paisagens

Uma alternativa de enredo ufanista, ou pelo menos nacional, à exaltação de vultos e efemérides é a descrição de cenas ou de paisagens brasileiras — o que já havia ocorrido em 1949, com *Vale do São Francisco*. Foi o caso também da Filhos do Deserto em 1955, que tratou da Amazônia. A Aprendizes de Lucas, com um samba de Elton Medeiros, desceu com *Exaltação a São Paulo*. Mas era mais frequente tratar da Bahia e do Rio de Janeiro.

Além da sofisticação melódica que caracteriza o período, a letra dos sambas, nessa área temática, era em geral superior, porque tinha maior liberdade poética. Um bom exemplo é *Recordações do Rio Antigo*, de Hélio Turco, Cícero e Pelado, com que a Mangueira desceu em 1961:

> Rio
> Cidade tradicional
> Teu panorama deslumbrante
> É uma tela divinal

Podemos notar que, embora ainda sejam comuns expressões bombásticas ("tela divinal", "apoteose de fascinação"), os versos são mais simples, mais verdadeiros e mais bonitos: "mucamas, sinhás-moças e liteiras, velhos lampiões de gás, relíquias do Rio Antigo, do Rio Antigo que não volta mais".

Sem dúvida, falar de lugares, ainda que num tom de exaltação, permitia ao compositor maiores recursos. O Império Serrano conseguiu explorar muito bem essa vertente; e desfilou na década de 60 com uma sequência inesquecível de obras-primas do samba de enredo.

O primeiro deles é *Rio dos vice-reis*, de Mano Décio, Aidno Sá e Davi do Pandeiro, em 1962:

> Rio de Janeiro
> Obra-prima de rara beleza

Aquarela brasileira, de Silas de Oliveira, em 1964, é uma das grandes realizações do samba de enredo em todos os tempos:

> Vejam
> Esta maravilha de cenário

Há ainda *Os cinco bailes da história do Rio*, de Silas, Dona Ivone Lara e Bacalhau, em 1965 — que, embora trate mais exatamente de datas históricas, se desenvolve como descrição da cidade, através de seus bailes mais marcantes:

Carnaval
Doce ilusão
Dê-me um pouco de magia
De perfume e fantasia
E também de sedução

E finalmente, a tríade de Silas e Joacir Santana. Primeiro com *Glórias e graças da Bahia*, em 1966:

Oh, como é tão sublime
Falar de tuas glórias

O segundo, *São Paulo, chapadão de glórias*, em 1967, que começa com uma melodia simplesmente deslumbrante:

Madrugada triste de garoa
Na serra a brisa entoa

E o último, outra obra-prima, *Pernambuco, leão do norte*, em 1968:

Esta admirável página
Que o passado deixou

De todos os sambas que trataram de cenas ou paisagens brasileiras não existe nenhum mais importante para a história do gênero do que *Seca do Nordeste*, composição de Gilberto de Andrade e Valdir de Oliveira, que a Tupi de Brás de Pina levou no carnaval de 1961, quando alcançou o vice-campeonato do segundo grupo:

Sol escaldante
Terra poeirenta
Dias e dias
Meses e meses sem chover

Talvez ninguém pudesse suspeitar de que uma pequena escola do subúrbio do Rio fosse optar por um enredo que fugia completamente da tendência ufanista dominante, da insistência em exaltar grandes vultos históricos, para cantar a dor do povo humilde do Nordeste. O Brasil que a Tupi levou para a avenida em 1961 era um Brasil derrotado. A Tupi foi a primeira escola de samba a eleger um enredo de protesto, a falar de um problema brasileiro.

Mais do que isso: o samba é uma obra-prima, que nós — autores deste livro — consideramos o maior samba de enredo da história, não apenas por sua imensa beleza melódica e poética ("e o lavrador retira o seu chapéu, e olhando o firmamento suas lágrimas se unem com as lágrimas do céu"), mas pela revolução que ele operou na trajetória do carnaval.

O samba da Tupi mostra também uma coisa importante: carnaval pode ser uma festa; mas desfile de escola de samba é coisa séria; e tem um alcance muito maior, tem um sentido épico que transcende o próprio carnaval. O samba *Seca do Nordeste* é a maior prova disso.

Ficava, assim, cada vez mais claro que grandes sambas vinham de grandes enredos, de enredos que pudessem tocar a sensibilidade do sambista. A exaltação pura, o patriotismo acrítico eram estéreis demais.

Da África para o Brasil

Foi precisamente nessa época que amadureceu e tomou corpo a linha temática que maior número de grandes sambas proporcionou: os enredos afro-brasileiros.

Uma agremiação que merece o título de pioneira da linhagem afro-brasileira é o Salgueiro. Logo no seu primeiro desfile, em 1954, a escola desceu com *Romaria à Bahia*, samba de Abelardo, Duduca e Zé Ernesto:

> Festa amada e adorada
> Abençoada pelo Senhor do Bonfim

Com esse samba o Salgueiro não apenas ratifica a Bahia como o território mítico da origem do samba carioca (mito que é, parcialmente, verdadeiro) como também introduzia no samba de enredo um saboroso vocabulário de origem africana: pela primeira vez a avenida ouvia palavras como cateretê, acarajé e candomblé. E vale lembrar que Senhor do Bonfim é menos Jesus Cristo que Oxalá.

No ano seguinte, o Salgueiro veio com *Epopeia do samba*, de Bala, Duduca e Zé Ernesto. Não chega a encher os olhos o samba; mas tem o mérito de mencionar, também pioneiramente, que o samba, antes de ser aceito e de se transformar no gênero identificador da cidade, foi criminalizado e perseguido pelas autoridades. Ou seja, falava indiretamente do racismo, das tentativas de branqueamento ideológico promovidas pelo Estado e por membros das elites econômica e intelectual desde a Abolição. A letra também lembra — contrariando a tese da Portela, em 1942, que dizia que o samba "foi uma festa dos índios" — o papel fundamental da Praça Onze na formação do samba urbano carioca.

Fechando essa primeira tríade precursora vem o samba de Djalma Sabiá e Armando Régis para o carnaval de 1957, *Navio negreiro*:

> Apresentamos
> Páginas e memórias
> Que deram louvor e glórias
> Ao altruísta e defensor
> Tenaz da gente de cor
> Castro Alves

O enredo era sobre o poema de Castro Alves; e o samba, sem se valer do tradicional recurso da citação, descreve o tráfico de escravizados com uma melodia pungente, grave, fúnebre, como na passagem: "o navio onde os negros, amontoados, acorrentados, em cativeiro, no porão da embarcação". É um dos maiores sambas de todos os tempos, em termos estritamente musicais, com melodia sofisticadíssima e emocionante.

Mas essa busca das raízes africanas do samba não aconteceu somente no Salgueiro. Em 1958, por exemplo, a Mocidade Independente, então no segundo grupo, desceu com *Apoteose ao samba* (conhecido depois como "Coronel Trigueiro"), de Toco e Cléber:

> Nas noites enluaradas
> No tempo do cativeiro
> Todos deviam conhecer
> A fama de carrasco
> Do Coronel Trigueiro

O samba não tem o tom épico que caracterizou, por exemplo, *Navio negreiro*; mas não deixa de ser interessante a passagem que diz: "mas existia um porém: é que seu coronel toda fúria perdia" ao ouvir o samba. A estratégia é absolutamente original: expor uma ideia de caráter geral com um exame de caso, o caso do coronel Trigueiro — que serve de emblema. A mensagem é a seguinte: mesmo um homem cruel, um branco, um senhor, não resiste à beleza e à sedução do samba.

Outra obra (essa de 1959) também pode ser tida como precursora: *Machado de Assis*, que Martinho da Vila compôs para a Aprendizes da Boca do Mato, também do segundo grupo:

Um grande escritor do meu país
Está sendo homenageado
Joaquim Maria Machado de Assis
Romancista consagrado

A sutileza da letra do Martinho está em não adotar o tom corrente de louvor e exaltação, empregando expressões bombásticas; preferiu, antes, associar Machado às suas origens negras e pobres: "nascido em 1839 lá no Morro do Livramento... já faz muitos anos faleceu o filho de uma humilde lavadeira". É uma passagem apenas. Mas diz muito sobre o sentimento que passava a dominar os sambistas: depois de terem sido "aceitos" pela sociedade do asfalto (quando mostraram apreço pelo passado de glória e pelos grandes personagens nacionais) começaram a reivindicar e a falar de si mesmos, das favelas e da escravidão.

O ano de 1959 foi ainda muito importante por outro motivo: o professor de artes plásticas Fernando Pamplona participou como jurado do desfile e se impressionou com o carnaval do Salgueiro, que nesse ano falava de Debret. Não era um enredo afro-brasileiro; mas Pamplona percebeu que havia ali um imenso potencial de exploração plástica ao ver as pessoas do morro representando os quadros em que Debret retratou a escravidão no Brasil.

Se os compositores vinham de maneira sutil e indireta introduzindo a temática afro-brasileira nos desfiles, Pamplona foi o intelectual que oficializou ou adotou de forma ostensiva essa temática.

No ano seguinte, Pamplona era carnavalesco do Salgueiro; e a identificação entre o compositor e seu tema não poderia se manifestar de melhor maneira. O Salgueiro foi responsável por uma segunda tríade de sambas imortais, que não pode faltar em nenhuma antologia de obras-primas.

O primeiro deles é *Quilombo dos Palmares*, de 1960, composto por Noel Rosa de Oliveira e Anescarzinho:

No tempo em que o Brasil ainda era
Um simples país colonial
Pernambuco foi o palco da história
Que apresentamos nesse carnaval

O samba compara a resistência de Palmares à da legendária Troia e termina de forma exuberante dando a versão do suicídio de Zumbi, que segundo algumas tradições teria se atirado do alto da Serra do Gigante.

O segundo é *Chica da Silva*, da mesma parceria, feito para o carnaval de 1963:

> Apesar
> De não possuir grande beleza
> Chica da Silva
> Surgiu no seio
> Da mais alta nobreza

É interessante que a letra apresenta a história de Chica da Silva tentando dar um retrato psicológico da personagem, não apenas descrevendo fatos. Por exemplo, "e a mulata, que era escrava, sentiu forte transformação, trocando o gemido da senzala pela fidalguia do salão". Era, sem dúvida, uma inovação na maneira de abordar personagens históricas.

O samba que fecha essa segunda tríade é *Chico Rei*, de Geraldo Babão, Djalma Sabiá e Binha, composto no ano seguinte:

> Vivia no litoral
> Africano
> Uma régia tribo
> Ordeira
> Cujo rei era símbolo
> De uma terra laboriosa e hospitaleira

A técnica empregada em *Chica da Silva* — a abordagem mais intimista da personagem em vez da adjetivação altruísta e da enumeração factual — se repete nesse samba. E há trechos melódicos de beleza ímpar. Por exemplo: "na viagem agonizante, houve gritos alucinantes, lamentos de dor"; ou "a ideia do rei foi genial: esconder o pó de ouro entre os cabelos"; ou ainda, "no ponto mais alto da cidade, Chico Rei, com seu espírito de luz". Um samba simplesmente indispensável.

Ficava, assim, estabelecida uma linha temática que permitiria ao sambista expandir sua criatividade e tornar o samba de enredo mais verdadeiro.

Evidentemente, a ideia de retratar a história do negro no Brasil não se restringiu ao Salgueiro. A Unidos da Tijuca veio com *Casa-grande e senzala* em 1961 (também chamado "Leilão de escravos"):

> Quem dá mais, quem dá mais
> Negro é forte, rapaz

Permitam-nos aqui uma pequena digressão sobre um problema que talvez a historiografia do samba de enredo já não possa resolver, em termos documentais. É justamente famoso um samba de enredo composto por Darcy da Mangueira, chamado *Negro na senzala*:

> Nos idos tempos coloniais
> No brasil de escravo e senhor
> O negro era trasladado
> E depois arrematado
> Pelo escravizador

No disco *História do Brasil através dos sambas de enredo: o negro no Brasil* esse samba consta como tendo sido feito para o enredo da Unidos da Tijuca em 1958. Todavia, todas as fontes que listam os enredos da escola do Borel (ela própria, inclusive) indicam que nesse ano o enredo foi *O patriarca da Independência*.

Se analisarmos a letra tanto do chamado "Leilão de escravos" como a do samba do Darcy, podemos constatar que ambos dão desenvolvimento muito similar a um mesmo tema, provavelmente inspirado no clássico ensaio de Gilberto Freire — *Casa-grande e senzala*, precisamente o enredo da Unidos da Tijuca em 1961.

Assim, é provável que o samba de Darcy da Mangueira tenha sido um concorrente derrotado, gravado depois. A questão, no entanto, continua em aberto.

A Mangueira em 1964 desceu com *História de um preto-velho*:

> Era uma vez um preto velho
> Que foi escravo
> Retornando à senzala
> Para historiar o seu passado

Finalmente, a Unidos de Lucas, em 1968, desfilou com *História do negro no Brasil*, mais conhecido como "Sublime pergaminho", para muitos o maior samba de enredo de todos os tempos:

> Quando
> O navio negreiro
> Transportava negros africanos
> Para o rincão brasileiro

Esse samba tem o mérito de não atribuir apenas à Princesa Isabel o impulso de abolir a escravidão, como era antigamente difundido nos livros escolares: "formavam irmandades em grande união, daí nasceram festejos que alimentavam os desejos de libertação". A letra culmina com a cena clássica de José do Patrocínio beijando a mão da Princesa Isabel, enquanto uma voz anônima gritava na varanda do paço: "Meu Deus, meu Deus, está extinta a escravidão!" Esse trecho é de uma beleza impressionante, primeiro porque não cita o nome de Patrocínio e porque consegue lançar o ouvinte na cena.

Além dos temas históricos, a presença afro-brasileira entrava no samba através dos legados culturais africanos. Mas não tão rapidamente, como poderia parecer. De 1954, quando o samba do Salgueiro trouxe a palavra "candomblé", foram necessários 12 anos para que o Império Serrano e a São Clemente, em 1966, no desfile do segundo grupo, mencionassem pela primeira vez um orixá:

> Saravá, saravá
> Yerê Yerê de abê ocutá
> Em louvor à rainha do mar
> Iemanjá, Iemanjá
>
> Das baianas que dançam
> Com grande alegria
> Pra rainha Iemanjá
> Nas festas de Luanda na Bahia

No ano seguinte, completando esse ciclo de aquisições, a Unidos de Lucas poria na avenida o primeiro refrão, na história do samba de enredo, que simula um canto em iorubá:

> Bulaiê, Bulaiê, Bulaiô
> Airá ê Xangô, Airá ê Xangô
> Agulelê, Agulelê
> Gulê Olorum, Axá Norogô

Virando bolacha

Essa aproximação do enredo à sensibilidade do compositor não tinha necessariamente que passar pelos temas negros: bastava despir o enredo da formalidade laudatória dos primeiros tempos. A prova disso está em sambas também muito bonitos compostos para enredos mais suaves. Por exemplo, no próprio Salgueiro, *História do carnaval carioca*, de 1965, de Geraldo Babão e Valdevino Rosa:

> Recordando
> A história do carnaval
> Sob o comando do Rei Momo
> Havia uma festa tradicional

Outro samba interessante é *A favorita do imperador*, de Bidi, com que a Imperatriz Leopoldinense desceu em 1964:

> Nos salões, em plenos salões,
> Imperiais
> Domitila de Castro Canto e Melo
> Consolidou seus ideais

A sublime ironia desse enredo é a homenagem à Marquesa de Santos numa escola que nos lembra a Imperatriz Leopoldina.

Como mais um exemplo de que o tom laudatório e formal foi se tornando mais ameno, temos ainda o clássico *Memórias de um sargento de milícias*, de Paulinho da Viola, composto para o desfile de 1966 da Portela:

> Era no tempo do rei
> Quando aqui chegou
> Um modesto casal
> Feliz pelo recente amor

Ainda que seja a adaptação de uma obra literária do século 19, o fato de se tratar de uma crônica de costumes da cidade permitiu que a composição, em lençol, fluísse plenamente e não soasse falsa.

Um fator externo foi determinante para provocar a transição do período clássico para a era de ouro do samba de enredo: antes mesmo do desfile de 1967, um samba de enredo fez um enorme sucesso popular: *O mundo encantado de Monteiro Lobato*, de uma parceria encabeçada por Hélio Turco, Jurandir e Darcy da Mangueira:

> Quando
> Uma luz divinal

Iluminava a imaginação
De um escritor genial
Tudo era maravilha
Tudo era sedução

O caso desse samba é muito curioso. Embora não fale nada a respeito das personagens de Lobato, embora insista no modelo de apenas reverenciar a figura histórica, sua melodia é tão bela que só isso justifica o sucesso.

O fenômeno inédito de audiência provocou uma imediata reação nos sambistas. E no ano seguinte foi produzido o primeiro disco de sambas de enredo, com as chamadas "gravações originais", feitas por sambistas das próprias escolas e, pelo menos no início, nesse ambiente.

O ano de 1967 foi ainda importante por outro motivo: a primeira vitória da parceria Didi e Aurinho, que vinha da modesta União da Ilha para o Salgueiro, onde derrotaram os famosos compositores locais com os sambas *História da liberdade no Brasil* e *Dona Beja, feiticeira de Araxá*, ambos clássicos do gênero:

Quem por acaso folhear a história
Do Brasil
Verá um povo cheio de esperança
Desde criança
Lutando pra ser livre e varonil
***
Certa jovem
Linda, divinal
Seduziu com seus encantos
De menina
Um ouvidor real

Foi também em 1967 e 1968 que Martinho da Vila ganhou seus primeiros sambas na Vila Isabel: *Carnaval de ilusões* (com Gemeu) e *Quatro séculos de modas e costumes*:

Fantasia
Deusa dos sonhos estejas presente
Nos devaneios
De um inocente
***

A vila desce colorida
Para mostrar no carnaval
Quatro séculos de modas e costumes
O moderno
E o tradicional

Martinho introduz também uma melodia diferente, bem mais leve e bem mais solta, que lembra seu próprio estilo de compor partido-alto, abrindo possibilidades que seriam desenvolvidas em outros sambas, no período posterior.

A época de ouro
1969–1989

Permanência e transformação

O Salgueiro, que tinha sido o principal responsável pelo desenvolvimento dos enredos e dos sambas de temática afro-brasileira, teve também um papel fundamental na popularização do samba de enredo. Em 1969, muito antes dos desfiles, toda a cidade já conhecia e cantava o famoso *Bahia de todos os deuses*, de Bala e Manuel:

> Bahia
> Os meus olhos tão brilhando
> Meu coração palpitando
> De tanta felicidade

O detalhe do sucesso é o trecho final, simples, fácil, muito bem cadenciado, inspirado num ponto anônimo de capoeira, capaz de inflamar os espectadores e os componentes da escola:

> Nega baiana
> Tabuleiro de quindim
> Todo dia ela está
> Na igreja do bonfim
> Na ladeira tem, tem capoeira
> Zum-zum-zum, zum-zum-zum
> Capoeira mata um

Outra obra de 1969 marca bem o novo jeito do samba de enredo: *Iaiá do Cais Dourado*, composta por Martinho para a Vila Isabel:

> No Cais Dourado
> Da velha Bahia
> Onde estava o capoeira
> A iaiá também se via

Aqui a melodia se despe de toda a gravidade, a letra é mais curta e há uma cadência oriunda do partido-alto que modifica completamente a feição clássica, fazendo o samba ser aceito por um público maior.

Essa necessidade de agradar um público cada vez maior e não diretamente ligado às escolas de samba, somada ao fato de que os sambas agora deviam integrar um disco com gravações originais — disco esse que tinha limites de tempo para cada escola —, foi forçando os sambas a deixarem a forma lençol e adotarem uma extensão intermediária, ou ficarem tão curtos quanto os dos primeiros tempos.

Houve também, em alguns casos, quase que um abandono das estruturas formais típicas do samba de enredo e uma volta ao padrão dos sambas de terreiro. Um exemplo clássico é o samba do Salgueiro de 1971, composto para o enredo *Festa para um rei negro*, que tinha o famoso refrão:

Ô lelê ô lalá
Pega no ganzê
Pega no ganzá

O samba retomava os padrões abandonados desde os anos 40, quando eliminou os refrões únicos. Essa volta do refrão único (perigosa num desfile, porque o componente pode se confundir e voltar na parte errada) felizmente não se impôs e os sambas, às vezes menores, às vezes mantendo uma extensão maior (mas nunca mais como lençol), dominaram o período.

Essa preferência pelo tamanho mais adequado ao disco e à memória popular (do popular que não era frequentador de escola de samba) é notável, por exemplo, num caso exemplar acontecido na disputa de samba do Império Serrano, no carnaval de 1975. O samba escolhido, para o enredo *Zaquia Jorge, vedete do subúrbio, estrela de Madureira*, foi o de Avarese, que dizia assim:

Império deu o toque de alvorada
Seu samba, sua estrela despertou

Mas, entre os sambistas, houve uma grande polêmica, porque muita gente preferia o da parceria Acyr e Cardoso, considerado superior, como obra de arte:

Brilhando
Num imenso cenário
Num turbilhão de luz
Surge a imagem daquela
Que meu samba traduz

A polêmica não estava fundada em saber que samba era melhor: melhor era o da parceria. O que diziam os defensores do samba do Avarese era que este era mais apropriado ao desfile.

Era uma filosofia que já havia se manifestado antes, e de forma até radical, quando a escola escolheu, em 1972, um samba curtíssimo, *Alô, alô, taí Carmem Miranda*:

> Uma pequena notável
> Cantou muito samba
> É motivo de carnaval

A dupla Didi e Aurinho, autora de espetaculares sambas-lençóis, cedeu imediatamente à nova formatação, em 1971, com *Ritual afro-brasileiro*:

> Quem diria que o negro iria
> Há tempos atrás
> Ver um dia
> O branco escravo
> De seus rituais

A União da Ilha, aliás, preferiu durante muito tempo os sambas mais curtos, como *O amanhã*, de 1978:

> A cigana leu o meu destino
> Eu sonhei
> Bolas de cristal, jogo de búzios, cartomante
> Eu sempre perguntei

A Portela levou para a avenida, em 1972, *Ilu Ayê, terra da vida*:

> Ilu Ayê
> Ilu Ayê, odara
> Nego cantava
> Na nação nagô

A Mangueira em 1973, com *Lendas do Abaeté*, também fez um samba curto:

> Iaiá mandou
> Ir à Bahia
> Do Abaeté
> Para ver sua magia

Em 1974, um fato revelava o fim da era do lençol. Joãozinho Trinta, estreando como carnavalesco no Salgueiro, mandou cortar uma série de versos do samba campeão, composto para o enredo *O Rei de França na Ilha da Assombração*, que ainda assim resistiu como obra de arte:

Não cantaram em vão
O poeta e o sabiá
Na fonte do ribeirão
Lenda e assombração
Contam que o rei criança
Viu um reino de França
No Maranhão

Mesmo com os cortes, ainda é um samba relativamente longo — o que dá a dimensão do que deve ter sido a versão original.

É óbvio que a transição do período clássico para a época de ouro não se deu de forma abrupta. A safra de 1969 — ano que convencionamos ser o marco inicial da nova fase histórica — ainda tem sambas de sabor marcadamente clássico, como *Treze naus*, da Portela, *Ouro escravo*, da Em Cima da Hora, *Heróis da liberdade*, do Império Serrano, ou *Vida e glória de Francisco Adolfo de Varnhagen*, da Mocidade Independente.

Embora esse período inicial tenha visto muitos sambas curtos, a tendência não vingou completamente ao longo do tempo. E um aspecto deve ser ressaltado: a qualidade de letra e música dessas composições, mesmo as mais curtas, não deixa a desejar. Talvez a grande característica do período seja o enriquecimento magistral dos recursos melódicos e um tratamento mais solto dos enredos, mesmo daqueles enredos mais formais ou mais distantes do universo dos compositores.

O gênero atingia sua maturidade. É claro que o papel dos carnavalescos, na escolha e na definição da abordagem dos enredos, contribuiu para essa evolução. Mas o mérito maior é o do sambista, que aprendeu e conquistou uma linguagem poética própria, com soluções extremamente inteligentes.

Os enredos mais que tradicionais — que homenageavam grandes vultos ou retratavam fatos históricos — continuaram dando ensejo a grandes sambas, em termos melódicos, e superiores aos seus modelos, em termos de letra.

Isso porque a letra desses sambas perdeu o tom altivo e laudatório. Houve um amadurecimento dos sambistas e uma percepção de que aquela linguagem não era a ideal. Evidentemente, alguma sobrevivência se percebe, mas já não sobressai.

Ordem e progresso

A época de ouro do samba de enredo foi vivida quase inteiramente durante a ditadura militar. Pode parecer que o regime não influenciou as escolas de samba. Não foi o caso: particularmente no início dos anos 70, muitas agremiações apostaram em temas desenvolvimentistas, de pura exaltação nacional.

Basta ver essa pequena relação de enredos: *Brasil, berço de riquezas* (União do Centenário, 1970); *Modernos bandeirantes* (Mangueira, 1971); *Ouro verde* (Manguinhos, 1971); *Brasil das duzentas milhas* (Unidos de Lucas, 1972); *Laços de amizade* (Cabuçu, 1972); *Brasil, a flor que desabrocha* (Caprichosos, 1972); *A outra força do Brasil* (Grande Rio, 1972); *Brasil de ponta a ponta* (Paraíso, 1972); *Educação para o desenvolvimento* (Beija-Flor, 1973); *Brasil, explosão de progresso* (Império da Tijuca, 1973); *Brasil ano dois mil* (Beija-Flor, 1974); *O grande decênio* (Beija-Flor, 1975); *Brasil, glórias e integração* (Tupi, 1975); *Riquezas áureas da nossa bandeira* (Tupi, 1976). Os exemplos são muitos.

Como era de esperar, não produziu, esse tipo de enredo, nenhuma grande obra. E as escolas naturalmente perceberam isso. Mesmo aquelas que pareciam ter um projeto nessa linha, como a Tupi e a Beija-Flor; mas isso não durou.

Talvez a única exceção de samba ufanista de boa qualidade seja o da Unidos de Bangu, de 1983, *Obrigado, Brasil*:

> Bate sem parar feito um pandeiro
> O coração brasileiro
> Pro mundo inteiro ouvir
> O samba é bem mais que a luz no escuro
> É um grito no futuro
> Com um verso assim

Na óptica da letra, apesar da exuberante natureza, o que faz o Brasil ser grande são o samba e o carnaval. Uma pequena subversão da visão ligada à ditadura. Há passagens muito belas, como o refrão final:

> Vou despertar o mundo
> Batucando o meu pandeiro

Obrigado, meu brasil
Canta, povo brasileiro

Mas houve também pequenas provocações ao regime. Por exemplo, a obra--prima *Heróis da liberdade* que o Império Serrano trouxe em pleno 1969:

Passava noite, vinha dia
O sangue do negro corria
Dia a dia
De lamento em lamento
De agonia
Em agonia
Ele pedia
O fim da tirania

O samba tem rimas internas bem distribuídas e representou, no contexto da ditadura militar, uma afronta. Contam que um avião da Força Aérea sobrevoou o desfile, para impedir que o samba fosse escutado pelo público. A grandeza desse samba está num detalhe interessante: começa falando da opressão do escravizado negro, depois fala da Inconfidência Mineira, depois da Abolição, depois da Independência (alusão à frase do hino "já raiou a liberdade"). Até esse ponto, parece contar a história da liberdade de forma mais ou menos sequencial. A passagem que começa com "essa brisa que a juventude afaga" pode ser interpretada como uma evocação genérica à liberdade, ou como menção concreta a processos históricos posteriores, como a Proclamação da República ou ao momento histórico de então — o da luta contra a ditadura, que seria bem-sucedida, já que a liberdade triunfa sempre.

Parece que as autoridades militares estavam mais preocupadas em descobrir mensagens cifradas de subversivos em vez de atentar para manifestações patentes. Porque não consta registro de que tenham impedido ou tentado impedir o desfile da Unidos de Lucas (que no ano anterior viera com um enredo que exaltava a luta contra a opressão, o célebre "Sublime pergaminho"), que desceu com o samba *Rapsódia folclórica*. A letra inseria, aparentemente sem motivo, depois de uma introdução que falava de contos, lendas e da exuberância do cenário, o refrão:

Esclarecendo em alto som
Que a liberdade é o lado bom

Outro marco, nessa linha, um dos maiores sambas de todos os tempos, é *Onde o Brasil aprendeu a liberdade*, de Martinho da Vila, composto para o carnaval da Vila Isabel em 1972:

> Aprendeu-se a liberdade
> Combatendo em Guararapes
> Entre flechas e tacapes
> Facas, fuzis e canhões

O samba defende uma tese que os militares não perceberam ser subversiva: a identidade nacional, a noção de brasilidade, surgiu entre o povo, naturalmente, antes da existência do Estado brasileiro: "brasileiros irmanados, sem senhores, sem senzalas, e a senhora dos Prazeres transformando pedra em bala". Era, é claro, uma alusão à situação vigente no país, uma sutil provocação que os censores não captaram.

A retomada da democracia coincidiu com um samba também antológico: *Liberdade, liberdade! abre as asas sobre nós*, com que a Imperatriz Leopoldinense desceu em 1989:

> Liberdade, liberdade
> Abre as asas sobre nós
> E que a voz da igualdade
> Seja sempre a nossa voz

O enredo tratava da Proclamação da República, vista como o ápice da luta pela liberdade, na história do Brasil (ideia que está talvez num livro de Viriato Correia). Mas tem trechos de belíssima melodia. E uma letra crítica e não laudatória, insinuando, no verso final, que ainda falta algo a conquistar.

Samba, festa de um povo

No período clássico, foram os enredos que tocavam mais diretamente o sentimento popular que permitiram sambas melhores e deram oportunidade a que os compositores desenvolvessem uma linguagem poética própria, sem a empolação dos primeiros tempos. Esses enredos de apelo popular continuaram, na época de ouro, gerando uma grande quantidade de excelentes sambas.

Por "apelo popular" queremos traduzir a identificação entre compositor e seu assunto. Isso não significava que o enredo escolhido tivesse que ser suave ou alegre. Um dos grandes sambas dessa época, por exemplo, falava de um conflito triste e exaltava os perdedores: *Sete Povos das Missões*, levado pela Unidos do Cabuçu em 1977:

> Vamos cantar
> Os jesuítas e os índios do Brasil
> Com heroísmo fundaram
> Os Sete Povos das Missões

A letra incorpora bem um motivo indígena muito difundido — heróis que se transformam em estrelas, como metáfora da imortalidade — e termina com este trecho deslumbrante:

> Lá no céu
> Continua brilhando
> O valente cacique Sepé Tiaraju
> Que fulgor têm as estrelas
> Da constelação do Cruzeiro do Sul
> O boi-barroso ninguém consegue laçar
> Tatá-manha, a mãe-do-ouro
> E a guarda fiel de Tumbaé-Avá

Outro importante samba de exaltação a uma luta perdida foi *Um herói, uma canção, um enredo*, feito para o desfile da União da Ilha em 1985:

> Lá na minha aldeia
> Já não canta a chibata
> Sangrando a Guanabara

O enredo também fazia uma homenagem à cantora Elis Regina e ao samba *O mestre-sala dos mares*, de João Bosco e Aldir Blanc. O samba da União, que reuniu pela última vez os compositores Didi e Aurinho da Ilha, tem uma das melodias mais sofisticadas da parceria.

Um samba belíssimo e injustamente esquecido é *Tesouro maldito*, da Unidos de Manguinhos, em 1977:

> Vamos contar para vocês
> Como essa história começou
> Minas em épocas passadas
> Foi marcada de sofrimento e dor

Impressiona a narração do enredo, precisa e com todos os elementos do chamado "suspense". Trata da história de um certo Manuel Henriques, conhecido como Mão-de-Luva. Diz a lenda que era apaixonado pela Rainha de Portugal, Dona Maria, que depois se tornaria "a louca". Certa vez a rainha lhe beijara a mão, e Manuel Henriques passou a usar uma luva, que nunca tirava, para que o beijo nunca fosse lavado. No Brasil, Manuel Henriques tornou-se um grande sonegador e bandoleiro, e teria escondido um tesouro na região de Cantagalo, no estado do Rio, antes de ser preso e deportado para Angola.

Como se vê, uma história de grande apelo popular. Outro caso curioso da história brasileira, a biografia do sacristão João Batista Ferreira de Sousa Coutinho, depois Barão de Catas Altas, foi muito bem explorado pela Império da Tijuca, em 1980, e originou o samba *De sacristão a barão do ouro*:

> Voltando através dos tempos
> Quando a lembrança nos traz
> A Catas Altas
> Aldeia de Minas Gerais

O ponto central do enredo e da letra do samba foi a extravagância desse antigo sacristão, que — depois de herdar uma "imensa riqueza" — "construiu suntuosos palácios criando um mundo de encanto e beleza". O rico barão teria inclusive recebido, na Fazenda Macaúba, Sua Alteza Imperial. O primeiro refrão, que reproduz hipotéticas palavras do sacristão, é inesquecível:

> Tudo na vida se dissolve igual fumaça
> Bebam vinho, quebrem taças

Um marco no samba de enredo de tema histórico, porque misturado ao delírio e por isso mais próximo da lenda, é *O segredo das minas do Rei Salomão* (Salgueiro, 1975):

> Miragem de uma época distante
> Mil princesas procuravam descobrir
> Do Rei Salomão o segredo
> Das minas guardadas
> Em terras de Ofir

O samba é belíssimo e captou perfeitamente a proposta do carnavalesco Joãozinho Trinta — que imaginou estarem as lendárias minas de Ofir localizadas no Brasil. Na época, ainda era obrigatório o enredo nacional e essa forma foi uma maneira inteligente de inserir elementos inusitados nos desfiles, como a representação do Oriente, associado à história brasileira. Joãozinho aproveitou uma lenda corrente de que os fenícios (que aparecem no enredo como cedendo os navios a Salomão) estiveram no Brasil e seriam responsáveis por inscrições em rochedos e pela gravação de uma famosa pedra — o que mais tarde se revelou ser apenas uma brincadeira erudita do Imperador Pedro II.

É inesquecível o desfile do Salgueiro, nesse ano, porque a escola entrou na avenida com o dia clareando enquanto entoava:

> E o sol nascendo
> Vem clarear
> O tesouro encantado
> Que o rei mandou buscar

Outro enredo que explorou bem essa mistura de história e lenda foi *Manoa, um sonho dourado*, da Tupi de Brás de Pina (1978), que resultou num solene e belíssimo samba:

> Singrando os mares
> Desafiando a procela
> Brasões da Espanha em caravelas
> Vindas de além-mar
> Em busca de tesouros fascinantes
> Heroicos navegantes
> Sonhavam conquistar

A letra descreve uma descoberta ficcional do Eldorado e encerra com o refrão apoteótico:

> Era o sol raiar
> E Manoa começava a cintilar

A formação social brasileira mereceu alguns enredos, quase sempre centrados na velha teoria das "três raças", popularizada a partir do livro *Casagrande e senzala*, de Gilberto Freire, e do poema "Martim Cererê", de Cassiano Ricardo.

A obra de Gilberto Freire vinha sendo explorada desde o período clássico, como, por exemplo, pela Unidos da Tijuca em 1961. Durante a época de ouro, os sambas, em geral, trataram do tema minimizando as tensões entre opressor e oprimido, assumindo a tese — muito do gosto do regime militar — de que o

Brasil é um paraíso da mistura de raças. Um exemplo é *Casa-grande e senzala*, com que a Lins Imperial desfilou em 1971:

> Meu branquinho feiticeiro
> Doce ioiô, meu irmão
> Adoro teu cativeiro
> Branquinho do coração

A letra é um absurdo, a despeito da interessante linha melódica. Bela melodia tem também *Uma andorinha só não faz verão* (Santa Cruz, 1983). Nesse samba, a ideia subjacente é a de que o Brasil não teria grandeza cultural se permanecesse habitado apenas pelos indígenas (esse é o sentido do ditado "uma andorinha só não faz verão", no contexto do enredo). Depois de evocar "a raça índia brasileira, pioneira desse imenso torrão", a letra segue:

> Como é linda
> A história da cultura nacional
> Onde um bravo navegante
> Fez seu porto principal
> Dos amores portugueses
> O caboclo aqui surgiu
> Enriquecendo o folclore do Brasil

E termina com a glorificação da mulata, "que a fidalguia acolheu em seus luxuosos salões".

Uma abordagem mais interessante foi dada pelo enredo da Imperatriz Leopoldinense, em 1971, que resultou numa das obras-primas da escola: *Barra de ouro, barra de rio e barra de saia*.

A letra até fala em "união de três raças por amor". Mas a tese defendida é outra: com a descoberta de ouro em Minas, os aventureiros enriquecidos tentavam conquistar o amor de mulheres brancas, negras ou mestiças:

> E nas barras de suas saias
> Entoavam madrigais
> Sem saber amar

Esse "sem saber amar" dá a verdadeira dimensão, ainda que nas entrelinhas, de como se constituiu, na prática, o processo miscigenatório brasileiro — muito mais decorrente do poder que do amor. O samba tem uma linda melodia, que culmina na passagem:

Inaê que vem do tempo
Que traz o vento
Que faz o ouro
Rolar no rio
Que faz o rio rolar pro mar rolar pro mar
Olha a saia dela, Inaê
Como o vento leva

Embora ainda dependente da visão do Brasil como paraíso racial, o Império Serrano, com *Brasil, berço dos imigrantes*, de 1976, avança além da teoria das "três raças" e apresenta um país formado por múltiplas ondas de imigração. O trecho melódico é muito bonito:

Brasil
Berço dos imigrantes
Sua raça é mistura
Sem cessar
O povo com seu sorriso
Vem pra avenida festejar
Violas e pássaros
Clarins de vento
O arlequim entoando um canto lento

Os grandes vultos históricos caíram um pouco de moda, nesse período, dando espaço a outro tipo de herói, mais popular. Por exemplo, o caso do samba *Delmiro Gouveia*, da Unidos da Tijuca, em 1980:

Venho falar em forma de canção
Da história de um vulto imortal
Delmiro Gouveia
Sua alma ainda vive
Em todo aquele que hoje lembra de você

O samba exalta a personagem, mas evoca sua proximidade com o povo, porque Delmiro era "menino pobre, filho de pai boiadeiro", que "seguiu em frente e na vida prosperou" e "soube respeitar a cada cidadão". É a história de um homem bem-sucedido que nasceu pobre e enfrentou a inveja de opositores ricos e poderosos.

Ainda no ambiente nordestino podemos lembrar *Nos confins de Vila Monte*, de 1975, cantado pela União da Ilha:

> Sob o sol escaldante
> Gemia o Nordeste de dor
> Nos confins de Vila Monte
> Uma triste história se passou

As personagens mais frequentemente escolhidas já não eram históricas, mas figuras ligadas à arte e à literatura. Muitos sambas se destacam, nessa linhagem de enredos. Um deles é *O mundo de barro de Mestre Vitalino*, da Império da Tijuca, em 1977:

> Nordeste novamente é lembrado
> Na figura desse humilde escultor
> Vitalino
> Com seu mundo de barro
> Matéria que Deus criou
> Ele valorizou

O ambiente nordestino e popular é visto com encanto e emoção, Vitalino é definido como "poeta no sentido figurado, de uma simplicidade sem igual". Há também uma clara consciência de que esse artista, objeto de um enredo, é um artista popular. Esse papel de elevação da autoestima dos componentes é uma das principais conquistas das escolas de samba, dos enredos e dos sambas desse período.

Em 1982, a Unidos da Tijuca desceu com outro samba antológico: *Lima Barreto, mulato, pobre, mas livre*:

> Vamos recordar Lima Barreto
> Mulato pobre, jornalista e escritor
> Figura destacada do romance social
> Que hoje apresentamos nesse carnaval

A valorização da figura do artista de origem popular também aparece em *Lua viajante*, da Unidos de Lucas, no mesmo ano de 1982, que homenageia Luiz Gonzaga:

> Somente as dádivas do céu
> Poderiam ofertar tanta grandeza
> Àquela terra
> Iluminada pela própria natureza

Mesmo numa arte erudita como a música clássica a ideia de exaltar homens de origem humilde dava bons resultados. Um exemplo é *O mestiço predestinado*, da Independentes de Cordovil, que em 1975 contou a história do padre músico José Maurício:

> O Independente de Cordovil
> Traz para esse carnaval
> José Maurício, o mestiço
> Compositor do tempo colonial
> Nascido de pais mulatos
> A carreira religiosa abraçou

A ênfase fica no drama do artista genial injustamente perseguido por ser mulato:

> O mulato quase negro
> Tornou-se amigo do rei
> Acusado de fora de moda
> Pelos invejosos da corte imperial
> Sacrificou a sua inspiração

Na verdade, há muitos sambas de boa qualidade que tratam de outras personalidades importantes, populares ou não. Por exemplo *O mundo melhor de Pixinguinha*, da Portela em 1974; *O mestre da musicologia nacional*, da Santa Cruz, em 1978 (sobre Carlos Gomes); *De Nonô a JK*, da Mangueira, em 1981; *O teu cabelo não nega* (homenagem a Lamartine Babo) da Imperatriz Leopoldinense, nesse mesmo ano; *A baronesa da Taquara*, da Acadêmicos da Cidade de Deus, de 1977; *Chiquinha Gonzaga, alma cantante do Brasil*, da Tupi, em 1972; *Marquesa de Santos, que reinou pela graça*, da Capricho do Centenário, em 1970.

O fracasso dos compositores ficaria associado aos enredos que homenageavam grandes figuras da mídia, como Os Trapalhões, Roberto Carlos, Xuxa e Chico Anísio. Essas personagens dificilmente davam samba. A grande exceção, que se tornou um clássico do samba de enredo, foi *Ibrahim, de leve eu chego lá*, da Acadêmicos de Santa Cruz, em 1985:

> Pode me chamar de cafajeste
> Eu sou, e quem não é?
> Gente fina é outra coisa
> Falem de mim quem quiser

O samba tem uma ironia, uma provocação tão carioca que se torna até simpático e engraçado — solução ideal para um enredo perigoso como esse.

Um dos temas tradicionalmente explorados pelas escolas desde a década de 40 — paisagens e cenas brasileiras —, que deu clássicos como *Vale do São Francisco,* em 1949, e *Aquarela brasileira,* em 1964, continuou existindo, mas desprovido de todo o tom laudatório anterior.

Bahia de todos os deuses, do Salgueiro, em 1969, é um desses sambas. Descreve cenas da Bahia, típicas, pitorescas. Havia já uma noção muito clara entre os compositores de que a letra descrevia o enredo e era fundamental pensar na escola como uma narrativa visual.

A Unidos de São Carlos por dois anos seguidos promoveu enredos sobre cenários brasileiros, em 1970 e 1971, que deram origem a bons sambas, respectivamente, *Terra de Caruaru* e *Brasil turístico*:

> Em Pernambuco
> Na terra de Caruaru
> Berço de tantas tradições
> Do frevo e maracatu
> ***
> Brilha todo esse céu azul
> O que me faz sentir
> Orgulho e sedução

Os sempre excelentes sambas de Martinho da Vila fazem mesmo história: em 1970 a Vila Isabel desceu com o famoso *Glórias gaúchas*:

> Vamos cantar
> Gentes do meridião
> Caminhando pela estrada
> Sem espora e sem gibão

A Unidos de Lucas veio em 1975 com *Cidades feitas de memória*:

> Cidades feitas de memória
> É o tema da história
> Que Lucas apresenta nesse carnaval

A ideia de fazer um panorama amplo, como fizeram os citados *Vale do São Francisco* e *Aquarela brasileira*, se repete em *Brasil turístico* e *Cidades feitas de memória*. Esse último, aliás, pende mais para o clássico que para o estilo dominante na época de ouro.

Numa solução diferente — digamos, localista — a Império da Tijuca fez um enredo em homenagem ao próprio bairro, e desceu em 1986 com o belo *Tijuca: cantos, recantos e encantos*:

> Você foi
> Um berço de índios
> Lugar que Estácio de Sá
> Deu aos jesuítas o direito de ficar

Nos enredos sobre paisagens locais, destaca-se entre todos o espetacular e esquecido *O curioso Mercado de Ver-o-Peso*, feito para o desfile do Engenho da Rainha em 1981:

> Chegando palhas-botes e veleiros
> Montarias, canoeiros
> Iguarias e coisas mais
> Com um vozerio alucinante
> Muita gente, fervilhante
> De manhã desperta o cais

É digna de nota a elegância sintática dessa passagem, que se associa a uma melodia belíssima, grave e solene, contrastando estranhamente com a descrição da chegada tumultuosa das pessoas ao mercado.

O cenário popular, a vida comum do povo, teve sambas antológicos, como *Moça bonita não paga*, da Caprichosos de Pilares, em 1982, que tem o célebre refrão:

> Tem zoeira, tem zoeira
> Hora de xepa é final de feira

Com o mesmo espírito do samba da Caprichosos, a Em Cima da Hora em 1984 veio com *Trinta e Três, destino Dom Pedro II*:

> Vamos sublimar em poesia
> A razão do dia a dia
> Pra ganhar o pão
> Acordar de manhã cedo
> Caminhar pra estação

E chegar lá em Dom Pedro
A tempo de bater cartão
Não é mole, não

O samba é um misto de crítica social e descrição de cena popular. Trata do cotidiano da população trabalhadora que usa o trem como transporte. O samba é muito bonito e tem trechos pungentes, como este:

O suburbano
Quando chega atrasado
O patrão mal-humorado
Diz que mora logo ali
Mas é porque não anda nesse trem lotado
Com o peito amargurado baldeando por aí
Imaginem quem vem lá de Japeri!

O universo da caricatura serviu de ponto de partida para um desfile de figuras populares, como *Traços e troças*, que o Salgueiro elegeu em 1983:

Caricaturrindo
Virando a tristeza pelo avesso
A arte irradiou
Com raio de luz de humor
A melindrosa
Amigo da onça almofadinha

Outro bom pretexto para explorar cenários é a história da expansão das ferrovias, como *Talaque, talaque, o romance da Maria-Fumaça*, com que desceu o Arrastão em 1978:

Plantando cidades
Em cada rincão
Maria-Fumaça
Conquista o sertão

O maior samba descritivo de cenas e paisagens populares é sem dúvida *Domingo*, de Aurinho da Ilha, Ione, Ademar e Valdir da Vala, com que a União da Ilha desceu em 1977:

Vem, amor
Vem à janela ver o sol nascer

Na sutileza do amanhecer
Um lindo dia se anuncia

É um samba composto todo em menor — o que leva a uma reflexão interessante: mesmo para um desfile descontraído e alegre, como foi o da União, é possível descer o tom do canto sem prejuízo da evolução e da harmonia. E lembramos que a escola ficou em terceiro lugar.

Outra linha temática que deu excelentes frutos foi uma extensão natural dos enredos sobre cenas e paisagens populares — a representação da cultura popular. Se, em sambas de enredo como *Bahia de todos os deuses*, aspectos da cultura popular eram retratados, foi natural surgir a ideia de conceber enredos específicos. Esses foram criados a partir da época de ouro, período da expansão do horizonte do enredo.

Muitos trataram dos diversos gêneros musicais brasileiros. Por exemplo, a Mocidade Independente, em 1972, veio com *Rainha mestiça em tempo de lundu*, que tem o refrão:

Que dança boa para se dançar
Dava um negócio no corpo
Ninguém conseguia parar

Em 1985, a Estácio de Sá (antiga Unidos de São Carlos) desceu com *Chora chorões*:

Embalados nesse som dolente
Vamos nessa, minha gente
Unir os corações

A Mocidade Independente, em 1971, fez uma síntese do cancioneiro popular com *Rapsódia da saudade*:

Canto
Faço do samba minha prece
Sinto que a musa me aquece
Com o manto da inspiração
Ao transportar-me pelas asas da poesia
Ao som de lindas melodias
Que vão fundo no meu coração

É uma das mais belas e originais melodias da história do samba de enredo, porque ligada — como a letra — ao gosto clássico.

Os cortejos processionais brasileiros foram também explorados. O Império Serrano desceu em 1974 com *Dona Santa, rainha do maracatu*:

> Vejam em noite de gala
> As nações africanas que o tempo não levou
> É maracatu
> Olhem quanto esplendor

Ainda em 1974 a Mocidade Independente veio com *A Festa do Divino*:

> Delira meu povo
> Nesse festejo colossal
> Vindo de terra distante
> Tornou-se importante
> Tradicional

No ano seguinte, 1975, a Unidos de São Carlos pôs na avenida o clássico *Festa do Círio de Nazaré*:

> Mês de outubro
> Em Belém do Pará
> São dias de alegria e muita fé
> Começa com extensa romaria matinal
> O Círio de Nazaré

A Em Cima da Hora lembrou os violeiros e cantadores nordestinos em 1973, com *O saber poético da literatura de cordel*:

> Era uma vez
> Era assim que começava
> Eu era menino e hoje recordo
> As histórias que vovó contava

Lendas populares são também férteis em bons sambas. Por exemplo, *Um talismã para Iaiá*, do Arrastão, em 1977:

> Vivia na mata virgem
> Uma negra de tom reluzente
> Era órfã e por isso carente
> De amigos escondia a sua dor
> Por isso imaginava o seu amor

Outro samba famoso nessa linha é *O mundo fantástico do uirapuru*, que a Mocidade Independente apresentou em 1975:

> E quem ouvir o seu cantar
> Abraça a sorte
> E afasta o azar

A escultura popular também foi tematizada em dois belos sambas. O primeiro pela Império da Tijuca em 1977, *O mundo de barro de Mestre Vitalino*:

> Olha o boneco de barro
> Quem quer comprar
> Leva boneco freguesa
> Pras crianças alegrar

O segundo pela Unidos da Tijuca em 1983, *Devagar com o andor que o santo é de barro*:

> Brasil, devagar com o andor
> Ô ô ô, porque o santo é de barro

Em 1978 o samba da Mocidade Independente, *Brasiliana*, fez uma bela síntese da cultura popular brasileira associada à beleza da paisagem:

> Eh, terra, chão, terra, chão
> Nosso céu azul de anil
> Vem da alma brasileira
> Radiante, hospitaleira
> Arquiteta do Brasil

Outra síntese foi o samba da Unidos de Lucas em 1969, *Rapsódia folclórica*:

> Na Bahia tem
> Tem, tem, tem
> Na Bahia tem ô baiana
> Água de vintém

Hábitos populares também foram tema. Um samba antológico, tanto por suas características quanto pela significação que obteve na avenida, foi *Sonhar com rei dá leão*, levado pela Beija-Flor em 1976, versando sobre o jogo do bicho:

Sonhar com anjo é borboleta
Sem contemplação
Sonhar com rei dá leão

Um enredo curioso que exerceu fascinação em sambistas e carnavalescos e sempre rende sambas ótimos é sobre as assombrações do Maranhão. Um clássico é *O Rei de França na Ilha da Assombração*, com que o Salgueiro desceu em 1974:

Incredo, incruz, ererê
Virgem Maria
A preta velha se benze
Me arrepia
Ô ô ô
A preta velha não mente não senhor

Excelente também é *França, bumba, assombração no Maranhão*, levado pela Unidos de Lucas em 1980:

Esta história
Repleta de crendices e emoções
Fala de um rei que mandou
Invadir o Maranhão
Fala de bumba
E também de assombração

Outra obra-prima, talvez o melhor de todos nesse tema, é *Maranhão, o que a história não conta mas se acredita*, da Corações Unidos, para o desfile de 1984, em Niterói:

Fascinação
Batendo forte no meu coração
Vou tecendo a fantasia
Vestindo poesia
Aportar no Maranhão

Assombrações sempre foram temas excitantes. Há um belo samba da Flor da Mina em 1977 para o enredo *Engenho mal-assombrado*:

E a moenda vai girando
Escravos põem mel no tacho

E zumbido de chicote
E gritos de capataz
E só quando o galo canta
No engenho volta a paz
Saruê, saruá, isso é de arrepiar
Bananeira se agitando
Sem ninguém nela encostar

Forma particular de cultura popular é o mundo infantil. Enredos dessa linhagem geraram sambas excelentes. Por exemplo, o Arranco em 1978 veio com *Sonho infantil*:

A natureza está em festa
É Natal no meu Brasil
Rena e trenó não tem
Papai Noel vem de trem

Ainda em 1978, a Imperatriz Leopoldinense apresentou *Vamos brincar de ser criança*:

Sinto um cheiro de doce no ar
Tia Preta na cozinha
Faz a festa começar

Talvez o grande clássico dos enredos infantis seja *O casamento da Dona Baratinha*, da Unidos da Ponte, para o carnaval de 1982. Este samba tem trechos melódicos inspiradíssimos, como o seguinte:

No tempo em que os bichos falavam
Em terras de São Mateus
Em Meriti (a baiana contou)
A baratinha nasceu
E no Jardim do Éden foi morar
Pôs laço de fita e se tornou mais bela
E dom Ratão se apaixonou por ela

O próprio carnaval, o samba e os desfiles das escolas também viraram enredo. O Salgueiro teve em 1965 o clássico *História do carnaval carioca*. Na época de ouro, as escolas lembravam suas próprias histórias (Mangueira em 1978, com *Dos carroceiros do imperador ao Palácio do Samba*); recordavam seus melhores desfiles (União da Ilha em 1980 com *Bom, bonito e barato*); homenageavam as coirmãs (Salgueiro em 1972 com *Mangueira, minha madrinha querida*); ou prestavam homenagem aos grandes sambistas (Imperatriz Leopoldinense em 1974 com *Réquiem por um sambista: Silas de Oliveira*).

Mas o desenvolvimento mais importante era o próprio carnaval e o desfile como aspecto da cultura popular. Alguns sambas merecem destaque. O primeiro deles, *Cor, ação e samba*, da União de Jacarepaguá, em 1978:

> Fala viola
> Fala por mim
> Essa mulata
> Mata um
> Bolindo assim

É hoje!, da União da Ilha, em 1982:

> A minha alegria atravessou o mar
> E ancorou na passarela
> Fez um desembarque fascinante
> No maior show da terra

Festa profana, da mesma União, em 1989:

> Eu vou tomar um porre de felicidade
> Vou sacudir
> Eu vou zoar toda a cidade

Pra tudo se acabar na quarta-feira, da Unidos de Vila Isabel, em 1984:

> Mas a quaresma lá no morro é colorida
> Com fantasias já usadas na avenida
> Que são cortinas
> Que são bandeiras
> Razão pra vida
> Tão real da quarta-feira

Bumbum paticumbum prugurundum, do Império Serrano, em 1982:

> Superescolas de samba S.A.
> Superalegorias
> Escondendo gente bamba
> Que covardia

E finalmente o inesquecível *Ratos e urubus, larguem a minha fantasia*, da Beija-Flor, em 1989, que marcaria, como veremos, o fim da época de ouro:

> Reluziu
> É ouro ou lata
> Formou a grande confusão
> Qual areia na farofa
> É o luxo e a pobreza
> No meu mundo de ilusão
> Xepa, de lá pra cá xepei
> Sou na vida um mendigo
> Na folia eu sou rei

É arte, é cultura

O amadurecimento da arte do samba de enredo permitiu que, na época de ouro, mesmo os temas hipoteticamente mais dissociados dos sambistas recebessem um tratamento poético e melódico de alto nível.

Uma importante linhagem de enredos, muito explorados no período, mostra isso muito bem: a transposição, para o desfile, de obras literárias assinadas por escritores — como se costuma dizer — "cultos". Há muitas obras-primas que saíram desse estímulo.

Alguns enredos tratavam de um conjunto de obras, de um autor ou de um período literário, como os que originaram os sambas *Oropa, França e Bahia*, da Imperatriz Leopoldinense em 1970:

> Na alvorada de glória
> Da literatura brasileira
> Quando um marco transformou a velha história
> Da arte numa nova fronteira

Ou *José de Alencar, o patriarca da literatura*, com que desceu no mesmo ano a Paraíso do Tuiuti:

> Seu nome ficou imortal
> Iracema, Peri e Ceci
> Quantos poemas e romances

Outro exemplo é *Imagens poéticas de Jorge de Lima*, que a Mangueira levou em 1975:

> Na epopeia triunfal
> Que a literatura conquistou
> Em síntese de um sonho
> Um poeta tão risonho
> Assim se consagrou

E também *Os imortais*, da Vila Isabel para o carnaval de 1983, cujo trecho mais belo é este:

> Jandaia canta na jurema
> O arco-íris borda o véu de Iracema
> Gemidos na senzala
> Nos sertões, um grito de dor

Mas o melhor filão foram os enredos monográficos, que apresentavam recriações de textos literários.

A Imperatriz Leopoldinense, em 1969, desceu com *Brasil, flor amorosa de três raças*, inspirado no último verso do soneto "Música brasileira", de Olavo Bilac:

> Vejam
> De um poema deslumbrante
> Germinam fatos marcantes
> Deste maravilhoso Brasil
> Que a lusa prece descobria
> Botão em flor crescendo um dia
> Nessa mistura tão sutil

A tese é a do Brasil como paraíso racial: "somos todos sempre iguais nessa miscigenação". Mas o samba permanece, porque é um esplendor em termos melódicos e rítmicos.

A Imperatriz voltou a defender a tese do paraíso racial, em 1972, ao apresentar *Martim Cererê*, baseado no poema homônimo de Cassiano Ricardo:

> Vem cá, Brasil
> Deixa eu ler a tua mão, menino
> Que grande destino reservaram pra você
> Fala Martim Cererê

De 1975 é o famoso *Macunaíma, herói de nossa gente*, samba composto por Davi Corrêa e Norival Reis para a Portela, baseado na obra de Mário de Andrade:

> Portela apresenta
> Do folclore tradições
> Miragens do sertão
> A mata virgem
> Assombrada com mil tentações

Em 1975 houve também *Dona Flor e seus dois maridos*, de Neneco e Preto Velho, para a Lins Imperial:

> Em cada coração uma saudade
> Em cada saudade um grande amor
> Dona Flor com seus encantos
> E seu coração sofredor

Um livro inspirado no *Macunaíma* de Mário de Andrade, *Manuscrito holandês*, de M. Cavalcanti Proença, também virou enredo: *O que dá pra rir dá pra chorar*, levado pela Unidos da Tijuca em 1981:

> É tão sublime exaltar
> Nesse dia de folia
> E cantar
> A odisseia de um valente brasileiro

Livros com linguagem num certo sentido experimental atraíram os carnavalescos e foram bons para os compositores. Além de *Macunaíma* e *O que dá pra rir dá pra chorar*, temos um caso interessante: *Memórias póstumas de Ponciano Barbaça*, samba da Combinado do Amor, escola de Niterói que desfilou com esse curioso enredo em 1984. O livro de base é *O coronel e o lobisomem*, de Cândido de Carvalho, mas o enredo tem o machadiano "memórias póstumas":

> O artista nos faz recordar
> Com a história que vamos contar agora
> Em Campos dos Goytacazes
> Ponciano Barbaça nasceu
> Menino peralta
> Depois coronel

Um caso à parte é *Invenção de Orfeu*, que Paulo Brazão compôs para a Vila Isabel, em 1976:

> Ilhado na imaginação
> Que mar de fantasia
> O poeta vai cantando
> Histórias tão sem histórias
> De tristeza e de alegria
> No seu veleiro sem vela
> Peixe que voa
> Ave que é proa

Esse samba é um acontecimento. É impressionante como Brazão transplantou para o samba a complexa e bela linguagem do poema de Jorge de Lima.

Martinho da Vila em 1980, para a mesma Vila Isabel, realizou samba equivalente com *Sonho de um sonho*, enredo sobre poema de Drummond:

> Sonhei
> Que estava sonhando um sonho sonhado
> O sonho de um sonho
> Magnetizado

Uma das obras-primas de todos os tempos é *Os sertões*, de Edeor de Paula, com que a Em Cima da Hora desfilou em 1976. Esse é um outro acontecimento, pelo poder de síntese do autor, que conseguiu a proeza de resumir o livro homônimo de Euclides da Cunha.

> Marcado pela própria natureza
> O Nordeste do meu Brasil
> Oh solitário sertão
> De sofrimento e solidão
> A terra é seca
> Mal se pode cultivar

Outro samba importante é *Orfeu do Carnaval*, com que a São Carlos desceu em 1983, baseado na peça *Orfeu da Conceição*, de Vinicius de Moraes:

> Morreu Orfeu
> Vencido pelo mal
> Mas há sempre um Orfeu no carnaval

Ainda no âmbito das artes e dos artistas eruditos vale destacar dois sambas. O primeiro, da União de Jacarepaguá, que desfilou em 1973 com *As sete portas da Bahia de Carybé*:

>Vejam que beleza
>As ondas lavando a areia
>Saveiros enfeitam o mar

O segundo é o espetacular *E eles verão a Deus*, da Unidos da Ponte, composto para o carnaval de 1983, que homenageia os mestres da pintura, sem citar um único nome próprio:

>Hoje a natureza canta
>A musa se encanta
>E vem pra festejar
>E vem sorrir
>Que a vida é bela
>Nas cores do seu despertar

Negro é sensacional

De longe a linha temática que mais belos sambas proporcionou, em toda a história do samba de enredo, foi a dos enredos negros, ou afro-brasileiros.

Iniciada na década de 50, com participação decisiva, mas não exclusiva, do Salgueiro, o enredo negro mostrou que o aspecto afetivo, a ligação entre o compositor e o seu tema, era a chave para a produção de grandes obras. Foi também decisivo para a conquista de uma linguagem poética própria, original.

Na época de ouro, em plena posse de seus recursos poéticos e melódicos, o samba de enredo continuou pródigo em beleza, quando o estímulo era afro-brasileiro. Todavia, se no período clássico predominaram enredos históricos, que denunciavam os horrores da escravidão e enfatizavam as lutas pela liberdade, a partir da década de 70 a ênfase recaiu no patrimônio cultural de origem africana. E nenhum tema, nessa linhagem, foi mais explorado e bem-sucedido que o universo dos candomblés de origem nagô (ou iorubá) e sua mitologia.

As fontes disponíveis indicam que a primeira escola a descer com um enredo monográfico sobre as religiões afro-brasileiras foi a Império da Tijuca, em 1971, com *Misticismo da África para o Brasil*, do grande Marinho da Muda:

> Lua alta
> Som constante
> Ressoam os atabaques
> Lembrando a África distante

O samba não trata apenas dos cultos de base nagô: inclui referências aos candomblés de Angola e à umbanda. E emprega um recurso que se tornaria fértil: a citação, melódica e poética, de pontos de umbanda e candomblé:

> Lá na mata tem mironga
> Eu quero ver
> Lá na mata tem um coco
> Nesse coco tem dendê
> [...]
> Tem areia, ô tem areia
> Tem areia no fundo do mar tem areia

Depois do samba da Império da Tijuca, a lista se torna muito extensa. Lembraremos os mais importantes. *Tributo aos Orixás* (Foliões de Botafogo, 1972):

> Agô iê, agô iê
> Agô
> Motumbá, motumbá
> Pai maior, oni babá

Dança para os orixás (Unidos da Ponte, 1973):

> Oi malelê
> Malelê, maleluá
> Ele vem de ronda
> Ele foi rondar

Festa dos deuses afro-brasileiros (Em Cima da Hora, 1974), cuja linha melódica é simplesmente soberba:

> Desde os tempos do cativeiro
> A magia imperou

Os negros vieram da África
Com sofrimento e dor

Lendas e festas das iabás (União da Ilha, 1974), que tem a expressiva passagem "o Brasil é lindo e merece o nosso amor", terminando com o célebre refrão:

Oiá, Oiá
Oiá eu
Oiá, Matamba de Cacurucaia
Zinguê

Magia africana no Brasil e seus mistérios (Unidos da Tijuca, 1975):

Trazidos
Da África para o Brasil
Trabalhavam os negros escravos
Na fazenda de um branco senhor
Sob as ordens
De um ambicioso feitor

Mar baiano em noite de gala (Unidos de Lucas, 1976), samba esplêndido que trata do culto a Iemanjá:

O negro chegou
Às terras da Bahia
No tempo do Brasil colonial
Com seus costumes e crenças
Fé sem igual

No mundo encantado dos deuses afro-brasileiros (Unidos da Tijuca, 1976), com sua mais que famosa (e incorretíssima) passagem:

No palácio encantado
O rei das trevas chegou
Ri: quá, quá, quá
Ena, ena mojubá

Que culmina com o refrão:

Ena, ena mojubá
Exu pombajira é

Ena, ena mojubá
Exu pula na ponta do pé

Na verdade, a frase iorubá é "ina mojubá", ou seja, "fogo, eu te saúdo". E, evidentemente, a expressão "rei das trevas" para designar Exu não é das mais felizes.

As três mulheres do rei (Império da Tijuca, 1979), enredo em que a personagem Jerô se perde em devaneios, sonhando com Xangô e suas três mulheres — Oiá, Oxum e Obá:

Lá na feira de Água de Meninos
Em Salvador
Enquanto aguardava freguesia
Sonhava acordado
O negro Jerô

Oferendas (Unidos da Ponte, 1984), que faz um inventário das comidas de santo:

Malungo se liberta no zambê
Esquece o banzo
É hora de oferecer
Pra Exu e Pombajira
Tem marafo e dendê

A lenda dos orixás negros (Pacíficos, 1984), que a despeito do título faz apenas uma enumeração dos orixás e de suas características distintivas, embora tenha um excelente jogo rítmico e uma bela melodia, como no refrão:

Ô iaô, babá
La orixá, ená
Salve Exu, ê mojubá
Me embala nessa jira de amor
Mostrando ao povo todo o seu esplendor

Acima da coroa de um rei, só um deus (Santa Cruz, 1984), outra enumeração de orixás:

Hoje o meu terreiro é na avenida
No asfalto vou armar o meu congá

Com danças, fetiches e magia
Que o meu povo contagia
E lindos cantos aos orixás

Logun, Príncipe de Efan (Arranco, 1977), que foi — até onde as fontes permitem chegar — o primeiro enredo a tratar monograficamente de um orixá:

Num cenário iluminado
O Arranco desfila com emoção
Dos orixás vêm as histórias
De amor, vingança e traição

Não deixa de ser interessante que tenha sido Logunedé — orixá dos menos conhecidos — o primeiro a ter enredo próprio. Logunedé (ou seja, "feiticeiro de Edé", esta uma pequena cidade da atual Nigéria) é o filho de Erinlé (ou de Oxóssi, outro orixá caçador) e Oxum, que nasceu menino mas adquiriu o poder de se transformar em mulher. Na versão do mito apresentada pelo Arranco, Logun (ou Logunedé) é um bastardo, e teria sido condenado à morte por Xangô, marido de Oxum. E o samba segue:

Essa história de amor
Teve um lindo fim
Logun se apresentou assim:
Com afoxê de guerra e de caça
O abebê da beleza e da graça
Dançou com todo o *élan*
No reino de Oxalá, o príncipe de Efan
Xangô ficou encantado
E o fruto do amor proibido assim foi perdoado

Logunedé mereceu ainda um outro enredo exclusivo: *Fruto do amor proibido*, levado em 1981 pela Cubango, escola com forte tradição em temas afro-
-brasileiros:

Quando o sol
Riscava o infinito céu
Criando o entardecer
Numa explosão de amor

Essa passagem tem uma metáfora muito sutil, porque alude ao orixá pela evocação do entardecer — ou seja: o entardecer é o momento em que o dia se encontra com a noite, e Logunedé é um encontro entre o masculino e o feminino, pois "em Ketu, caçador de animais; em Efan vestia roupa de princesa". Nessa versão do mito, Logun acaba não suportando viver com as duas naturezas e desaparece num lago negro, provocando a separação definitiva entre o sol e a lua.

A criação do mundo na tradição nagô (Beija-Flor, 1978), sobre um conhecido mito iorubá:

> Olorum
> Senhor do infinito
> Ordena que Obatalá
> Faça a criação do mundo
> Ele partiu desprezando Bará
> E no caminho adormecendo se perdeu

Obatalá (ou Oxalá), não tendo feito os sacrifícios necessários a Exu (o "Bará" da letra), sentiu sede no caminho e parou para beber vinho de palmeira, sua bebida interdita. Embriagado, foi substituído na missão de criar a terra por Odudua, a "divina senhora", que em outras versões do mesmo mito é um homem. Quando Obatalá se dá conta de que perdera o privilégio, faz guerra contra Odudua — metáfora do sexo, origem da vida.

Outra versão do mito nagô da criação do mundo foi apresentado pelo Salgueiro, no mesmo ano: o magistral *Do Yorubá à luz, a aurora dos deuses*:

> Olorum, ô ô ô
> Misto de infinito e eternidade
> Também teve seu momento de vaidade
> Criou a terra
> E o céu de Oxalá
> Para gerar Aganju e Iemanjá

O samba termina com a chegada do candomblé ao Brasil, num refrão clássico:

> Saruê baiana
> Iorubana
> Da saia amarrada
> Com a "paia" da cana

A sacerdotisa do afefê (Flor da Mina, 1979) narra um dos mitos ligados à luta entre Oxum e Oiá (ou Iansã) — senhora do "afefê", ou seja, dos ventos.

> Olocumbata
> Olofinfim
> Benedito, olocumbata
> Olofinfim
> Meu cajado, engoma aê
> Faça desse chão a sua casa
> Com seu jardim de orixás
> Oh, noite africana
> Iluminai o tema que a Flor da Mina traz

A visita do Oni de Ifé ao Obá de Oió (Unidos do Cabuçu, 1983), que conta um dos mitos mais populares do candomblé, em que Oxalá se torna prisioneiro de Xangô:

> Tem maldade nos caminhos de Exu
> Na floresta
> O cavalo de Caô
> Motivou a prisão do nosso pai
> Oxalá

Oxalá, mais uma vez, não faz os sacrifícios necessários a Exu e por isso, quando parte de Ifé para visitar Oió, é confundido com o ladrão dos cavalos de Xangô, rei dessa cidade. Preso Oxalá, o reino de Oió é acometido de todas as desgraças, até que Xangô reconhece o grande orixá e oferece o próprio reino em troca do perdão. Mas Oxalá pede apenas água para se lavar.

Por que Oxalá usa Ekodidé (Cubango, 1984), que narra outro mito muito popular sobre a origem da menstruação:

> Omó Oxum
> Guardiã escolhida
> Os invejosos perturbaram sua vida
> Roubaram a coroa de Oxalá
> Mas sua filha encontrou
> Num peixe do mar

Os invejosos continuaram perseguindo a filha de Oxum e colocaram cola no seu assento. Quando Oxalá entrou e todos os presentes levantaram, omó

Oxum (ou seja, "a filha de Oxum") fez tanto esforço para se levantar que feriu suas partes íntimas. Ao ver o sangue, Oxalá — que tem o interdito do vermelho — expulsou omó Oxum de sua corte. Mas o reino ficou estéril, não havia colheita, não nascia ninguém. Oxalá, então, reconduz omó Oxum ao cargo antigo e passa a usar a pena vermelha do pássaro ekodidé (transformação do sangue que correra de omó Oxum) na cabeça, como símbolo da sua submissão ao poder feminino da fertilidade.

Um enredo interessante que envolve os orixás é *O sonho de Ilê Ifé* (Viradouro, 1984):

> Olorum
> Supremo deus do Olimpo africano
> A pedido convocou
> Os deuses iorubanos
> Para proteger seu povo
> Escravizado pela ambição

Então, os orixás entram em cena, provocando os movimentos históricos contra o cativeiro. O samba termina dizendo que "o Quilombo dos Palmares sempre haverá de existir".

A Unidos do Cabuçu talvez tenha sido a única escola que dedicou um enredo às tradições mina-jeje, cuja grande referência no Brasil é a famosa Casa das Minas, que fica em São Luís. O samba *De Daomé a São Luís, a pureza mina-jeje*, de 1981, é justamente antológico, empregando um vasto vocabulário jeje incorporado ao português:

> Abalaxé de Ori
> Ô noxê
> No gumê da casa-grande
> Em São Luís do Maranhão
> Em iorubá eu vou
> Falar do reino de Mina jeje ô

É necessário observar que, embora a umbanda seja também uma importante religião de origem africana, os sambas de enredo da época de ouro não trataram dela monograficamente; e apenas a Cabuçu, como dissemos, apresentou enredo sobre o culto mina-jeje.

Foi a mitologia nagô que se expandiu, penetrando tão profundamente na cultura popular que hoje se pode dizer existir no Brasil um panteão e uma mitologia de orixás, já independente de sua origem africana. O samba de enredo foi o principal propulsor desse fenômeno.

Continuando na tradição do período clássico, há muitos sambas importantes que tratam de aspectos da cultura afro-brasileira, de grandes personagens negras ou da história do negro no Brasil.

A Unidos de São Carlos desceu em 1976 com o memorável *Arte negra na legendária Bahia*, que fala de esculturas sacras, figas de guiné, pilões e outras obras de origem ou inspiração africana:

> Abram alas, meus tumbeiros
> Aos sete portais da Bahia
> É a arte negra que desfila
> Com seus encantos e magia

A Cubango em 1979 desfilou com *Afoxé*, um dos maiores sambas do carnaval de Niterói, contando a lenda do afoxé, que é tanto bloco carnavalesco (como o tradicional Filhos de Ghandi, de Salvador) quanto o cortejo em que tais blocos desfilam, sempre ao ritmo do ijexá — que é também um dos toques dos candomblés de Ketu.

> Abrindo
> O portão do imaginário
> Do longínquo solo africano
> A Cubango traz para o cenário
> Afoxé
> Lenda original
> Do reino de Oloxum

Personagens históricas também continuavam virando enredo. O Canários das Laranjeiras veio com *Ganga Zumba* em 1970, obra-prima inesquecível, que tem uma das mais belas e comoventes passagens da história dos sambas de enredo:

> Ganga Zumba
> Ô ô ô ô ô
> Ogum saruê, Olorum modupê
> Ganga Zumba
> Ô ô ô ô ô

Quem foi que deu ao Brasil mais amor?
Foi o negro, foi o bravo
Que o Brasil abençoou
Na senzala foi escravo
No quilombo foi senhor

O Grêmio Recreativo de Arte Negra e Escola de Samba Quilombo — agremiação que se recusa a desfilar no carnaval oficial da cidade — desceu em 1981 com *Solano Trindade, poeta negro,* uma das letras mais sofisticadas do samba de enredo:

Quilombo vem
Com a singeleza de um maracatu
Cheiroso como um lote de caju
Delicioso como mungunzá
Vem exaltar
Render tributo ao quilombola pioneiro
Gênio do pensamento afro-brasileiro
Filho dileto de Oxalá

Grandes nomes dos terreiros de candomblé também foram homenageados. A Mocidade Independente desceu em 1976 com *Mãe Menininha,* a famosa ialorixá do Gantois:

Já raiou o dia
A passarela vai se transformar
Num cenário de magia
Lembrando a velha Bahia
E o famoso Gantois

Menos conhecido mas não menos importante foi Hilário de Ojuobá, outro babalorixá, que foi enredo do Vai Se Quiser em 1978. O samba — *O mundo de Hilário de Ojuobá* — tem uma belíssima cabeça:

Enquanto os atabaques zuelavam
Nascia Hilário de Ojuobá
É de Oxalufã, diz o seu avô
Mas a proteção será de Xangô

E termina com um refrão que ainda é sucesso no mundo do samba:

Vai, moleque
Vai chamar o pessoal

A senzala está em festa
A alegria é geral
Madrugada adentro terá comemoração
Vai chamar os capoeiras
Viva a libertação

E é possível relacionar muito mais. Por exemplo, *Ilu Ayê, terra da vida* (Portela, 1972):

Ilu aiê, ilu aiê
Odara
Negro cantava
Na nação nagô
Depois chorou lamento de senzala
Tão longe estava de sua ilu aiê

Banzo aiê (Unidos do Jacarezinho, 1972):

Nego quer agô
O senhor não dá nego
Tá com banzo
Nego vai chorar

Banzo (União de Jacarepaguá, 1977), que tem um início comovente:

A União
Quanta tristeza!
Fazendo dela alegria
Vai no giro da baiana
No berço da fantasia
Banzo aê
Banzo aê
De mão no queixo, cachimbo na boca
A saudade é grande
A cabeça é louca

Um enredo interessante, porque tematiza negros ricos e sofisticados — e não escravizados — é *O Rei da Costa do Marfim visita Chica da Silva* (Imperatriz, 1983):

As festas
Da Chica que manda

> Deslumbravam a sociedade do local
> Diamantina era uma flor
> De amor
> Sem preconceito ou ritual

Há ainda *Mãe, baiana mãe* (Império Serrano, 1983), que tem também uma visão menos sofrida:

> Mãe negra sou a tua descendência
> Sinto tua influência
> No meu sangue e na cor

E uma das obras máximas dessa linhagem, *Kizomba, a festa da raça*, com que a Vila Isabel conquistou o carnaval de 1988 num desfile tão emocionante quanto o samba:

> Valeu, Zumbi!
> O grito forte dos Palmares
> Que correu terra, céus e mares
> Influenciando a Abolição

É digna de nota a noção de que o negro foi agente do processo de libertação, e não um espectador agradecido à Princesa Isabel — como muito se costumou subentender.

O ponto culminante, contudo, dessa nova ideologia, que o samba de enredo ajudava a difundir, já havia sido alcançado no desfile da Quilombo, em 1978, quando a escola de Candeia apresentou a obra-primíssima *Ao povo em forma de arte*, dos geniais Wilson Moreira e Nei Lopes:

> Há mais
> De quarenta mil anos atrás
> A arte negra já resplandecia
> Mais tarde a Etiópia milenar
> Sua cultura até o Egito
> Estendia daí o legendário mundo grego
> A todo negro de etíope chamou
> Depois vieram reinos suntuosos
> De nível cultural superior
> Que hoje são lembranças de um passado
> Que a força da ambição exterminou

Em pouco mais de 20 anos, os compositores das escolas de samba, negros em grande maioria, tinham abandonado o ufanismo estéril e a apologia das elites, mergulhado em sua própria história, compreendido o valor civilizacional da África e passado a produzir um discurso combativo e, por que não dizer, político.

Incomensurável, a importância do samba de enredo no incremento da autoestima da população negra, na educação do país como um todo, no aprofundamento das discussões sobre a questão racial brasileira.

Os donos da terra

Em comparação ao enredo negro, foi bem menos comum o tema indígena; e há menos sambas importantes nessa linhagem, embora não faltem obras-primas.

Isso talvez reflita a quase inexistente identificação dos brasileiros com seu passado ameríndio, embora o potencial plástico de um enredo dessa natureza não tenha sido desprezado pelos carnavalescos, particularmente em desfiles não monográficos, que permitem a inserção de algumas alas fantasiadas de indígenas.

Talvez o primeiro enredo específico sobre a mitologia indígena, ou de inspiração indígena, seja *Lendas e mistérios da Amazônia*, escolhido pela Portela em 1970:

> Nessa avenida colorida
> A Portela faz seu carnaval
> Lendas e mistérios da Amazônia
> Cantamos neste samba original
> Dizem que os astros se amaram
> E não puderam se casar
> A lua apaixonada chorou tanto
> Que do seu pranto nasceu o rio e o mar

É provavelmente o maior samba da história da Portela e rivaliza apenas com *Macunaíma*. O texto aborda bem rapidamente alguns mitos que penetraram na cultura cabocla da Amazônia e se difundiram depois pelo Brasil.

Acalanto para Uiara (União de Jacarepaguá, 1976) também está mais ligado ao patrimônio cultural caboclo:

À meia-noite o toré anunciou
Oferenda pra Uiara
Negro d'água já levou

Panapanã, o segredo do amor (Mangueira, 1977) explora a lenda de Rudá, difundida a partir do livro *O selvagem*, do general Couto de Magalhães:

Mangueira
Hoje em evolução
Cantando mostra com louvor
O mito em sua máxima expressão
Panapanã, o segredo do amor

Há outro bom samba — mais pela melodia que pela letra — com esse mesmo enredo, *Rudá, o deus do amor* (Arrastão, 1981):

É tão sublime o infinito
Bem perto de Jaci e Guaraci
E no Lago Juá
Um mistério encantava
Era a serpente
Que a menina moça separava

Rudá é, segundo o general, um guerreiro que mora nas nuvens e desperta saudade no amante ausente. Tem a seu serviço uma serpente (que habita o Lago Juá, próximo a Santarém, no Pará) que poupa as moças virgens e devora as que deixaram de ser. Notem que a sintaxe do trecho transcrito acima está invertida, porque é a serpente que "separa" a moça (no sentido de "poupar"), e não o contrário.

A criação do mundo segundo os carajás (Engenho da Rainha, 1978) talvez seja o primeiro samba que narra um mito de fonte indiscutivelmente indígena, embora a grande obra sobre esse mesmo enredo seja *Das trevas à luz do sol, uma odisseia dos carajás*, samba da Unidos de São Carlos para o carnaval de 1979:

Conta a lenda
Que os carajás
Vieram do furo das pedras
Tal e qual os javaés e os xambioás

A letra segue contando como os carajás povoaram a superfície da terra e como conquistaram a luz do sol, que pertencia ao urubu-rei. Esse, todavia, deixou de revelar aos carajás o segredo da imortalidade. Assim é o refrão final:

> Olê olê, olê olá
> Se a vida tem segredo
> Urubu-rei pode contar

Outro magnífico enredo que deu um magnífico samba foi *Cataratas do Iguaçu* (Império da Tijuca, 1981):

> Oh, que beleza!
> Que prazer eu sinto a natureza olhando
> Nuvens de poeira d'água
> E o arco-íris
> Esse quadro emoldurando
> Falo das Cataratas do Iguaçu
> De outra coisa não podia ser

O samba conta a lenda do amor entre os jovens Tarobá e Naipi. O sofrimento de Tarobá decorria do fato de sua amada ser cega e não poder ver "as belezas que ele via". Ele, então, invoca o espírito-serpente:

> O sol se apagou
> O Rio Iguaçu se escondeu
> Tremeu a terra
> Houve grande explosão
> E Tarobá sumiu naquele turbilhão

Estavam formadas as cataratas. Naipi volta a enxergar, mas não encontra Tarobá. E "Tarobá", o imenso ruído das quedas-d'água, é até hoje o eco dos gritos de Naipi chamando pelo amado.

Outro ponto alto do enredo mitológico de inspiração indígena é *Raízes* (Vila Isabel, 1987):

> A Vila Isabel
> Incorporada de Maíra
> Se transforma em deus supremo
> Dos povos de raiz
> Da terra caapor

O deus morava nas montanhas
E fez filhos do chão
Mas só deu vida para um

Esse samba — um dos mais importantes de Martinho da Vila — é o primeiro e ainda o único samba de enredo composto sem rimas. Mas o mérito não é só esse: além de ter uma bela linha melódica, narra com clareza a versão do mito dos urubu-caapor sobre a criação do Sol e da Lua.

Enredos históricos, embora mais raros, deram ensejo a alguns bons sambas. Por exemplo, *O homem do Pacoval* (Portela, 1976). O samba conta a história e as lendas da Ilha de Marajó, com ênfase no universo indígena, embora nem sempre com resultados felizes:

Belzebu, o rei do mal
Era festejado em cerimônia especial

Mas não há como negar a grandeza de certas passagens melódicas:

Iara
Que seduzia
Pela magia
Do seu cantar
E os aruãs que felizes viviam
Não há explicação o seu silenciar

Numa vertente mais política, a Unidos de Padre Miguel desceu em 1976 com *Ajuricaba, um herói amazonense*:

Lá no Amazonas
No vale do Rio Negro
Vivam os índios manaus
Chefiados por um bravo guerreiro
Que tudo fez
Para livrar-se do domínio português

Um importantíssimo episódio da história do Brasil (e sempre muito esquecido), a Confederação dos Tamoios, foi retratado pela Caprichosos no enredo *Uruçumirim, paraíso tupinambá*, de 1979:

Confederação dos Tamoios
Quando Cunhambebe sucumbiu

E Aimberê
A frente das batalhas assumiu
Contra caraíba Obajara no Brasil

A Mocidade Independente narrou, em 1983, a invasão das terras indígenas do Xingu, com uma visão muito idealizada das sociedades indígenas, em *Como era verde o meu Xingu*. Há um passo de beleza ímpar:

Oh, Morená
Morada do Sol e da Lua
Oh, Morená
O paraíso onde a vida continua

A letra termina com uma espécie de profecia, segundo a qual as forças da natureza expulsarão os invasores.

Mais realista é o samba levado pela Tradição em 1985 — *Pássaro guerreiro, Xingu* —, a maior contribuição de João Nogueira e Paulo César Pinheiro para a história do samba de enredo:

Pintado com tinta de guerra
O índio despertou
Raoni cercou
Os limites da aldeia
Bordunas e arcos e flechas e facões
De repente
Eram mais que canhões
Na mão de quem guerreia

É a grande contraparte indígena aos enredos negros que cantam a resistência e o heroísmo dos oprimidos. E termina:

As asas do condor
O pássaro guerreiro
Também bateram se juntando ao seu clamor
Na luta em defesa do solo brasileiro
Um grito de guerra ecoou
Calando o uirapuru lá no alto da serra
A nação xingu retumbou

Mostrando que ainda é o índio
O dono da terra

Ratos e urubus

A década de 80, particularmente em seus últimos anos, se caracteriza por safras cada vez menos pródigas em sambas de qualidade e pelo esgotamento de certas linhas temáticas, que em geral estavam ligadas à história e à cultura brasileiras.

Os carnavalescos começaram, nesse período, a ampliar o alcance dos enredos, criando novas linhagens, que nem sempre rendiam bons sambas.

Uma das principais é a do enredo satírico ou de crítica social, de tom bem--humorado, em que São Clemente e Caprichosos se especializaram, mas que foi explorado por outras escolas.

O resultado geral, em termos de sambas de enredo, é sofrível. Podemos lembrar, como exemplo, *O diabo está solto no asfalto* (São Clemente, 1984), sobre o caos no trânsito:

Não corra, não mate, não morra
Conserte essa zorra
São Clemente vai passar

Não existe pecado do lado de baixo do Equador (Engenho da Rainha, 1985), crítica política, embora a melodia seja grave e não dê ao samba o bom humor que a letra pediria:

Doce terra, hoje canto em seu louvor
Bato palmas para o seu governador
Parabéns ao bom salário
À boa vida do operário
No meu sonho de pierrô

Cama, mesa e banho de gato (Unidos da Tijuca, 1986), enredo desastroso, eivado de mau gosto, preconceito e discriminação, que o samba teve que reproduzir:

Lá vai o trouxa
Crente que está numa boa

> Mas nem sabe que a patroa
> Está com o ricardão
> E sua filha tem fama de sapatão
> Tem piranha no almoço
> Tem virado no jantar
> Pra quem tem fome
> Qualquer prato é caviar

Foi também na década de 80 que os carnavalescos empreenderam mais sistematicamente uma busca por novos temas, para renovar concepções e explorar outras potencialidades plásticas e alegóricas, tendência que iria dominar as décadas seguintes. Alguns bons sambas surgiram de inventivos enredos. Por exemplo, *Das maravilhas do mar fez-se o esplendor de uma noite* (Portela, 1981):

> E lá vou eu
> Pela imensidão do mar
> Essa onda que borda a avenida de espuma
> Me arrasta a sambar

E *Ziriguidum 2001* (Mocidade Independente, 1985):

> Quero ser a pioneira
> A erguer minha bandeira
> E plantar minha raiz

O fim da época de ouro coincide aproximadamente com o fim do regime militar. Tanto o país como os enredos ficariam menos nacionalistas e se abririam a novas influências, inclusive externas.

Um samba que marcou bem essa transição — e por isso convencionamos assinalar o ano de 1989 como o do fim dessa fase — é *Liberdade, liberdade! abre as asas sobre nós*, da Imperatriz Leopoldinense, um dos últimos sambas de alto nível que o grande público conserva na memória:

> Vem ver, vem reviver
> Comigo, amor
> O centenário em poesia
> Nesta pátria, mãe querida
> O império decadente
> Muito rico, incoerente
> Era fidalguia

Mas talvez um episódio da apuração dos desfiles seja mais característico do fim da época de ouro e do ingresso do samba de enredo no mundo da cultura descartável das grandes massas. A Beija-Flor, em 1989, desceu com um belíssimo samba, *Ratos e urubus, larguem minha fantasia*, que tratava do carnaval e dos habitantes da rua, e terminava com o refrão:

> Legbara ô
> Ô ô ô
> Legba ô Legbará
> Laiá laiá

O julgador do quesito samba de enredo entendeu que a letra do refrão não tinha relação com o enredo e por isso tirou pontos da agremiação, que perdeu por isso o carnaval.

Só que essa letra tem tudo a ver com um enredo que fala do povo de rua, porque Legba, Legbara ou mais propriamente Elegbara é um dos nomes de Exu — orixá habitante das ruas, senhor de todos os caminhos, que inclusive se manifesta (segundo a crença afro-brasileira) nos mendigos. Nenhum adepto de religiões de origem africana negaria, por exemplo, fogo ou cigarro a um mendigo — porque é o próprio Exu quem pede.

Ficava, assim, patente o distanciamento cultural entre o mundo do samba e o dos intelectuais do asfalto, marca de um país fragmentado, sem identidade, ignorante de sua própria história.

A partir de 1990, o samba de enredo, infelizmente, se viu cada vez mais tentado a se integrar ao asfalto e a se afastar do morro.

Encruzilhada
1990-2009

O Salgueiro pode ser novamente uma referência para caracterizar o início de um novo período na história do samba de enredo. Em 1993, o enredo escolhido foi *Peguei um ita no norte*. Tratava de uma viagem ficcional de um personagem que pegava o ita e vinha tentar a vida no Sul. O objetivo plástico da escola era descrever cenas e paisagens brasileiras, que seriam percorridas por esse viajante e pelo ita. Ou seja, um enredo na velha tradição das cenas e paisagens.

Nada de especial. Só que o samba escolhido, contestado por alguns membros da escola, provocou um inesperado impacto na avenida, balançou as arquibancadas, tornando-se talvez o último samba de enredo de grande sucesso popular, o conhecido *Explode coração*:

> Explode coração
> Na maior felicidade
> É lindo o meu salgueiro
> Contagiando e sacudindo essa cidade

A partir de 1990 os sambas começam cada vez mais a ficar estruturalmente semelhantes. Passam a ter, quase sem exceção, uma primeira parte, seguida de um refrão de oito versos (ou seja, 16 compassos), e de uma segunda parte, seguida de um segundo refrão, também de oito versos — que passou a ser chamado "refrão principal", dada a sua quase obrigatoriedade.

Esse refrão principal, via de regra, tem como função "levantar a avenida", mencionando de forma entusiástica o nome da escola, às vezes fugindo completamente do enredo; e deve ter uma melodia "pra cima", para empolgar a plateia durante o desfile.

Em geral, a primeira parte tem mais de dez versos e predomínio do tom maior; a segunda tem extensão equivalente, mas em geral começa em menor, para abrir no fim, dando entrada triunfal ao refrão principal (que vimos ser sempre "pra cima"). Quando a primeira parte tem domínio do menor, a segunda é em geral maior desde o início.

Esse padrão, ultimamente, não tem tido exceções. Sambas de formato diferente não ganham mais concursos. E existe uma crença já enraizada entre os próprios compositores de que, nos carnavais de hoje, o samba tem que ser "funcional". E ser funcional significa atender a esses parâmetros.

Há várias razões, diretas e indiretas, que explicam esse engessamento do samba de enredo. Como razão direta, parece inquestionável que a aceleração progressiva do andamento vem descaracterizando o gênero. Os sambistas mais velhos e os críticos mais rigorosos chegam às vezes a denominar a música que se canta hoje nos desfiles não de samba, mas de marcha-enredo.

O desvario rítmico — que decorre da crença de que quanto mais rápida a batida mais "pra cima" o samba fica — faz os mestres de bateria obrigarem os ritmistas a baterem a mais de 150 toques por minuto, medidos no metrônomo.

Um crime, porque não há melodia cadenciada, elegante ou rebuscada, que se encaixe nesse padrão. Os sambas até cresceram, em extensão, mas os versos ficam curtos, porque não dá para cantar, bem audíveis e bem pronunciadas, mais de 8 sílabas em quatro compassos. Um desastre.

Os motivos indiretos são vários. O primeiro deles é a perda relativa do peso das notas de samba de enredo no cômputo geral da escola. Nos primeiros tempos, o samba de enredo chegou a representar metade do total de pontos possíveis. Hoje, representa 10% e nem é mais o segundo quesito de desempate.

Assim, uma escola que tenha bom desempenho em quesitos que dependem mais do investimento, do capital empregado no carnaval, não necessita tanto de uma boa nota no samba de enredo para obter uma boa colocação.

Outro motivo é um certo tecnicismo — que nos parece paternalista — da maioria dos jurados, que julgam segundo o manual, sem o envolvimento afetivo que qualquer avaliação da arte reivindica, e muitas vezes sem mesmo ter uma cultura histórica de samba de enredo — indispensável, no nosso entender.

Basta ver os quadros de notas dos últimos anos: uma imensa quantidade de sambas insignificantes do ponto de vista estético vai carregada de notas máximas.

O afastamento das comunidades, particularmente das gerações mais velhas, é também outro fator. Raros são os componentes de hoje que conhecem a história da própria escola. Ignoram os sambas antigos, não são capazes de cantar sambas de mais de dez anos, em geral. Apreciam os sambas, portanto, por modelos recentes. Isso também representa falta de cultura histórica.

Se esses fatores são responsáveis particularmente pela queda na qualidade da melodia dos sambas (e pela enorme semelhança que têm uns com os outros), os enredos patrocinados de hoje em dia são os algozes da letra.

Há atualmente um predomínio de enredos que tratam de empresas — tema completamente apoético. É impossível fazer uma boa letra sobre gás, petróleo, aço, mineração, tendo que exaltar o papel de empresas ou empresários. Chega às vezes a ser ridículo.

A proliferação de enredos abstratos, reflexivos (que têm normalmente sinopses complicadíssimas), que tratam de temas "politicamente corretos", particularmente os ecológicos, também torna as letras cada vez menos imaginativas e mais previsíveis, cheias de lugares-comuns.

A preferência por melodias leves, "pra cima", a estrutura padronizada e a letra pobre dominam hoje em dia. Poucas escolas de samba podem se orgulhar do que têm levado para a avenida, de 1990 para cá.

A Beija-Flor é a grande exceção, com seus sambas graves, pesados, e o tratamento original que tem dado mesmo aos enredos mais difíceis, oriundos de patrocínio. Um exemplo é *O mundo místico dos caruanas nas águas do Patu Anu* (1998), enredo patrocinado pelo estado do Pará, mas tratado de maneira épica, inteligente, propiciadora de um excelente samba:

> Contam que no início do mundo
> Somente água existia aqui
> Assim surgiu o Girador, ser criador
> Das sete cidades governadas por Auí
> Em sua curiosidade, aliada à coragem
> Com seu povo ao fundo foi tragado

A letra segue narrando a criação do universo, na versão de Zeneida Lima, pajé marajoara, autora do livro *O mundo místico dos caruanas*. Tem trechos lindos:

> Pajé, a pajelança está formada
> Eu vou na barca encantada
> Anhanga representa o mal

O fim do samba alude à cultura cabocla da Ilha de Marajó.

Em geral, os sambas da escola de Nilópolis estão acima da média. Vale apontar dois deles, de qualidade excelente. *A saga de Agotime, Maria Mineira Naê* (2001):

Maria Mineira Naê
Agotime no clã de Daomé
E na luz de seus voduns
Existia um ritual de fé
Mas isolada no reino um dia
Escravizada por feitiçaria
Diz seu vodum
Que o seu culto
Num novo mundo renasceria

E o samba conta a história da fundação da Casa das Minas, em São Luís do Maranhão, referência maior dos cultos de origem mina-jeje no Brasil.

Sete missões de amor (2005), magnífico samba que narra o conflito dos Sete Povos das Missões:

Surgiu
Nas mãos da redução a evolução
Oásis para a vida em comunhão
O paraíso
Santuário de riquezas naturais
Onde ergueram monumentos
Imensas catedrais
Mas a ganância
Alimentada nos palácios em Madri
Com o tratado assinado
A traição estava ali

A Mangueira teve alguns bons sambas também, nesse período. *Das águas do São Francisco nasce um rio de esperança* (2006), retomando o enredo de 1948:

Beleza o bailar da piracema
Cachoeiras, um poema
À preservação
Lendas ilustrando a história
Memória
Do valente Lampião

Minha pátria é minha língua (2007), que fala da história da língua portuguesa no Brasil, enredo inteligente e excelente samba, com uma passagem antológica:

E eu vou dos versos de Camões
Às folhas secas caídas de Mangueira
É chama eterna
Dom da criação
Que fala ao pulsar do coração
Cantando eu vou
Do Oiapoque ao Chuí
Ouvir
A minha pátria é minha língua
Idolatrada obra-prima
Te faço imortal

Mas o grande samba da Mangueira, nessa fase, é *Brasil com z é pra cabra da peste, Brasil com s é nação do Nordeste* (2002), que canta a valentia, o espírito guerreiro dos "filhos do chão rachado":

A cada invasão
Uma reação
Pra cada expedição
Um brado surgia

E segue com o belíssimo refrão, que imita os torneios melódicos de uma sanfona:

No canto e na dança
No pecado ou na fé
Vou seguir no arrasta-pé
Deixa o povo aplaudir
Ao som da sanfona
Vou descendo a ladeira
Com o trio da Mangueira
Mestre Cartola, tua alma está aqui

É interessante que se comece a perceber que todos os sambas até aqui mencionados têm enredos tradicionais, que tratam, de uma forma geral, da cultura brasileira e popular.

Muitas escolas de grandes sambas de enredo produziram pouca coisa de nível comparável à época de ouro. Uma característica do período é a grande quantidade de safras inteiras sem sambas de qualidade razoável. Por isso, algumas dessas safras se destacam por terem mais de um bom samba.

A de 1991 pode ser lembrada pelos sambas:

De bar em bar: Didi, um poeta (União da Ilha), que homenageou o compositor Didi, falecido em 1987, um dos maiores da escola insulana:

> E no bar da ilusão
> Eu chego
> É pura paixão
> Que eu bebo
> [...]
> Garçom, garçom
> Bota uma cerva bem gelada aqui na mesa
> Que bom, que bom
> Minha alegria deu um porre na tristeza

Me masso se não passo pela Rua do Ouvidor (Salgueiro), samba muito interessante, com uma linha melódica inovadora:

> Rua do Ouvidor
> Agora entendo
> Seu papel
> Desviou do mar e virou torre
> De Babel

A alusão, é claro, é ao antigo nome da Rua do Ouvidor — "Rua do Desvio do Mar".

Chico Mendes, o arauto da natureza (Lins Imperial), um dos poucos sambas de enredo ecológico que se sobressaem:

> Voa pássaro da paz
> Voa livre e vai mostrar
> Que essa área verde existe
> Para o mundo respirar

Em 1993 temos a excepcional dupla de sambas com enredo lunar:

A dança da lua (Estácio de Sá), que refunde mitos carajás para narrar a formação das quatro fases da lua. A melodia da segunda parte é esplêndida:

> Dragão lunar, me conceda
> O prazer de contemplar
> Essas deusas que estão

Sob sua proteção
Que a lua minguante não tarda a chegar
Quando vier reduzirá a claridade
Trará consigo a maldade
O zodíaco dançará

No mundo da lua (Acadêmicos do Grande Rio), que fala da lua e sua simbologia, das crenças e tradições a ela ligadas:

Nos mares, cachoeiras e cascatas
Vem me banhar
Eu queria ser um astronauta
Pra te alcançar
Tu és a vida na beleza dessas matas
Tu és a sorte pra quem quer acreditar em ser feliz

Bons sambas também vieram juntos em 2002, como o já citado samba da Mangueira sobre o Nordeste. Lembramos outros:

Aclamação e coroação do imperador da Pedra do Reino — Ariano Suassuna (Império Serrano):

Sol inclemente
Vai além da imaginação
Sopro ardente, árida terra
Desse poeta cantador
Sede de vida, gente sofrida
Salve o lanceiro, guerreiro do amor

E a letra descreve o preparo e o alinhamento da tropa, num belo trecho melódico:

E a cavalgada parte
Lá de Belmonte
Pra serra do Catolé

Para concluir com a aclamação do imperador. *Serra acima, rumo à terra dos coroados* (Porto da Pedra):

Pedro II
Coroado
Jovem ainda

Se engalana
Depois de se coroar
É inspirado a criar
A bela cidade serrana

Trata-se da história da fundação de Petrópolis, que fica na antiga terra dos indígenas coroados. Interessante é que a letra brinca o tempo todo com a dupla acepção de "coroado" e até sutilmente insinua — no trecho acima — que o imperador era, na verdade, um indígena. Este é o refrão final:

Serra acima
Rumo à terra dos coroados
Porto da Pedra vem exaltar
E coroada
Hoje vai te coroar

Excelente — o que nos enche de esperança — foi a safra de 2007, com o também já citado samba da Mangueira sobre a língua portuguesa, três bons sambas sobre enredos negros — *Candaces*, do Salgueiro; *Áfricas*, da Beija-Flor; e *Preto e branco a cores*, da Porto da Pedra — e sambas espetaculares nos grupos de acesso. Lembramos alguns:

O gigante mundo dos pequenos (Rocinha), que fala de crianças geniais. A melodia é lindíssima:

Gigante universo das crianças
Um verso pra Borboleta viajar
E entender que a esperança
Se lança na magia de um olhar
É da montanha que eu vejo o azul do mar
O despertar da inocência é tão lindo
Eu quero ver esse moleque aparecer
Eu quero ver
Olha lá o erê sorrindo

Essa introdução é a própria Borboleta — ou seja, a própria escola, que tem o inseto como símbolo — quem narra. E o samba segue, lembrando Mozart, Chopin, o Pequeno Príncipe e o Dalai Lama.

O intrépido santo guerreiro (Império da Tijuca), um belíssimo samba que narra a história de São Jorge:

Jorge era um bravo guerreiro
Enfrentou batalhas sem nunca temer
E com seu talento natural
Chega ao comando da guarda imperial
Roma que em tempos distantes
Punia os amantes
Da religião cristã
Via o soldado convertido
Apesar de perseguido
Confirmar a sua fé

O samba termina com um refrão inesquecível:

Eu te sinto pelo ar
Eu te vejo no luar
O Morro da Formiga em procissão
Presta sua homenagem
Ao santo de devoção

De fio a fio na real, pra lá, pra ali: Paracambi (Acadêmicos do Cubango), enredo difícil, mas que teve uma excelente solução no samba. Um trecho é antológico, pela exuberância da melodia:

Na força de uma raça
Lamento, escravidão
O ciclo do café enriquecendo a região
E nesse vai e vem
De lá pra cá
Lá vem o trem pra estação
Com o progresso da industrial revolução

Jacarepaguá, fábrica de sonhos, da Renascer, que conta a história do bairro, culminando na apoteose:

Me leva meu sonho
Ao meu barracão
Eu hoje proponho
Gritar campeão
Chegou a hora
Cola e madeira

O samba é de dar em doido
É pau-pereira

E vale lembrar mais alguns, isoladamente: *Pauliceia desvairada, setenta anos de modernismo no Brasil* (Estácio de Sá, 1992), que — embora com um início um tanto óbvio — entra na segunda parte com uma citação melódica de Villa-Lobos e continua em alto nível:

Lá vem o trem do caipira
Pra um dia novo encontrar
Pela terra, corta o mar
Na passarela a girar

Os santos que a África não viu (Grande Rio, 1994), o primeiro enredo monográfico sobre a umbanda:

Quem sou eu, quem sou eu
Tenho o corpo fechado
Rei da noite, sou mais eu

Leopoldina, Imperatriz do Brasil (Imperatriz, 1996), uma das mais belas melodias dos anos 90:

Atravessou o mar
Temendo a invasão a Portugal
Desembarcando aqui
Toda a família real
E o tempo passou
Dom Pedro precisava se casar
E foi da Áustria a escolhida
Carolina Josefa Leopoldina

O dono da terra (Unidos da Tijuca, 1999), que propõe uma viagem pelo universo mítico indígena, com um tom dolente e inusitado na história do samba de enredo:

Pedras preciosas quero me enfeitar
Encantar a índia com o meu olhar
Só Tupã sabia
Que eu não podia
Me apaixonar

Agudás (Unidos da Tijuca, 2003), que narra a história do retorno à África de escravizados brasileiros após a Abolição. A introdução é magnífica, poética e melodicamente:

> Obatalá
> Mandou chamar
> Seus filhos
> A luz de Orumilá
> Conduz Ifá
> Destino
> Sou negro e venci tantas correntes
> A glória de quebrar tantos grilhões
> Na volta das espumas flutuantes
> Mãe África receba seus leões

Gueledés, o retrato da alma (Arranco, 2006), um dos mais importantes e complexos enredos dos últimos 20 anos. As gueledés são máscaras produzidas pelas integrantes da sociedade Gueledé — uma sociedade secreta de mulheres, existente entre os iorubás, que, até onde se sabe, executa os ritos necessários para manutenção dos poderes femininos, sendo muito ligada às entidades conhecidas por Iyá Mi Oxorongá, feiticeiras ancestrais que, no passado mítico, detiveram o controle da natureza e hoje praticam indiscriminadamente o bem e o mal. Letra e melodia desse samba do Arranco estão à altura do enredo:

> Sou a alma, sou a cara
> Sou o retrato
> Que retrata o que na alma
> Eu sou de fato

Esse apanhado serve para demonstrar que uma boa sinopse é o primeiro passo para um bom samba, mesmo que um bom samba eventualmente surja de um enredo sem grandeza.

Todavia, por mais belos que sejam esses sambas, não tocam nas rádios, não vendem discos, não permanecem na memória popular, como os da época de ouro, os únicos que ainda são lembrados pelo grande público.

Isso se deve, fundamentalmente, à padronização estilística, que faz os sambas parecerem uns com os outros. É estranho o discurso de muita gente do meio atual do samba que defende a funcionalidade do estilo contemporâneo, mas — quando sua escola está sem recursos, quando precisa se sustentar num grupo ou tentar desesperadamente o ascenso — são os primeiros a apoiar a reedição de sambas antigos, precisamente os da época de ouro.

Acreditamos que sambas de enredo mais criativos, despidos dessa formatação rígida, dessa verdadeira chapa, não sejam incompatíveis com o padrão atual de desfile das escolas, nem com o número de componentes, nem com a grandeza, física e estética, das alegorias. Talvez o andamento das baterias tenha que ser reduzido a no máximo 135 batidas por minuto, para permitir melodias mais elaboradas. E parece já haver algum movimento nesse sentido.

A importância do samba de enredo para a cultura da cidade, para a cultura brasileira em geral, e sua originalidade como gênero exigem que as pessoas influentes interfiram no processo para impedir a sua desintegração, o fim dessa história tão grandiosa.

QUESTÕES IMPORTANTES
O julgamento do samba de enredo

Para medir a importância do samba de enredo para os desfiles das escolas, basta fazer uma simples constatação — ele é, desde os primeiros desfiles, o único quesito que sempre esteve submetido a julgamento.

Vale lembrar que, no final da década de 20, não havia o formato em cortejo na disputa entre as escolas. O concurso incluía somente a apreciação do samba apresentado.

O primeiro regulamento criado com critérios mais rígidos — o de 1933 — estabeleceu que as escolas devessem ser julgadas a partir de quatro critérios: a poesia do samba, o enredo, a originalidade e o conjunto.

O concurso de 1935 estabelecia como quesitos a serem julgados a harmonia, o samba, a bateria e o enredo. As escolas que se saíssem melhor em cada um dos quesitos ganhariam prêmios em dinheiro. O valor pago ao melhor samba superava os prêmios de bateria e enredo, só perdendo em importância para harmonia.

No início dos anos 40, os quesitos analisados eram samba, harmonia, conjunto e enredo. A bateria deixou de ser julgada em separado. O regulamento estabelecia que o acompanhamento da bateria fosse levado em consideração no julgamento do samba. As baterias, portanto, deveriam estar a serviço do samba. Não deixa de ser curioso observar como, nos dias atuais, são os sambas de enredo que, em geral, se submetem às baterias cada vez menos cadenciadas.

A partir da metade da década de 40, os quesitos estabelecidos foram samba, harmonia, enredo, bateria e bandeira. Podemos notar que, em meio a mudanças circunstanciais, o samba e a harmonia (a coesão entre o canto e a dança) permaneciam como os itens destacados dos julgamentos.

Do início da década de 50 até meados dos anos 70 o samba de enredo, já cristalizado como um gênero específico, consolidou-se como manifestação artística de primeira grandeza. Os grandes sambas ultrapassavam os limites da avenida e se perpetuavam no cancioneiro popular do país. Em vários carnavais o samba de enredo era critério de desempate para a definição dos concursos.

Ao longo dos anos seguintes, essa primazia do samba foi sendo paulatinamente diminuída, à medida que os desfiles adquiriam um aparato visual cada vez mais rebuscado. O número de quesitos aumentou, com ênfase para os chamados "quesitos do carnavalesco", e o samba perdeu a posição central que ocupava, passando a estar a reboque do requinte visual dos cortejos. Restritos a um papel meramente funcional, são cada vez mais raros os sambas de enredo que sobrevivem além do tempo reservado ao desfile das agremiações.

Escolas de samba de enredo

Portela

O bairro carioca de Oswaldo Cruz foi, nos tempos coloniais, parte da grande Freguesia de Irajá. A região, de economia marcadamente agrícola, entrou em declínio econômico com o fim da escravidão, quando algumas propriedades começaram a ser loteadas e ocupadas por uma população que, em larga medida, deixava o Centro da cidade em virtude das reformas urbanas do início da República.

A área começou a se integrar de forma mais efetiva à cidade do Rio de Janeiro a partir da inauguração da estação de trens Dona Clara, em 1890. Em 1917, quando o médico sanitarista Oswaldo Cruz morreu, a estação de trens passou a homenagear o cientista e nomeou também o bairro que ali surgia.

Na década de 20 começaram a aparecer em Oswaldo Cruz vários grupos carnavalescos, como o bloco de marcha-rancho Ouro Sobre Azul (de Paulo da Portela); o bloco Quem Fala de Nós Come Mosca (fundado pela festeira mais famosa da área, Dona Ester); o Baianinhas de Oswaldo Cruz e o Conjunto de Oswaldo Cruz. Este último mudou de nome no final da década para Quem Nos Faz É o Capricho e, logo depois, para Vai Como Pode.

No início dos anos 30, em um contexto marcado pelas tentativas do Estado varguista de disciplinar as manifestações populares, as agremiações carnavalescas tinham que obter o licenciamento junto à delegacia de costumes para poder desfilar.

Foi o delegado da região de Oswaldo Cruz, Dulcídio Gonçalves, que argumentou contra o nome Vai Como Pode, considerado por ele inapropriado para uma agremiação respeitável. Segundo relatos de vários fundadores da agremiação, o nome de Grêmio Recreativo Escola de Samba Portela (em referência à Estrada do Portela, na vizinha Madureira, onde os sambistas se reuniam) teria sido sugestão do próprio policial.

A Portela marcou de maneira decisiva a história das escolas de samba. Dentre outras coisas, foi a primeira agremiação a desfilar com alegorias, uniformizou a comissão de frente e introduziu a caixa-surda e o apito na bateria.

Não bastasse isso, foi a pioneira, através da figura do presidente Natal, da ligação entre as escolas de samba e o jogo do bicho.

Apesar de ter se apresentado com alguns dos mais significativos sambas de enredo do carnaval, a Portela se destaca mais pela impressionante tradição na composição de grandes sambas de terreiro do que propriamente pela excelência nos sambas de desfile.

Dentre esses últimos, destacamos *Seis datas magnas* (1953); *Riquezas do Brasil* (1956); *Lendas e mistérios da Amazônia* (1970); *Lapa em três tempos* (1971); *Ilu Ayê, terra da vida* (1972); *Macunaíma* (1975); *Das maravilhas do mar fez-se o esplendor de uma noite* (1981); e *Contos de areia* (1984).

Compositores como Candeia, Althair Prego, Valdir 59, Catoni, Jabolô, Ary do Cavaco, Cabana, Norival Reis, Dedé, Davi Corrêa, Noca e Colombo se destacam como os mais significativos autores de sambas de enredo da águia de Oswaldo Cruz.

Mangueira

O juiz de direito Francisco de Paula Negreiros Saião Lobato, o Visconde de Niterói, fez de tudo um pouco na vida pública do Império brasileiro. Foi ministro da Justiça, deputado-geral e senador, pelo Partido Conservador. O nobre juiz, porém, homem de posicionamentos reacionários, jamais poderia imaginar que seu nome fosse acabar se confundindo com a história do samba carioca.

Por serviços prestados ao país, o Visconde recebeu de presente do Imperador Dom Pedro II, em meados do século 19, terras em uma elevação nas proximidades da Quinta da Boa Vista. Como ali perto, nas cercanias da Quinta, fora instalado o primeiro telégrafo aéreo do Brasil, a elevação passou a ser conhecida como Morro dos Telégrafos.

Algum tempo depois a região já era popularmente chamada de Morro da Mangueira, em virtude dos inúmeros pés de manga plantados nas terras do Visconde.

A ocupação do Morro da Mangueira, que data do final do século 19, acelerou-se no início da década de 20, com a chegada de muitos moradores expulsos do recém-demolido Morro do Castelo, no Centro do Rio.

A escola de samba do morro, a Estação Primeira de Mangueira, fundada no final dos anos 20, foi resultado da união de sambistas oriundos do Bloco dos

Arengueiros e do Rancho Príncipe da Floresta. Por ser a parada da Mangueira a primeira estação da linha do trem, tendo como referência a gare Dom Pedro II, a agremiação acabou incorporando o Estação Primeira ao seu nome.

A tradição de grandes sambas de enredo da escola começa com os imensos Cartola e Carlos Cachaça e apresenta uma lista das mais respeitáveis: Cícero, Pelado, Zé Ramos, Darcy, Padeirinho, Jurandir, Hélio Turco, Zagaia, Comprido, Arroz, Tolito, Alfredo Português, Nelson Sargento.

Há ainda os que se referem a Nelson Cavaquinho como um dos grandes compositores mangueirenses. O enorme compositor, de fato, viveu e cantou em Mangueira, mas não foi figura ativa da escola e não chegou a fazer samba de enredo. O grande Nelson se dizia melancólico demais para compor pensando no carnaval.

A quantidade de grandes sambas da escola certamente impede qualquer consenso sobre qual é a obra-prima mangueirense do gênero. Há os que preferem a alegria de *O mundo encantado de Monteiro Lobato* (1967); a riqueza melódica de *Exaltação a Villa-Lobos* (1966); o lençol clássico de *O grande presidente* (1956); a subversão da história oficial de *Cem anos de liberdade, realidade ou ilusão?* (1988); ou a melodia sinuosa, feito o próprio rio, do seminal *Vale do São Francisco* (1948).

Curiosamente, o primeiro Estandarte de Ouro da Mangueira foi conquistado em 1990, numa época em que a qualidade dos sambas de enredo decairá vertiginosamente. Seus outros três Estandartes foram obtidos em 2000, 2002 (com o excelente *Brasil com Z é pra cabra da peste, Brasil com S é nação do Nordeste*) e 2009.

O circunspecto e conservador Visconde de Niterói deve a eles, os compositores da Mangueira, a perpetuação de seu nome na história. Quem diria.

Unidos da Tijuca

Em meados do século 19 instalou-se nas proximidades da atual Rua São Miguel, na Tijuca, uma fábrica de rapé e tabaco chamada Borel e Cia. A partir do estabelecimento da fábrica, os arredores começaram a ser habitados por trabalhadores — em sua maioria negros livres e forros — em busca dos postos de trabalho que se abriam na região. Em pouco tempo, o núcleo habitacional surgido na encosta próxima à fábrica passou a ser conhecido como o Morro do Borel.

No início da década de 30, o Borel era ocupado pelos operários da Fábrica de Cigarros Souza Cruz, da Fábrica de Tecidos Maracanã, do Lanifício Alto da Boa Vista, da Fábrica de Tecidos Covilhã e de outras pequenas manufaturas existentes nas proximidades.

Foi numa casa da Rua São Miguel que, em 31 de dezembro de 1931, os trabalhadores das fábricas fundaram a escola de samba Unidos da Tijuca. A agremiação foi criada a partir da fusão de quatro blocos que existiam nos morros do Borel, da Casa Branca, da Formiga e Ilha dos Velhacos.

Existem duas versões que explicam a origem das cores e dos símbolos da agremiação. À época da fundação, a escola adotou como escudo um emblema com mãos entrelaçadas unidas a um ramo de café, em referência aos cafezais da velha Tijuca. As cores azul-pavão e amarelo-ouro teriam sido escolhidas por um dos fundadores de origem portuguesa, Bento Vasconcelos, em referência à Casa Real de Bragança.

Outra versão, mais propalada e menos pomposa, diz que a Fábrica de Cigarros, Fumo e Rapé de Borel e Cia. ilustrava a embalagem de um produto com a figura de um pavão-real, nas cores azul e amarelo-ouro. Viriam daí, portanto, as cores da escola e o símbolo hoje adotado — o pavão.

Como uma das mais antigas e tradicionais agremiações do carnaval, a Unidos da Tijuca apresentou ao longo de sua história alguns sambas de enredo de qualidade superior. Detém três Estandartes de Ouro: em 1975 (*Magia africana no Brasil e seus mistérios*), 1999 (*O dono da terra*) e 2003 (*Agudás*).

Destacamos ainda, como fundamentais, o samba de enredo de 1961 (*Casa-grande e senzala*), o de 1976 (*Mundo encantado dos deuses afro-brasileiros*) e a raríssima e espetacular sequência de cinco grandes sambas, entre 1980 e 1984: *Delmiro Gouveia*; *O que dá pra rir dá pra chorar*; *Lima Barreto, mulato, pobre mas livre*; *Brasil, devagar com o andor que o santo é de barro*; e *Salamaleikum, a epopeia dos insubmissos malês*.

Dentre os principais compositores da escola do Borel podemos citar Milton de Luna, Selyn do Leme, Si Menor, Adauto Magalha, Celso Trindade, Azeitona, Adriano, Carlinhos Melodia, Djalma e Eli.

Unidos de Bangu

Não há consenso entre os historiadores sobre a origem do nome Bangu. Há os que defendem uma origem tupi — Bangu significa *paredão escuro* e o nome faz referência ao Maciço da Pedra Branca, o ponto mais alto da cidade do Rio de Janeiro. Outros apostam que Bangu se origina de *banguê*; uma padiola ligada a dois varais onde escravizados transportavam a cana-de-açúcar.

Seja qual for a origem do nome, há algumas coisas sobre a história de Bangu que não se discutem. O bairro é o mais quente do Rio de Janeiro. Situado entre o Maciço da Pedra Branca e a Serra do Mendanha, tem pouca circulação de ventos e constante formação de massas de ar quente. A outra informação indiscutível é a de que a história do bairro está diretamente ligada à Companhia Progresso Industrial do Brasil, a fábrica de tecidos, inaugurada em 1893, que transformou a região agrária em um bairro rapidamente urbanizado.

Um dos motivos que levaram à instalação da fábrica em Bangu foi a possibilidade de geração de energia elétrica a partir das águas dos mananciais da Serra do Rio da Prata, no entorno do Maciço da Pedra Branca.

Popularizado também pelo Bangu Atlético Clube, o time de futebol criado pelos trabalhadores da fábrica, o bairro assistiu à fundação, em 1937, de sua primeira escola de samba, a Unidos de Bangu — que adotou as cores alvirrubras do time de futebol.

Durante os 20 anos seguintes à fundação, a Unidos de Bangu participou do carnaval da Zona Oeste. A estreia no desfile oficial só veio em 1957, com o enredo *Homenagem à aviação brasileira*.

Um dado curioso sobre a escola se refere ao carnaval de 1962. Naquele ano a Unidos de Bangu foi campeã do desfile do Grupo 2, com o enredo *A fragata de Dom Afonso*. A agremiação empatou com a hoje poderosa Beija-Flor no número de pontos, mas desbancou a escola de Nilópolis nos critérios de desempate.

Apesar de ser uma escola antiga e tradicional, a Unidos de Bangu nunca conseguiu se firmar entre as grandes. Sem recursos financeiros, a agremiação enrolou a bandeira após o carnaval de 1998.

Império da Tijuca

A região da Tijuca era, nos primórdios da colonização, um vasto território pantanoso. Foi posteriormente ocupada por chácaras e grandes plantações de café, que acabaram devastando as matas nativas.

Na segunda metade do século 19, por determinação de Dom Pedro II, parte da região foi reflorestada pelo Major Archer, para minorar o problema da escassez de água na capital do Império.

No início do século 20 os morros da Tijuca começaram a ser ocupados. Em um deles, na divisa entre a Tijuca e o Alto da Boa Vista, estabeleceu-se uma favela cujo caminho de descida ao bairro é uma sinuosa estrada encravada na encosta do morro. Ao observar o fluxo constante de pessoas que desciam e subiam pela trilha, os moradores do morro fizeram a comparação entre o vaivém observado e o movimento das formigas saindo em fila para trabalhar. É essa a hipótese mais provável — ou pelo menos a mais curiosa — da origem da denominação Morro da Formiga.

Na primeira metade do século 20 funcionava na Formiga uma escola de alfabetização para as crianças, comandada pela Tropa José do Patrocínio — grupo de escoteiros que atuou muito tempo na comunidade. Foi nesse contexto que surgiu, em dezembro de 1940, o Grêmio Recreativo Escola de Samba Educativa Império da Tijuca — a primeira agremiação a usar o termo Império e a única a ter no nome a expressão Educativa, em referência à escola dos escoteiros do morro.

Dentre vários sambas de enredo de qualidade que marcaram a história da agremiação merece destaque absoluto o de 1971 — *Misticismo da África para o Brasil*, dos compositores Marinho da Muda, João Galvão e Wilmar Costa.

Outros grandes sambas são: *Exaltação a Candido Portinari*, de 1969; *As minas de prata*, de 1974; *O mundo de barro de Mestre Vitalino*, de 1977; *As três mulheres do rei*, de 1979; *De sacristão a barão do ouro*, de 1980; *Cataratas do Iguaçu*, de 1981; *Tijuca: cantos, recantos e encantos*, de 1986; e, mais recentemente, *O intrépido santo guerreiro*, de 2007, com que a escola conquistou seu único Estandarte de Ouro.

Unidos do Cabuçu

O bairro carioca do Lins de Vasconcelos, situado na região conhecida como Grande Méier, é cercado por morros como o do Barro Vermelho, do Barro Preto e do Amor. Nesse último, na Rua Dona Francisca, havia na década de 40 um time de futebol de várzea chamado Nacional Futebol Clube, que jogava com as cores azul e branca.

Nos dias de carnaval, o Nacional deixava a bola de lado, esquentava os tamborins e se transformava em bloco carnavalesco. Da fusão entre este e outros blocos da região do Lins de Vasconcelos, do Méier e do Engenho de Dentro surgiu, em 1945, a Sociedade Esportiva e Recreativa Escola de Samba Unidos do Cabuçu (nome da rua do Lins de Vasconcelos em que a escola fincou a bandeira).

A Unidos do Cabuçu se destacou, em termos de samba de enredo, especialmente nos carnavais das décadas de 70 e 80. Em 1977 a agremiação desfilou com *Sete Povos das Missões*; em 1981, com o enredo *De Daomé a São Luís, a pureza mina-jeje*; e em 1983, com o clássico *A visita do Oni de Ifé ao Obá de Oió*, certamente um dos maiores sambas de temática afro-brasileira.

A Unidos do Cabuçu detém três Estandartes de Ouro, embora nenhum deles tenha contemplado as obras referidas.

A partir de meados dos anos 80, a Cabuçu — escola de poucos recursos — passou a desfilar com enredos de apelo fácil, homenageando algumas personalidades absolutamente alheias ao mundo do samba, como a apresentadora Xuxa, o cantor Roberto Carlos, o compositor Milton Nascimento e o grupo humorístico Os Trapalhões. Os sambas, evidentemente, são irrelevantes.

Seus principais compositores são Zé Maria D'Angola, Valdir Prateado, Jacob e Grajaú.

Unidos de Vila Isabel

O empresário João Batista Viana Drummond era um fervoroso adepto da causa abolicionista. Foi ele que comprou as terras da Imperial Quinta do Macaco e resolveu contratar o arquiteto Francisco Joaquim Bithencourt da Silva para urbanizar a região e transformá-la em um bairro em homenagem à Princesa Isabel. A principal via do bairro, o Boulevard 28 de Setembro, homenageia a data da promulgação da Lei do Ventre Livre, de 1871.

A Vila Isabel tem, pelo menos, três sólidos motivos para fazer parte da história do Rio de Janeiro e do Brasil. É a terra de Noel Rosa, lá surgiu o jogo do bicho e foi fundada a escola de samba que leva o bairro no nome.

O GRES Unidos de Vila Isabel originou-se de um clube de futebol da região — o Vila Isabel Futebol Clube, que disputava os campeonatos de várzea com o uniforme azul e branco. Essa relação entre o futebol e o samba não é incomum. A Unidos da Capela e a Mocidade Independente de Padre Miguel, por exemplo, também se originaram de clubes de futebol.

O time deu origem a um bloco de carnaval que, no dia 4 de abril de 1946, se transformou em escola de samba. A casa de um dos fundadores, Antônio Fernandes de Oliveira, o China, funcionou também como primeira sede administrativa da escola até 1958.

O primeiro desfile da escola não foi exatamente animador. A Vila passou com apenas 100 componentes (13 baianas, 27 ritmistas e 50 membros de alas), cantando o samba de Paulo Brazão para o enredo *De escrava a rainha*. Obteve um modesto 13º lugar entre as escolas do Grupo de Acesso que desfilavam na Praça Onze.

Apenas em 1956, com o enredo *Três épocas* (samba de Antonio Gomes de Aquino), a Vila conseguiu obter a segunda colocação na Praça Onze e adquiriu o direito de desfilar na Avenida Rio Branco. O primeiro título da escola, no desfile do Grupo 3, foi finalmente obtido em 1960, com o enredo *O poeta dos escravos*.

A história dos sambas de enredo da Vila se confunde com os nomes emblemáticos de Paulo Brazão (autor, dentre vários sambas, de pelo menos uma obra-prima, o *Invenção de Orfeu*, de 1976, em parceria com Rodolpho e Irani) e de Martinho da Vila.

Esse último é, sem favor, um dos maiores compositores da história do gênero, em um patamar que talvez só encontre equivalência — em quantidade e qualidade — no mestre imperiano Silas de Oliveira.

A lista dos sambas que Martinho ganhou na escola inclui apenas clássicos absolutos do gênero, tanto que dos seis Estandartes de Ouro ganhos pela Vila, três são devidos a sambas seus: *Sonho de um sonho* (1980, com Rodolpho e Graúna); *Pra tudo se acabar na quarta-feira* (1984); e *Gbala, viagem ao templo da criação* (1993).

Martinho compôs ainda, com ou sem parceiros: *Carnaval de ilusões* (1967); *Quatro séculos de modas e costumes* (1968); *Iaiá do Cais Dourado* (1969); *Glórias gaúchas* (1970); *Onde o Brasil aprendeu a liberdade* (1972); e *Raízes* (1987).

O maior momento da história da agremiação é o título do carnaval de 1988, centenário da Abolição da Escravatura. Cantando o samba de enredo *Kizomba, a festa da raça*, de Rodolpho, Jonas e Luiz Carlos da Vila — também distinguido com o Estandarte de Ouro —, a Vila realizou um desfile que muitos consideram o mais emocionante do carnaval carioca na era do Sambódromo.

Unidos do Viradouro

A ideia de se criar uma escola de samba em Niterói surgiu entre os jogadores do time de futebol Unido, que costumavam se reunir no final do dia em um bar próximo ao bairro de Santa Rosa, onde o bonde fazia a volta — área que por isso era conhecida como Viradouro.

Após a extinção de dois blocos carnavalescos da região, o União e o Surdina, os sambistas — em sua maioria jogadores do União e moradores do Morro da Garganta — resolveram, sob comando de Nelson Jangada e de Nelson Santos, fundar a escola de samba. A data da fundação é emblemática — 24 de junho de 1946, dia de São João, o padroeiro de Niterói.

Uma curiosidade sobre a Viradouro diz respeito às cores da escola. Até 1970, a agremiação desfilava de azul e rosa. Os tecidos para as fantasias eram fornecidos pela Fábrica Matarazzo, de São Paulo. Com o fechamento da fábrica, houve dificuldades de se encontrarem tecidos com a mesma tonalidade. A escola resolveu, então, modificar as suas cores oficiais para vermelho e branco.

Os dois primeiros desfiles, na Rua da Conceição, no Centro de Niterói, foram em uma época em que as escolas da cidade não precisavam apresentar enredo (1947 e 1948). Em 1949, porém, com o enredo Arariboia, a escola ganhou o seu primeiro carnaval. Ao todo, foram 18 títulos em Niterói.

Em 1986, por decisão da maioria dos componentes, a Viradouro filiou-se à Associação das Escolas de Samba do Rio de Janeiro e desfilou, como hors-con-cours, no carnaval carioca daquele mesmo ano.

A partir de 1987, a escola passou a concorrer oficialmente. Fez carreira me-teórica, chegando ao Grupo Especial em 1991 e ganhando o carnaval do Rio em 1997, com o enredo de Joãozinho Trinta *Trevas! Luz! A explosão do Universo*.

Apesar de ter ganho o Estandarte de Ouro em 1992, os melhores sambas da escola continuam sendo *Mutu, Muido Kitoko* (1982) e *O sonho de Ilê Ifé* (1984).

Império Serrano

A ocupação da Serra da Misericórdia começou a se efetivar no contexto da Abo-lição da Escravatura, quando negros libertos que trabalhavam nas fazendas de Madureira começaram a ocupar a área, repleta de árvores, para construir suas casas de barro e morar. Em pouco tempo, a Serra da Misericórdia passou a ser cha-mada simplesmente de Serrinha. A origem negra da ocupação do morro ainda se faz presente nas rodas de jongo e terreiros de umbanda que caracterizam a região.

No início dos anos 40, a escola de samba que representava o morro era o Prazer da Serrinha, comandada pelo presidente Alfredo Costa. No carnaval de 1946, porém, Seu Alfredo se recusou a levar à Praça Onze o samba *Conferên-cia de São Francisco*, composto por Silas de Oliveira e Mano Décio da Viola e apoiado por toda a comunidade.

Na hora de começar o desfile, Seu Alfredo proibiu a execução do samba escolhido e ordenou que a escola cantasse um samba de terreiro — *Alto da colina*, de Albano. O desempenho da agremiação foi péssimo: 11º lugar.

O autoritarismo de Seu Alfredo gerou a rebelião de um grupo de sambistas, sob a liderança de Sebastião Molequinho. Os amotinados resolveram romper com o Prazer da Serrinha e fundar uma escola baseada na vontade da maioria, sem decisões verticais. Na reunião de fundação, na casa de Tia Eulália, o princípio da democracia no samba foi imediatamente aplicado. Molequinho, o líder do movimento, sugeriu as cores azul e amarelo-ouro para a nova agremiação. A proposta de Molequinho foi derrotada pelo voto da maioria. O verde e o branco acabaram sendo escolhidos, como tributo à escola madrinha, a Império da Tijuca.

O Império Serrano, que surgiu em virtude de um problema que envolveu a escolha de um samba de enredo, acabou se destacando, ao longo de sua história, como a escola que produziu o maior número de sambas de enredo antológicos e deu ao gênero o seu maior compositor — Silas de Oliveira.

O que dizer, afinal, de um compositor que emplacou, em carreira, *Aquarela brasileira* (1964); *Os cinco bailes da história do Rio* (1965); *Exaltação à Bahia* (1966); *São Paulo, chapadão de glórias* (1967); *Pernambuco, leão do norte* (1968); e o seminal *Heróis da liberdade* (1969).

Se, entretanto, em um exercício de imaginação, retirássemos da história do Império os sambas que Silas compôs, ainda assim a safra da Serrinha seria de grande qualidade. Compositores como Mano Décio, Wilson Diabo, Molequinho, Beto Sem-Braço, Aluízio Machado, Roberto Ribeiro e, mais recentemente, Arlindo Cruz mantêm o Império no topo do universo do samba de enredo.

Beija-Flor

Nilópolis, na Baixada Fluminense, tem uma história longa que remete aos tempos coloniais. Foi terra habitada pelos indígenas jacutingas, parte integrante da Capitania de São Vicente, até que foi doada como sesmaria e transformou-se na Fazenda de São Mateus, a maior da região até pelo menos meados do século 19.

No início do século 20 a área foi loteada e tornou-se, em 1916, o 7º Distrito de Nova Iguaçu, até a emancipação em 1947. O nome da cidade homenageia o presidente Nilo Peçanha, grande benfeitor da região da Baixada.

Em 1948, um ano depois da emancipação, um grupo de foliões resolveu fundar na cidade o bloco carnavalesco Beija-Flor. O nome foi sugerido pela mãe de um dos fundadores, Milton Oliveira, o Negão da Cuíca, que se lembrou de um rancho que desfilava em sua terra natal, Marquês de Valença, forte reduto negro da região do Vale do Paraíba.

Em 1953 o bloco virou escola de samba, tendo como seu principal compositor o sambista Cabana, autor de grandes sambas da agremiação, como *Dia do Fico* (1962) e *Peri e Ceci* (1963).

Em meados dos anos 70, após desfilar com enredos louvando o regime militar de 1964, a escola passou a viver a sua fase de ouro, com a chegada de Joãozinho Trinta, a ligação com o jogo do bicho, os sambas de enredo entoados na voz de Neguinho e as conquistas dos primeiros títulos que transformaram a agremiação da Baixada Fluminense em uma das grandes forças do carnaval atual.

Além dos já citados, merecem destaque pela excelência: *Sonhar com rei dá leão*, de 1976; *A criação do mundo na tradição nagô*, de 1978; *Ratos e urubus, larguem a minha fantasia*, de 1989; *O mundo místico dos caruanas nas águas do Patu Anu*, de 1998; *Araxá, lugar alto onde primeiro se avista o sol*, de 1999; *A saga de Agotime, Maria Mineira Naê*, de 2001; *Sete missões de amor*, de 2005; e *Áfricas, do berço real à corte brasileira*, de 2007.

Recebeu três Estandartes de Ouro: em 1999, 2005 e 2007. A Beija-Flor é atualmente a única escola de samba que se distingue por um estilo próprio de composição, dando preferência às composições mais pesadas e em menor. Representa, por isso, a resistência do gênero samba de enredo.

Além de Cabana e Osório Lima, Neguinho é também um dos maiores compositores da história da escola. São dele, por exemplo, o *Sonhar com rei dá leão* e *A criação do mundo na tradição nagô*. Outros nomes de destaque entre os compositores da Beija-Flor são Wilson Bombeiro — um dos maiores vencedores da escola —, Mazinho, Wilsinho Paz e, mais recentemente, Cláudio Russo.

Caprichosos de Pilares

O Príncipe Dom João, durante sua permanência no Brasil, gostava de passar temporadas na Real Fazenda de Santa Cruz. Em certo ponto, relativamente no início do longo trajeto até a fazenda, havia um largo com uma fonte de água cercada por pequenos pilares, onde eram amarrados os cavalos que matariam a sede.

O Largo dos Pilares ficava exatamente no entroncamento entre as vias de escoamento de mercadorias vindas do interior da cidade: a Estrada Real de Santa

Cruz (atual Avenida Dom Hélder Câmara); a Estrada da Praia de Inhaúma (atual Rua Álvaro de Miranda); e a Estrada Nova da Pavuna (atual Avenida João Ribeiro), que desembocava no Porto da Pavuna.

O Largo de Pilares continua firme e forte, com o mesmo nome dos tempos de Dom João, mas o bairro hoje é mais conhecido por sediar o GRES Caprichosos de Pilares — agremiação surgida em 1949 como uma dissidência da Unidos de Terra Nova, a antiga escola de samba da região.

No início de sua trajetória, a Caprichosos caracterizou-se pela realização de enredos clássicos — basta citar os primeiros desfiles, com *O Grito do Ipiranga* (1950); *Alavanca do progresso* (1951); *Homenagem a Santos Dumont* (1952); *Benjamin Constant* (1953); *Maria Quitéria* (1954); *Asas do Brasil* (1955); e *Exaltação à Justiça brasileira* (1956).

A linha da escola começou a mudar em meados dos anos 70. Em 1975 desceu com o interessante *A congada do Rei Davi*, história de um preto velho, figura popular do Maranhão. Em 1978, foi a vez de *Festa da Uva no Rio Grande do Sul* (único Estandarte de Ouro da agremiação); em 1979, *Uruçumirim, paraíso tupinambá*, que relembrava a derrota da Confederação dos Tamoios; e em 1980, *É a maior*, uma homenagem a Emilinha Borba.

O maior samba de enredo da história da Caprichosos foi composto por Ratinho em 1982: o surpreendente *Moça bonita não paga*, que descreve o cotidiano das feiras livres cariocas. A vitória no Grupo de Acesso levou a escola ao Grupo Especial. Mantendo durante certo tempo a linha de enredos retratando o cotidiano e a sátira política, a escola de Pilares viveu, na primeira metade da década de 80, seus melhores momentos.

Acadêmicos do Engenho da Rainha

O bairro do Engenho da Rainha, na Zona Norte do Rio de Janeiro, era parte integrante da Freguesia de Inhaúma, criada em 1743 e posteriormente desmembrada. A pergunta mais simples, e mais pertinente, que se faz sobre o bairro diz respeito ao nome: quem é a rainha do engenho?

A resposta é simples. A região foi um dos locais de descanso da Rainha Carlota Joaquina, a mulher de Dom João VI, que ali adquiriu uma residência em um engenho de cana-de-açúcar.

Carlota Joaquina sempre fez questão de deixar claro que não gostava do Brasil e não simpatizava com os hábitos brasileiros. A rainha certamente não se entusiasmaria em saber que o bairro que a homenageia tem, desde 1949, uma escola de samba que, apesar dos poucos recursos e de nunca ter desfilado entre as grandes do carnaval carioca, se destacou pela excelência de suas alas de compositores e por alguns sambas que fizeram história — a pequena agremiação ganhou o Estandarte de Ouro de melhor samba do Grupo de Acesso em três ocasiões.

O primeiro estandarte veio em 1985, com o enredo *Não existe pecado do lado de baixo do Equador*. No ano seguinte a escola repetiu o feito, com *Ganga Zumba, raiz da liberdade*. O terceiro estandarte veio em 1990, com *Dan, a serpente encantada do arco-íris*. Merecem destaque os compositores Guará de Minas e Jaci Inspiração.

A despeito dos vencedores do Estandarte de Ouro, muitos admiradores de samba de enredo consideram que o hino de 1981, *O curioso Mercado de Ver-o--Peso* (Álvaro Sobrinho, Vanil do Violão, Carambola e Porranca) é o maior da história da agremiação.

Tupi de Brás de Pina

O bairro de Brás de Pina, na Zona Norte do Rio de Janeiro, leva o nome do antigo proprietário de suas terras. Brás de Pina, o homem, era dono, em meados do século 18, de um extenso engenho de açúcar que se estendia até as margens da Baía de Guanabara. Enriqueceu negociando os açúcares e o óleo de baleia.

Imaginem o que diria o dono daquelas terras se soubesse que a região começaria a se modernizar no início do século 20, com a expansão da Estrada de Ferro Leopoldina e a urbanização promovida pela Companhia Kosmos Construtora. A empresa adquiriu as terras do antigo engenho e loteou o terreno, com a construção de bangalôs e a abertura de ruas.

Foi numa dessas ruas, a Guaíba, que no dia 20 de janeiro de 1951 foi fundada a escola de samba Tupi de Brás de Pina. A agremiação se originou de um bloco carnavalesco que desfilava pelas ruas de Brás de Pina e da Penha Circular.

Entre 1951 e 1956, a Tupi de Brás de Pina não participou dos desfiles realizados no Centro da cidade, limitando-se a sair pelas ruas da Leopoldina.

Foi em 1957, apresentando o enredo *Ordem e progresso*, com samba de Heraldo Cardoso e Aquino dos Santos, que a Tupi participou pela primeira vez do desfile da Praça Onze.

A entrada definitiva da Tupi de Brás de Pina na história do carnaval carioca ocorreu em 1961, com o enredo *Seca do Nordeste*. Ao retratar a dramática seca que arrasou o Ceará entre 1877 e 1879 e vitimou cerca de 500 mil sertanejos, a Tupi apresentou um samba de enredo de Gilberto de Andrade e Valdir de Oliveira que é considerado com justiça uma das obras-primas do gênero. A agremiação azul e branca conseguiu naquele ano a segunda colocação no Grupo de Acesso.

Detentora de um Estandarte de Ouro em 1974, com *Essa Nega Fulô*, tem ainda entre seus grandes sambas, na década de 70: *Chiquinha Gonzaga, alma cantante do Brasil* (1972); *Riquezas áureas da nossa bandeira* (1976); *Manoa, um sonho dourado* (1978); e *Folia, folia* (1979).

Escola de pequeno porte, que sempre conviveu com inúmeras dificuldades financeiras, a Tupi de Brás de Pina enrolou bandeira em 1997. Tem em seu legado, porém, o samba que o mangueirense Jamelão considerava o mais bonito de todos os tempos — com o que concordamos.

Unidos da Ponte

O primeiro registro de uma mulher presidindo uma escola de samba do Rio de Janeiro vem da Baixada Fluminense. A primazia é da Unidos da Ponte, escola de São João de Meriti, que no final dos anos 50 foi dirigida por Carmelita Brasil.

Foi iniciativa dela, aliás, filiar a Unidos da Ponte à Associação das Escolas de Samba do Rio de Janeiro e levar os componentes de Meriti para desfilar no Rio. Até então a escola, fundada em 1952, participava do concurso local, onde conquistou o tricampeonato em 1956.

O curioso dessa história toda é que, entre 1959 e 1964, todos os enredos e sambas da Ponte são de autoria de Carmelita Brasil. A presidente assinou ainda os enredos entre 1965 e 1969.

Escola de pequeno porte, que sempre enfrentou dificuldades financeiras, a Ponte conquistou o Estandarte de Ouro em 1998 e 2002, além de ter legado ao carnaval carioca alguns dos mais belos sambas do início dos anos 80. Entre 1982 e 1984, a escola apresentou, respectivamente, *O casamento da Dona Baratinha*, *E eles verão a Deus* e *Oferendas*.

Destacam-se entre seus compositores Mazinho, Renatinho, Ambrósio e Jorginho.

Acadêmicos do Salgueiro

Não consta que o português Domingos Alves Salgueiro imaginasse o que iria acontecer quando resolveu estimular a ocupação do morro onde possuía terras, na região da Tijuca. Até o final do século 19, diga-se, o morro era parte dos cafezais que caracterizavam as encostas tijucanas.

Em virtude de um grande armazém que ficava em seu sopé, a área foi conhecida durante muito tempo como Morro do Trapicheiro. Ganhou, depois, lá pelo final dos anos 20, o nome do dono daquelas terras. Hoje, se a figura de Domingos Salgueiro é quase desconhecida, o morro é famoso por causa da escola de samba vermelho e branca que surgiu ali para revolucionar o carnaval carioca.

O GRES Acadêmicos do Salgueiro foi fundado, sob a proteção de Xangô, o orixá da justiça, no dia 5 de março de 1953.

Naquele início dos anos 50, entre barracos, tendinhas, gafieiras e terreiros de macumba, o Morro do Salgueiro tinha mais de dez blocos carnavalescos, como o Flor do Camiseiros, o Terreiro Grande, o Príncipe da Floresta e a Voz do Salgueiro. Ao lado dessa profusão de blocos havia três escolas de samba: a Unidos do Salgueiro, a Azul e Branco e a Depois Eu Digo.

A fusão das três escolas — com o objetivo de criar uma agremiação forte, capaz de brigar para ganhar o carnaval — não foi fácil. A Unidos do Salgueiro, liderada por Joaquim Casemiro Calça Larga, não aceitou participar da união e ficou de fora. Só algum tempo depois da fusão a Unidos do Salgueiro foi extinta e vários de seus componentes passaram a fazer parte da nova escola de samba do morro.

A escolha do nome da nova escola é um capítulo à parte. Alguns dos sambistas fundadores estavam propensos a escolher o nome de Catedráticos do Salgueiro para batizar a agremiação. O compositor Noel Rosa de Oliveira afastou a possibilidade com um argumento sensato: a palavra *catedráticos* não dava samba e ia destroncar a língua do pessoal do morro. Foi escolhido, então, o nome de Acadêmicos do Salgueiro.

O primeiro enredo do Salgueiro, de autoria do carnavalesco Hildebrando Moura, foi *Romaria à Bahia*, com samba de Abelardo Silva, Duduca e José Ernesto Aguiar.

Já em seu primeiro desfile (1954) a nova escola furou o cerco das três grandes, obtendo a terceira colocação, atrás da Mangueira e do Império Serrano e na frente da poderosa Portela. A história do carnaval carioca não seria mais a mesma.

A quantidade de clássicos do samba de enredo que o Salgueiro produziu só encontra similar na tradição de grandes sambas do Império Serrano. Entre os principais estão: *O navio negreiro* (1957); *Quilombo dos Palmares* (1960); *Chica da Silva* (1963); *Chico Rei* (1964); *História do carnaval carioca* (1965); *História da liberdade no Brasil* (1967); *Dona Beja, feiticeira de Araxá* (1968); *Bahia de todos os deuses* (1969); *O Rei de França na Ilha da Assombração* (1974); *O segredo das minas do Rei Salomão* (1975); e *Do Yorubá à luz, a aurora dos deuses* (1978).

Foi com *Do Yorubá à luz, a aurora dos deuses* que o Salgueiro conquistou seu único Estandarte de Ouro. Sintomático, porque se trata de um enredo de temática afro-brasileira, que verdadeiramente caracteriza a escola — ao contrário do que pensa a maioria dos salgueirenses de hoje em dia, que veem em obras como *Peguei um ita no norte* o jeito alvirrubro de fazer samba.

A escola tijucana tem uma das mais significativas alas de compositores das escolas de samba cariocas. Além dos sempre citados Anescarzinho, Noel Rosa de Oliveira, Geraldo Babão, Duduca e Djalma Sabiá, é importante mencionar outros nomes que marcaram a história da agremiação, como Renato de Verdade, autor do clássico *Do Yorubá à luz, a aurora dos deuses*; Bala, autor de *Bahia de todos os deuses*; Zuzuca; Dauro, um dos compositores de *Os segredos das minas do Rei Salomão*; e Zé Di, parceiro de Malandro em *O Rei de França na Ilha da Assombração*.

União da Ilha

A Estrada do Cacuia era, no início dos anos 50, o local do principal desfile de carnaval da Ilha do Governador. Foi assistindo a um desfile na terça-feira gorda de 1953 que alguns amigos, que jogavam bola no União Futebol Clube, tiveram a ideia de fundar uma escola de samba que representasse o próprio bairro do Cacuia no carnaval insulano.

A ideia foi imediatamente aceita pelos demais colegas do time de futebol, e no dia 7 de março de 1953 surgia o GRES União da Ilha do Governador. O primeiro desfile, no concurso do bairro, foi *Força Aérea Brasileira*, no carnaval de 1954.

As cores escolhidas foram azul, vermelho e branco e o símbolo da escola, a águia, era homenagem à Portela, que apadrinhou a nova agremiação. Diga-se que a ideia do símbolo foi sugerida pelo próprio Natal, presidente da Azul e Branco de Oswaldo Cruz.

Em seus primeiros anos a União da Ilha desfilou no carnaval do Cacuia. Apenas em 1960, ao se registrar na Associação das Escolas de Samba do Estado da Guanabara, passou a desfilar no Grupo 3 do carnaval oficial, na Praça Onze, quando apresentou o enredo *Homenagem às Forças Armadas*.

Ao vencer o Grupo 2 em 1974, com o enredo *Lendas e festas das iabás*, a União da Ilha chegou ao Grupo Especial. Desde então a escola destacou-se por duas razões: a tendência de fazer carnavais descontraídos, com temas leves sobre o cotidiano, e a ala de compositores, com destaque para Didi, Aurinho, Mestrinho, Franco, Robertinho Devagar e outros, que se adequou perfeitamente à proposta da escola e produziu clássicos do gênero.

O auge da escola se deu entre 1977 e 1982. A Ilha desfilou, nesse período, com *Domingo* (que lhe valeu seu único Estandarte de Ouro); *O amanhã*; *O que será?*; *Bom, bonito e barato*; *1910, burro na cabeça*; e *É hoje!* Todos, rigorosamente, enredos, desfiles e sambas marcantes, que consolidaram a Ilha como uma das mais importantes agremiações do samba carioca.

Vale mencionar ainda sambas importantes: *Epopeia do petróleo* (1956); *Ritual afro-brasileiro* (1971); *Lendas e festas das iabás* (1974); *Nos confins de Vila Monte* (1975); *Poema de máscaras em sonhos* (1976); *Um herói, uma canção, um enredo* (1985); *Festa profana* (1989); *De bar em bar: Didi, um poeta* (1991); e *A viagem da pintada encantada* (1996).

Paraíso do Tuiuti

O Morro do Tuiuti, em São Cristóvão, foi um dos primeiros da região a ser ocupado, ainda nos tempos do Império. Lá também nasceu uma das primeiras escolas de samba da cidade, a Unidos do Tuiuti, em 1934.

Outras agremiações carnavalescas surgiram no morro a partir dos anos 40, como a Paraíso das Baianas. A Unidos do Tuiuti, em decadência, deixou de existir. Seus membros fundaram o bloco carnavalesco Bloco dos Brotinhos.

Em 1954, por iniciativa de alguns sambistas mais velhos da região, o Paraíso das Baianas e o Bloco dos Brotinhos foram extintos e em seu lugar surgiu a escola de samba Paraíso do Tuiuti.

A nova agremiação adotou as cores azul-pavão — da antiga Unidos do Tuiuti — e amarelo-ouro — da Paraíso das Baianas. O símbolo da escola, a coroa imperial, faz referência a São Cristóvão, bairro marcado pela forte herança histórica do período em que ali moraram os personagens mais importantes dos tempos em que o Brasil foi monarquia.

Dentre os compositores da escola podemos destacar Noca, que antes de se consagrar na Portela fez sambas para a agremiação de São Cristóvão. São de Noca, em parceria com Poliba, os sambas *Rio, carnaval e batucada*, de 1971; *Os imortais da música brasileira*, de 1973; e *Vida e obra de Cecília Meirelles*, de 1975.

Unidos de São Carlos

O Morro de São Carlos, no bairro do Estácio de Sá, é uma das mais antigas favelas do Rio de Janeiro. A ocupação da região começou a partir dos primeiros anos do século 20 quando, durante a prefeitura de Pereira Passos, ocorreu a expulsão dos moradores e a demolição dos cortiços do Centro da cidade para a abertura da Avenida Central (atual Avenida Rio Branco).

A região era conhecida como o Morro de Santos Rodrigues, nome do antigo proprietário daquelas terras próximas ao Mangue. A partir da década de 20 o morro passou a ser conhecido como São Carlos, nome da rua mais famosa do lugar.

O São Carlos foi um grande reduto das comunidades negras do Rio de Janeiro e berço do samba urbano carioca. Uma das hipóteses defendidas pelos estudiosos da história das escolas de samba chega a apontar o pioneirismo do Morro de São Carlos e do bairro do Estácio de Sá no assunto, com a criação da Deixa Falar.

A despeito dessa polêmica, na maioria das vezes árida, sobre as origens das escolas de samba (não nos parece seguro apostar no pioneirismo da Deixa Falar), o fato é que o São Carlos foi um grande reduto de sambistas e berço de algumas das mais significativas e tradicionais agremiações cariocas.

A Unidos de São Carlos foi fundada no dia 27 de fevereiro de 1955 e resultou da fusão das três escolas existentes no morro: o Paraíso das Morenas, o Recreio de São Carlos (antiga Vê Se Pode), e a Cada Ano Sai Melhor (antiga Para o Ano Sai Melhor).

O primeiro desfile da agremiação foi no carnaval da Praça Onze, em 1956, com o enredo *Glória aos imortais do samba*. Doze anos depois, em 1968, estreou entre as grandes escolas do carnaval com o enredo *Visita ao Museu Imperial*, cantando o samba de autoria de Wanderlei e Jorge Canário.

A Unidos de São Carlos desfilou, inicialmente, com as cores azul e branco. Em 1965, em homenagem à antiga Deixa Falar, a escola adotou o vermelho e o branco. Vale apontar que o estandarte alvirrubro da Deixa Falar homenageava o América Futebol Clube, tradicional clube do futebol carioca.

Dentre vários sambas de enredo de grande qualidade, a São Carlos teve seu momento mais alto quando apresentou em 1975 o antológico *Festa do Círio de Nazaré*, de Dario Marciano, Aderbal Moreira e Nilo Mendes.

Depois do carnaval de 1983 a Unidos de São Carlos passou a se chamar Grêmio Recreativo Escola de Samba Estácio de Sá. Com o novo nome, a agremiação alcançou seu maior feito — o título do Grupo Especial do carnaval em 1992, com o enredo *Pauliceia desvairada, setenta anos de modernismo no Brasil*, que resultou num belo samba.

No ano seguinte, com o enredo *A dança da lua*, a Estácio apresentou um samba de enredo de Wilsinho Paz e Luciano Primo que pode ser considerado uma das últimas obras-primas do gênero.

Detentora de três Estandartes de Ouro (em 1972, com *Rio Grande do Sul na festa do preto forro*; em 1973, com *Tra lá lá, um hino ao carnaval brasileiro*; e em 1985, com *Chora, chorões*), tem ainda entre seus grandes sambas: *Gabriela, Cravo e Canela*, de 1969; *Terra de Caruaru*, de 1970; *Arte negra na legendária Bahia*, de 1976; *Das trevas à luz do sol, uma odisseia dos carajás*, de 1979; e *Orfeu do Carnaval*, de 1983.

Dentre os principais compositores da escola do Estácio podemos mencionar também Sidney da Conceição, um dos autores de *Gabriela, Cravo e Canela* e *Terra de Caruaru*; Caruso e Djalma Branco, parceria que fez, por exemplo, o *Orfeu do Carnaval* e *Chora, chorões*; e Dominguinhos do Estácio, compositor de grandes sambas da agremiação, como *Arte negra na legendária Bahia*.

Mocidade Independente de Padre Miguel

O bairro de Padre Miguel está localizado entre Bangu e Realengo, na Zona Oeste da cidade do Rio de Janeiro. O nome do logradouro é uma homenagem ao Monsenhor Miguel de Santa Maria Mochon, um espanhol que chegou a Realengo aos 19 anos, ordenou-se sacerdote e viveu o resto da vida na região, àquela época das mais carentes da cidade. Em 1947, ano em que o padre morreu, a região foi desmembrada de Realengo e virou um bairro em homenagem ao religioso. O que certamente o espanhol jamais poderia imaginar é que um dia seu nome batizaria blocos e escolas de samba da região.

O Independente Futebol Clube era, nos anos 50, um dos principais times de futebol de várzea da Zona Oeste do Rio de Janeiro. Em 1955 alguns jogadores e torcedores do time resolveram criar um bloco para brincar no carnaval. A ideia prosperou e, do tradicional clube de várzea, surgiu uma escola de samba, a Mocidade Independente de Padre Miguel.

Em 1956 a Mocidade desfilou apenas no próprio bairro, com o enredo *Castro Alves*. No ano seguinte, começou a participar dos desfiles dos grupos de acesso do carnaval carioca, com o enredo *O baile das rosas*. Em 1958 foi a campeã do segundo grupo, com o enredo *Apoteose ao samba*. De 1959 em diante a escola se firmou no grupo principal dos desfiles.

Foi nesse carnaval, o de 1959, que a Mocidade apresentou uma novidade que acabou se tornando marca registrada da escola: a bateria, sob o comando do Mestre André, deu uma paradinha em frente aos jurados, mantendo o ritmo para que a escola continuasse a evolução. Durante anos a Mocidade carregou a fama de ser uma escola sustentada por uma bateria excepcional.

Nas décadas de 70 e 80 a Mocidade acabou se consolidando como uma das grandes escolas do carnaval carioca, ganhando carnavais com enredos desenvolvidos por Arlindo Rodrigues (*Descobrimento do Brasil*, de 1979) e Fernando Pinto (*Ziriguidum 2001*, de 1985).

Dentre vários sambas que marcaram o carnaval carioca, desponta como um verdadeiro clássico do gênero o de 1971, *Rapsódia da saudade*, de Toco, o mais importante compositor da agremiação. Não é, certamente, o mais conhecido da escola, mas é considerado geralmente pelos admiradores do samba de enredo o mais bonito da lavra independente.

A Mocidade Independente conquistou dois Estandartes de Ouro: em 1974, com *A Festa do Divino*; e em 1997, com *De corpo e alma na avenida*. Merecem menção, além dos já citados, sambas como *Apoteose ao samba*, de 1958; *Viagem pitoresca através do Brasil*, de 1968; *Rainha mestiça em tempo de lundu*, de 1972; *O mundo fantástico do uirapuru*, de 1975; *Mãe Menininha do Gantois*, de 1976; e *Como era verde o meu Xingu*, de 1983.

Além de Toco, a escola da Zona Oeste apresenta com destaque a parceria entre Tatu, Nezinho e Campo Grande, autores de *A Festa do Divino* e *O mundo fantástico do uirapuru*.

União de Jacarepaguá

Imaginem se alguém resolver perguntar aos sambistas atuais sobre a seguinte questão: qual foi a primeira escola de samba do carnaval carioca a ser visitada por um presidente da República?

Certamente as mais votadas serão as quatro escolas tradicionais da fase da consolidação dos desfiles — Mangueira, Portela, Salgueiro e Império Serrano.

A resposta, entretanto, é outra. A primeira escola a receber a visita de um chefe de Estado foi a União de Jacarepaguá, visitada, em 1958, pelo presidente Juscelino Kubitschek. Há uma explicação. Naquele carnaval a escola desfilou com o enredo *Vultos do Brasil — De Cabral a Brasília*, homenageando o presidente que estava liderando a construção da nova capital.

Era, apenas, o segundo carnaval da escola da Baixada de Jacarepaguá, Zona Oeste do Rio de Janeiro. A União de Jacarepaguá havia sido fundada em 1956, no dia 15 de novembro, a partir da fusão de duas escolas de samba da região, a Corações Unidos de Jacarepaguá e a Vai Se Quiser. A fusão está representada no nome — União — e no símbolo da agremiação — um aperto de mão simbolizando o acordo que deu origem à nova escola.

Apesar de não desfilar no grupo principal desde 1966, a União se caracterizou durante muito tempo pela excelência de sua ala de compositores.

Seus principais sambas são: *As sete portas da Bahia de Carybé*, de 1973; *Acalanto para Uiara*, de 1976; *Banzo*, de 1977; e *Cor, ação e samba*, de 1978.

Dentre os nomes importantes na história do samba de enredo que já compuseram para a escola estão, por exemplo, Catoni, autor de *Dom João VI no Brasil* (1961); *Mauriceia em noite de festa* (1981); e *Mar de ilusões* (1992); e Norival Reis, que fez *Acalanto para Uiara*, *Banzo* e *Cor, ação e samba*. A União de Jacarepaguá é também detentora de três Estandartes de Ouro.

Unidos de Padre Miguel

A escola de samba Unidos de Padre Miguel é uma das mais tradicionais da Zona Oeste carioca. Foi fundada em 1957 e já em seu primeiro carnaval no Rio de Janeiro, em 1959, apresentou o enredo *Lampião*, se consagrando campeã do segundo grupo.

A Unidos de Padre Miguel tem como emblema um aperto de mão entre uma mão negra e outra branca, representando a fraternidade entre as raças. O símbolo da escola, um boi vermelho, remete à história de Padre Miguel e às características rurais da Zona Oeste carioca (ver o texto sobre a Mocidade Independente de Padre Miguel).

Apesar do início promissor — a escola desfilou entre as grandes já em seu segundo ano no carnaval, com o enredo *Ato da Aclamação* (1960) — a Unidos de Padre Miguel foi de certa forma ofuscada pelo crescimento, nos anos 70, da Mocidade Independente, especialmente após a chegada do patrono Castor de Andrade à escola verde e branca.

Após grandes dificuldades, que levaram inclusive a escola a amargar o último grupo do carnaval carioca e correr o risco de enrolar a bandeira, a Unidos de Padre Miguel começou a se recuperar a partir de 2004, com o enredo *Bangu, glória em séculos de história*, e apresenta perspectivas de voltar aos bons dias do início da década de 60.

Seus melhores sambas são quase todos do início da década de 70, sendo mais lembrados: *Samba do crioulo doido*, baseado na obra de Sérgio Porto, em 1971; *Madureira, seu samba, sua história*, de 1972; e *Ajuricaba, um herói amazonense*, de 1976.

Imperatriz Leopoldinense

É comum que diversos bairros dos subúrbios do Rio de Janeiro tenham surgido com a chegada do trem, a partir da segunda metade do século 19. O bairro de Ramos é mais um exemplo que confirma a regra.

A expansão da linha da Estrada de Ferro do Norte (futura Leopoldina) cruzou as terras que pertenciam aos herdeiros do capitão Luiz José Fonseca Ramos. Os descendentes do capitão concordaram em permitir a passagem do trem, mas em troca reivindicaram a construção de uma estação na fazenda, para facilitar a vida da família. Surgiu assim a Parada de Ramos e o nome do futuro bairro — loteado na virada do século.

O bairro de Ramos, que traz na denominação uma homenagem a um sisudo militar do Império, acabou se transformando num dos principais redutos do carnaval da Leopoldina. Por suas ruas desfilavam clubes carnavalescos, como o Ameno Heliotropo e o Endiabrados de Ramos; e blocos de todos os tipos, como o Sai Como Pode, o Paixão de Ramos, o Paz e Amor e o Recreio de Ramos — o mais importante deles, ao lado do legendário Cacique de Ramos, criado em 1961.

Foi de uma dissidência do Recreio de Ramos, no final da década de 50, que surgiu, sob a liderança do farmacêutico Amaury Jorio, a escola de samba Imperatriz Leopoldinense.

O nome da escola foi escolhido sem maiores polêmicas. A elaboração da bandeira, porém, gerou algumas controvérsias, já que várias propostas para o pavilhão foram apresentadas. Prevaleceu a ideia de usar como símbolo da agremiação uma coroa dourada circundada por 11 estrelas, representando os bairros do subúrbio da Leopoldina, e encimada por uma estrela maior, representando Ramos, o local de fundação da escola.

A Imperatriz logo se destacou no carnaval carioca. Já no seu segundo desfile (1961) foi a campeã do Grupo 3, com o enredo *Riquezas e maravilhas do Brasil*. A partir daí oscilou entre os grupos 1 e 2, até se firmar, a partir de 1980, como uma das forças do carnaval carioca.

A história da Imperatriz é repleta de fatos curiosos. Em 1964, por exemplo, a escola desfilou com enredo *Marquesa de Santos — A favorita do imperador* (Bidi). O samba conseguiu conciliar as duas maiores rivais na disputa pelo amor de Dom Pedro I — a esposa, Leopoldina, e a amante, a Marquesa de Santos.

No ano seguinte, em 1965, a escola teve problemas e desfilou sem mestre-sala e porta-bandeira, com o enredo *Homenagem ao Brasil no IV Centenário do Rio de Janeiro* (samba de Matias de Freitas). De forma surpreendente — e até hoje inexplicável — os jurados deram notas para o mestre-sala e a porta-bandeira, que não cruzaram a avenida.

Ganhou três Estandartes de Ouro: 1989, 1996, 2008.

Em termos de samba de enredo, a escola de Ramos não fica a dever às grandes agremiações do Rio de Janeiro. Sambas como *As três capitais* (1963); *A favorita do imperador* (1964); *Brasil, flor amorosa de três raças* (1969); *Oropa, França e Bahia* (1970); *Barra de ouro, barra de rio e barra de saia* (1971); *Martim Cererê* (1972); *Viagem fantástica às terras de Ibirapitanga* (1977); *Vamos brincar de ser criança* (1978); *O Rei da Costa do Marfim visita Chica da Silva* (1983); *Liberdade, liberdade! abre as asas sobre nós* (1989); e *Leopoldina, Imperatriz do Brasil* (1996) são representativos do que há de melhor na história do gênero.

Entre os grandes compositores da agremiação da Leopoldina se destacam nomes como os de Bidi, Zé Catimba, Matias de Freitas, Carlinhos Sideral, Gibi, Niltinho Tristeza, Guga, Dominguinhos do Estácio e Darcy do Nascimento.

Em Cima da Hora

A estação de trens de Cavalcante, parada da antiga linha auxiliar, foi inaugurada no dia 2 de fevereiro de 1908. O nome da parada — que acabou denominando também o bairro — foi uma homenagem a um funcionário encarregado do tráfego da Central do Brasil na região, Mathias Cavalcante de Albuquerque.

Normalmente os nomes das escolas de samba se referem aos locais de origem das agremiações. Uma das exceções a essa regra é a Em Cima da Hora, surgida exatamente em Cavalcante, na Zona Norte do Rio.

Os sambistas do bairro estavam reunidos para fundar um bloco carnavalesco. Não chegavam, porém, a um acordo sobre o nome que o bloco teria. No meio da discussão, um dos participantes exclamou: "Está em cima da hora. Tenho que me retirar."

Imediatamente os demais fundadores escolheram o nome e o símbolo da agremiação — um relógio com os ponteiros marcando três horas da madrugada, a hora em que a frase foi dita.

Outra versão para o nome — menos pitoresca que a primeira — é a de que dois dos fundadores da escola, Leleco e Baianinho, passaram a infância no Catumbi, onde existia um bloco chamado Em Cima da Hora. Ao participar da fundação da agremiação carnavalesca de Cavalcante, teriam sugerido o nome em homenagem ao antigo bloco em que brincavam o carnaval.

O bloco se transformou em escola no dia 15 de novembro de 1959. Só desfilou, porém, a partir de 1962. O primeiro enredo foi *Independência do Brasil*, com samba de Osmar Rocha.

A Em Cima da Hora deu ao carnaval carioca diversos sambas de primeira linha e conquistou três Estandartes de Ouro. O primeiro, em 1973, com *O saber poético da literatura de cordel*, de Baianinho. O segundo, em 1976 — e aqui os comentários são dispensáveis — com o exuberante *Os sertões*, de Edeor de Paula. O terceiro, em 1984, *Trinta e três, destino Dom Pedro II*, de Guará e Jorginho das Rosas, que ficou marcado pela gravação posterior de Jovelina Pérola Negra.

Mas é ainda possível destacar: *Ouro escravo*, de 1969; *Festa dos deuses afro--brasileiros*, de 1974; *Heitor dos Prazeres*, de 1977; a interessante sequência *Popô, papá, bubu, babá*, de 1981; e *Enredo sem enredo*, de 1982.

Tais obras são suficientes para elevar a Em Cima da Hora à primeira linha das escolas de samba de enredo.

Acadêmicos de Santa Cruz

A história do bairro de Santa Cruz está diretamente relacionada à presença no Brasil dos missionários da Companhia de Jesus. Os jesuítas receberam as terras da região — uma imensa fazenda que pertencia a uma marquesa — no ano de 1589.

Na sede da fazenda foi construída a Capela de Santa Bárbara e um convento com 36 celas. Os jesuítas ergueram em frente à sede uma imensa cruz de madeira, a Santa Cruz, que acabou denominando a área.

Quando os jesuítas foram expulsos do Brasil, por determinação do Marquês de Pombal, na segunda metade do século 18, a Fazenda da Santa Cruz foi confiscada pelo governo português e passou a ficar sob administração direta do Vice-Rei. A partir de 1808, com a chegada da Corte, tornou-se um dos principais pontos de descanso do regente Dom João e, posteriormente, de seu filho Dom Pedro I. Durante o Segundo Reinado, Santa Cruz recebeu a primeira agência fixa dos Correios no Brasil e a sede do matadouro da cidade.

A área da Fazenda de Santa Cruz pertenceu ao Estado brasileiro até a década de 30. No início dos anos 40 a região, transformada pelo governo Vargas em colônia agrícola, foi desmembrada, começou a ser loteada e deu origem ao bairro da Zona Oeste carioca.

As primeiras referências sobre o carnaval de Santa Cruz datam da época do loteamento da área. Já na década de 50 desfilavam pela região blocos de sujo, blocos de enredo e pequenas escolas de samba. Da união entre as agremiações locais surgiu, em 1959, a Acadêmicos de Santa Cruz. As cores escolhidas foram o verde e o branco; e como símbolo, a coroa, em referência aos tempos da Real Fazenda. Apesar de fundada em 1959, a escola só desfilou pela primeira vez no concurso da Praça Onze em 1963, com o enredo *Rio Antigo*.

A Acadêmicos de Santa Cruz nunca conseguiu se firmar entre as escolas do primeiro grupo, apesar de ter desfilado algumas vezes entre as grandes. Numa das ocasiões em que participou do desfile principal, protagonizou uma das grandes polêmicas da história do carnaval carioca na era do Sambódromo. A agremiação apresentou, em 1985, um enredo em homenagem ao colunista social Ibrahim Sued (*Ibrahim, de leve eu chego lá*).

O tema — enfocando o universo da alta sociedade — foi considerado por especialistas um dos menos carnavalescos da história dos desfiles. A despeito das críticas, o samba de enredo, de Zé Maria D'Angola e Grajaú (compositores de clássicos da Unidos do Cabuçu) se destacou como um dos melhores do ano e da história da agremiação da Zona Oeste.

Outros sambas merecem destaque: *O rouxinol da canção brasileira*, de 1974; *Tenda dos milagres*, de 1975; *O mestre da musicologia nacional*, de 1978; *Uma andorinha só não faz verão*, de 1983; e *Acima da coroa de um rei, só um deus*, de 1984.

Infelizmente, nenhum dos dois Estandartes de Ouro ganhos pela Santa Cruz (em 1993 e 1995) contemplou as melhores criações da escola.

Nos últimos anos a escola tem em Fernando de Lima o destaque de sua ala de compositores.

Acadêmicos do Cubango

Durante muitos anos o desfile das escolas de samba de Niterói mobilizou o carnaval da cidade do outro lado da Baía de Guanabara. Dentre as escolas que participavam dos desfiles niteroienses, a mais popular na cidade — dividindo a torcida com a Unidos do Viradouro — era a Acadêmicos do Cubango, agremiação fundada em 1959, no bairro de mesmo nome.

A Cubango conquistou 15 títulos no carnaval de Niterói — com destaque para os cinco campeonatos seguidos, entre 1975 e 1979. Além dos títulos, caracterizou-se como a agremiação que desfilou com os melhores sambas de enredo da cidade, em geral abordando temas afro-brasileiros. Não é favor nenhum dizer que a Cubango tem uma tradição de sambas de enredo inigualável em Niterói, e é capaz de rivalizar com as grandes escolas do Rio de Janeiro.

Seus grandes sambas estão entre os maiores de todos os tempos: *Afoxé*, de 1979; *Fruto do amor proibido*, de 1981; e *Por que Oxalá usa Ekodidé*, de 1984.

Em 1986, com a Unidos do Viradouro, a Acadêmicos do Cubango passou a participar do carnaval da cidade do Rio de Janeiro. Em 2009, inclusive, reeditou o clássico *Afoxé*, para muitos o maior samba da história do carnaval de Niterói.

Ganhou dois Estandartes de Ouro, em 2005 e 2008. Mas seu melhor samba no período carioca é *De fio a fio na real, pra lá, pra ali: Paracambi*, de 2007.

Seus maiores compositores são, sem dúvida, Heraldo Faria, Flavinho Machado, Flavinho Miranda e Jair.

São Clemente

No início da década de 50, alguns jovens moradores da Vila Ganhy, no bairro de Botafogo, resolveram fundar um bloco carnavalesco da Rua São Clemente. Liderados por Ivo Gomes, escolheram as cores azul e branca e começaram a desfilar no carnaval pelas ruas da região.

Em 1953 os garotos do bloco receberam, de presente de um político local, um conjunto de camisas com as cores do Peñarol do Uruguai, para as disputas dos campeonatos de futebol de praia. A partir daí o bloco adotou o amarelo e o preto como as cores oficiais.

O bloco da São Clemente cresceu e, em 1961, virou escola de samba. A nova agremiação participou pela primeira vez do desfile oficial em 1962, apresentando o enredo *Riquezas do Brasil* (samba de Carlos Correa Lopes). No ano seguinte, com o enredo *Rio de antanho* (Robertinho Devagar e Carlos Correa Lopes), alcançou a terceira colocação no Grupo 3. O primeiro título veio no ano seguinte, com *Rio dos vice-reis* (Adilton Luz, Zezinho e Walter).

A São Clemente consolidou-se como uma escola importante no Rio de Janeiro a partir da década de 80, realizando enredos de cunho social e sátira política.

A ala de compositores da escola contou com nomes de peso, como Robertinho Devagar, Chocolate, Dario Marciano, Izaías de Paulo, Manoelzinho Poeta e Helinho 107.

Lins Imperial

O Morro da Cachoeira, no bairro do Lins de Vasconcelos, recebeu essa denominação em virtude de uma grande queda-d'água que existia em sua encosta. Até 1933 o morro era um só. Com a construção, naquele ano, do Hospital Naval Marcílio Dias, foi dividido. O lado direito passou a ser chamado de Cachoeira Grande, e o lado esquerdo, de Cachoeirinha.

Na região da Cachoeira Grande foi fundado um clube de futebol para disputar os campeonatos de várzea — o Baianas da Cachoeira Futebol Clube. Foi esse time que deu origem à escola de samba Filhos do Deserto — apadrinhada pela Mangueira e dela herdando suas cores. A Filhos do Deserto logo se destacou pela excelência de sua ala de compositores, sob o comando de Jones da Silva, o Zinco.

Há uma curiosa disputa pela primazia do reco-reco nas escolas de samba que envolve a Filhos do Deserto e a Portela. A agremiação de Oswaldo Cruz reivindica a introdução do instrumento na bateria. Os antigos integrantes da Filhos do Deserto garantem que partiu de Marinho Lélis, um de seus componentes, a ideia.

Em 1946 um grupo de sambistas deixou a Filhos do Deserto e fundou, no Morro da Cachoeirinha, a escola de samba Flor do Lins — que adotou as mesmas cores da escola da Cachoeira Grande.

Durante certo período, as disputas entre as duas escolas eram acirradas e reproduziam, não raro de forma violenta, a própria divisão do Morro da Cachoeira.

Foi só em 1963, por iniciativa dos presidentes Daniel Fernandes (Filhos do Deserto) e Agnelo Campos (Flor do Lins), que a paz entre as regiões da Cachoeira Grande e da Cachoeirinha foi feita e as duas escolas se fundiram para formar o GRES Lins Imperial.

Depois de um início em que priorizou enredos clássicos (chegando mesmo a homenagear, em 1967, a Condessa de Barral, discretíssima amante do Imperador Dom Pedro II e talvez a figura menos carnavalesca da história do país), a Lins viveu bons momentos em meados da década de 70. Em 1975, com o enredo *Dona Flor e seus dois maridos* (o samba de enredo, de Neneco e Preto Velho, é por muitos considerado o melhor da escola), a Lins Imperial venceu o Grupo 2 e chegou pela primeira vez ao desfile principal.

É curioso notar que a Lins Imperial é, provavelmente, a escola de samba que mais exaltou a obra do escritor baiano Jorge Amado. Além do já citado *Dona Flor*, a agremiação desfilou em 1973 com o enredo *Bahia de Jorge Amado* (samba de João Francisco, Djalma e Arlindo) e em 1987 com *Tenda dos milagres* (Zeca do Lins, Tiãozinho da Viola e Lula).

Detém dois Estandartes de Ouro, ganhos em 1980 (*Guarda velha, velha guarda*) e 1988 (*Tributo a Zinco e Caxambu*). Seus grandes sambas incluem, além de *Dona Flor e seus dois maridos, Casa-grande e senzala*, de 1971; *Folia de reis*, de 1976; e *A guerra do reino divino*, de 1979, que para alguns é superior ao hino de 1975.

Unidos de Lucas

O português José Lucas de Almeida foi, na primeira metade do século 20, um próspero agricultor que possuía terras na região entre Cordovil e Vigário Geral, antiga sesmaria de Irajá. Quando houve a extensão dos trilhos da Estrada de Ferro Leopoldina, José Lucas doou uma parte de suas terras para a construção de uma parada de trens. Ao ser inaugurada, a estação ficou conhecida como Parada de Lucas.

Seu Lucas era profundamente católico. Em virtude da devoção, construiu uma pequena igreja em um morro da região, que imediatamente passou a ser conhecido como Morro da Capela. O que o português jamais poderia imaginar é que essa história envolvendo a Parada de Lucas e o Morro da Capela fosse acabar em samba.

A Unidos de Lucas nasceu da fusão entre a Unidos da Capela (uma das campeãs do tumultuado desfile de 1960) e a Aprendizes de Lucas, duas escolas tradicionais do bairro da Leopoldina carioca. Entre os seus fundadores estavam os sambistas Buzinfa, Jangada, Morenito e Tolito.

A fusão aconteceu no dia 22 de abril de 1966, em uma reunião no Centro Social de Lucas. As cores escolhidas foram o vermelho e o ouro e o símbolo determinado pelos fundadores da agremiação foi o galo pousado sobre duas argolas, representando a união que gerou a nova escola.

Em seu primeiro desfile, no carnaval de 1967, a Unidos de Lucas apresentou o enredo, de autoria de Clovis Bornay, *Festas folclóricas do Rio de Janeiro*. Ladyr Goulart foi o autor do samba.

No ano seguinte a escola desfilou com o enredo *A história do negro no Brasil* (Sublime pergaminho), também de autoria de Clovis Bornay, relatando a história do negro desde a chegada dos primeiros escravizados até a Abolição da Escravatura. Verdadeira exaltação à figura da Princesa Isabel, o samba de enredo, de Nilton Russo, Zeca Melodia e Carlinhos Madrugada, logo se destacou e é até hoje citado como um dos maiores do gênero.

Desde então a Unidos de Lucas apresentou pelo menos mais dois sambas sempre mencionados entre os grandes do carnaval. Em 1976, ano do antológico *Os sertões* da Em Cima da Hora, o Galo da Leopoldina desfilou com *Mar baiano em noite de gala*, de Carlão Elegante, Pedro Paulo e Joãozinho. Foi o último ano de Lucas entre as escolas principais do Rio de Janeiro.

Em 1982, no Grupo de Acesso, Lucas conquistou um dos seus dois Estandartes de Ouro com o samba *Lua viajante*, em homenagem ao músico nordestino Luiz Gonzaga. O samba, de Dagoberto de Lucas, Zeca Melodia e Dona Gertrudes, contou com a participação, na gravação do puxador Abílio Martins, do próprio homenageado.

Entre seus grandes sambas, além dos citados, estão: *Rapsódia folclórica* (1969); *Cidades feitas de memória* (1975); e *França, bumba, assombração no Maranhão* (1980).

Unidos do Jacarezinho

A Favela do Jacarezinho, na Zona Norte do Rio de Janeiro, não tem do que reclamar em se tratando de tradição no samba e no futebol. É o berço do craque Romário e do GRES Unidos do Jacarezinho. O nascimento do craque e a fundação da escola ocorreram, numa coincidência carioquíssima, no mesmo ano de 1966.

A escola de samba surgiu a partir da fusão entre três agremiações da região: a Unidos do Morro Azul, a Unidos do Jacaré e o bloco carnavalesco Não Tem Mosquito. São incontáveis, aliás, as escolas que nasceram da mesma forma.

Após algum tempo desfilando em azul e branco, a agremiação acabou escolhendo o rosa e o branco como cores oficiais. O símbolo, como não poderia deixar de ser, é um jacaré com chapéu de malandro, e a madrinha é a Estação Primeira de Mangueira.

Logo no primeiro carnaval após a fundação, em 1967, a escola apresentou o enredo *Exaltação a Frei Caneca*, conquistando o título do Grupo 3. O autor do samba é o compositor portelense Monarco, que a partir de então passou a se dividir entre a agremiação de Oswaldo Cruz e a escola do Jacaré.

Monarco é ainda o autor de dois outros grandes sambas de enredo da escola: *Vila Rica do Pilar*, de 1969; e *Geraldo Pereira, eterna glória do samba*, de 1982.

Podemos ainda destacar: *Banzo Aiê* (1972); *Catarina Mina* (1975); *Negro como a noite, quente como o inferno, doce como o amor* (1983); e *O mundo encantado de Maria Clara Machado* (1992).

A participação do portelense na Jacarezinho acabou irritando o bicheiro Natal, que acusou Monarco com uma frase que o compositor até hoje cita com bom humor:

— Pra eles você faz samba bom; pra gente você só faz merda.

Em 2005 o próprio Monarco, que chegou a ser presidente da escola, foi homenageado com o enredo *Voz e memória do samba, um passado de glória*. Ao contrário de Silas de Oliveira e Didi, que viraram enredo depois de mortos, Monarco teve a honra de desfilar no ano em que recebeu a glória maior.

Por fim, uma curiosidade: em 2001 o Jacarezinho obteve a terceira colocação no grupo B com o enredo *Maracanã, 50 anos de emoções*. Não foi a primeira escola a abordar o futebol, mas inovou ao escolher o estádio como o recorte do tema. Nada surpreendente para quem nasceu no mesmo ano e no mesmo local do craque campeão do mundo em 1994.

Arranco

O bairro do Engenho de Dentro, localizado na zona suburbana carioca, na região do Grande Méier, tem essa denominação em virtude de um antigo engenho de açúcar que ali existia nos tempos coloniais.

Toda a área que hoje forma o Grande Méier era ocupada por uma extensa fazenda de cana-de-açúcar pertencente à Companhia de Jesus. Com a expulsão dos jesuítas do reino de Portugal e das colônias, na década de 1760, a fazenda foi dividida em algumas partes e passou a pertencer ao governo português.

Durante o Segundo Reinado, um significativo pedaço daquelas terras foi doado pelo Imperador Dom Pedro II a um amigo, o camarista Augusto Duque Estrada Meyer (vem daí o nome do principal bairro da zona suburbana carioca). Nas proximidades daquelas terras também funcionou um quilombo, na área por isso denominada de Serra dos Pretos Forros.

Esse é o espaço onde, na década de 50, desfilavam inúmeros blocos de sujo nos dias de carnaval. Um deles, a Sociedade Recreativa Arranco, transformou-se em bloco de enredo nos anos 60 e, em 1973, na escola de samba Arranco do Engenho de Dentro.

O maior samba da história da escola é o de 1977, *Logun, Príncipe de Efan*, que recebeu o primeiro Estandarte de Ouro da agremiação. O samba sustentou o belo desfile da escola naquele ano e levou o Arranco, segundo colocado do Grupo 2, ao desfile das grandes escolas do carnaval no ano seguinte.

Dignos ainda de menção são os sambas de enredo *Sonho infantil*, de 1978; *O Guarani de José de Alencar*, 1980; e *Chuê chuá, moronguetá, cruz credo*, de 1985; e o mais que fundamental *Gueledés, o retrato da alma*, de 2006, justamente laureado com o Estandarte de Ouro.

Além de Dimas Cordeiro, Capelo Pipico, devemos destacar os compositores Sílvio Paulo e Espanhol, dois dos maiores vencedores da escola do Engenho de Dentro.

Arrastão de Cascadura

Não há nenhuma certeza sobre a origem do nome Cascadura para designar o bairro da Zona Norte do Rio de Janeiro que faz divisa com Madureira, Campinho e Quintino.

Uns dizem que o nome faz referência à região da Casca D'Ouro, local próximo à Fazenda do Campinho, que no século 19 era ponto de parada nas viagens até a Fazenda Santa Cruz.

Outros falam que o nome vem da época da abertura da Estrada de Ferro Central do Brasil, em virtude da dificuldade de remover uma pedreira que existia no local para dar passagem aos trilhos do trem. Há ainda outras hipóteses menos votadas para se explicar a origem do nome do bairro.

A região de Cascadura, à época do carnaval, sempre foi muito marcada pela proximidade com Quintino — local de concentração de alguns dos principais ranchos da Zona Norte — e Madureira, terra da Portela e do Império Serrano.

No bairro propriamente dito, oš dias de festa se caracterizavam pelos desfiles de blocos carnavalescos e cordões de clóvis, os chamados bate-bolas.

O principal bloco da região, que desfilou entre os grandes blocos de enredo do Rio de Janeiro, foi o Unidos do Arrastão. Em 1973, o bloco se transformou no GRES Arrastão de Cascadura, agremiação imediatamente apadrinhada pelo Império Serrano.

O símbolo da agremiação é uma rede de pescadores, a rede de arrastão, enredando instrumentos musicais. As cores são as mesmas da escola imperiana da Serrinha — o verde e o branco.

No ano seguinte à fundação, em 1974, o Arrastão desfilou no Grupo 3 do carnaval carioca, apresentando o enredo *Flamengo, glória de um povo*. O clube da Gávea, inclusive, acabou se sagrando campeão carioca daquele ano.

O início da trajetória da agremiação foi promissor. Em 1976 a escola foi campeã do Grupo 3, com o enredo *Boitatá, um fantástico ser das riquezas*. No ano seguinte veio o título do Grupo 2, com *Um talismã para Iaiá*, e a ascensão ao Grupo 1 do carnaval carioca. Em 1978, com o enredo *Talaque, talaque, o romance da Maria-Fumaça*, a escola desfilou entre as grandes do carnaval pela primeira vez. Não conseguiu permanecer no grupo.

Atualmente a tradicional escola de Cascadura desfila nos grupos intermediários do carnaval carioca, sem alcançar a projeção dos primeiros anos.

Conquistou seu único Estandarte de Ouro em 1989 e entre seus grandes sambas estão: *Um talismã para Iaiá* (1977); *Talaque, talaque, o romance da Maria-Fumaça* (1978); *Da lapinha ao coreto, um folguedo popular* (1979); e *Rudá, o deus do amor* (1981).

Porto da Pedra

Há inúmeras agremiações carnavalescas que foram oriundas de clubes de futebol. Esse também é o caso do GRES Unidos do Porto da Pedra, que se originou, em meados dos anos 70, do Porto da Pedra Futebol Clube, time vermelho e branco de São Gonçalo.

A ideia original dos jogadores do time era a de criar um bloco de embalo para desfilar pelas ruas de São Gonçalo. O sucesso da empreitada, em 1975 e 1976, fez com que a brincadeira carnavalesca fosse em frente. Em 1978, o bloco se transformou em bloco de enredo e, em 1981, na escola de samba Unidos do Porto da Pedra.

Os primeiros desfiles foram realizados no carnaval de São Gonçalo. Entre 1985 e 1992, a agremiação desfilou apenas pelas ruas do seu bairro de origem.

A partir de 1993, com o apoio financeiro de um grupo de empresários, a escola, que adotou como símbolo um tigre e manteve as cores do time de futebol, atravessou a Baía de Guanabara e passou a disputar o carnaval do Rio de Janeiro.

Após um início titubeante, em que se comportou como a clássica agremiação ioiô — expressão comum no meio do samba para definir as escolas que não conseguem se sustentar no grupo principal —, a Porto da Pedra consolidou-se, sobretudo a partir do carnaval de 2002, como uma das novas forças do carnaval.

Tradição

O GRES Tradição nasceu em 1984, de uma dissidência da Portela, sob a liderança de Nésio Nascimento, filho do ex-presidente portelense Natal. A escola inicialmente foi criada com o nome de Portela Tradição. A justiça, porém, vetou a referência à Portela.

No primeiro carnaval da Tradição, em 1985, a comissão de carnaval, liderada pela carnavalesca Maria Augusta, desenvolveu o enredo *Xingu, o pássaro guerreiro*. O samba de enredo, de João Nogueira e Paulo César Pinheiro, se tornou um clássico instantâneo e é, sem dúvida, o ponto alto na história da escola.

Depois de um início promissor e de uma rápida ascensão ao Grupo Especial, a Tradição passou a enfrentar fortes dificuldades financeiras e não conseguiu se firmar como uma escola de primeira grandeza.

Em 2004 a agremiação reeditou o samba de enredo da Portela de 1984, *Contos de areia*, em homenagem à escola da qual surgiu. Em 2007, conquistou seu único Estandarte de Ouro, com o samba *Sonhos de Natal*.

Acadêmicos do Grande Rio

A escola de samba Acadêmicos de Duque de Caxias foi fundada no início de 1988, a partir de um bloco carnavalesco chamado Lambe Copo. A nova escola de samba se filiou à Associação das Escolas de Samba do Rio, e deveria desfilar no quinto Grupo de Acesso em seu primeiro ano.

Surgiu, porém, a ideia de a escola desfilar já no segundo grupo, pois a ele pertencia o GRES Grande Rio. A Acadêmicos de Duque de Caxias, então, incorporou a antiga escola, adotou o nome de Acadêmicos do Grande Rio e estreou no carnaval diretamente no segundo grupo.

É esse fato que gera uma confusão — algumas pessoas acham que a Acadêmicos do Grande Rio foi fruto direto da fusão entre antigas escolas de samba tradicionais de Duque de Caxias — União do Centenário, Cartolinhas de Caxias, Capricho do Centenário e Unidos da Vila São Luís. A fusão dessas escolas de fato ocorreu — em 1972. Mas dela resultou o GRES Grande Rio, a escola que foi posteriormente incorporada pela Acadêmicos de Duque de Caxias.

A Acadêmicos do Grande Rio apresentou, ao longo de sua história, alguns bons sambas de enredo, de linha mais clássica. Dentre eles se destacam os de 1993 (*No mundo da lua*, uma fusão entre dois sambas assinada por nove compositores, dentre os quais o puxador Nego e o cantor de pagodes Dicró); o de 1994 (*Os santos que a África não viu* — Mais Velho, Rocco Filho, Roxidiê, Helinho 107, Marquinhos e Pipoca); e o de 1996 (*Na era dos Felipes o Brasil era espanhol* — Barbeirinho, Bebeto do Arrastão e Jailson da Grande Rio).

A Acadêmicos do Grande Rio hoje se destaca menos pela qualidade dos seus sambas e mais pela estratégia de desfilar com um número impressionante de artistas de TV e celebridades duvidosas, sem qualquer ligação especial com o universo das escolas de samba, e pelo desenvolvimento de enredos patrocinados.

Os blocos de enredo

A tradição dos blocos de enredo no Rio de Janeiro atingiu o ápice entre as décadas de 60 e 70. Os blocos desfilavam com a mesma estrutura das escolas de samba, apenas em dimensões menores em relação ao número de componentes e carros alegóricos — em geral desfilavam com o abre-alas e alguns tripés.

O desfile dos blocos de enredo era tão importante que, durante muito tempo, eram eles que abriam o carnaval na passarela, se apresentando no sábado de carnaval. Os blocos eram considerados, inclusive, formadores de sambistas e carnavalescos para as escolas de samba.

Dentre os blocos mais tradicionais destacamos o Canários das Laranjeiras (o maior campeão da era de ouro dos blocos de enredo), a Flor da Mina do Andaraí, o Vai Se Quiser, o Unidos de Vila Kennedy e o Foliões de Botafogo.

A tradição dos sambas de enredo dos blocos também é farta. Sambas como o seminal *Ganga Zumba* (Canários das Laranjeiras; considerado um dos maiores sambas de temática afro da história do carnaval); *Tempo de obrigação* (Canários das Laranjeiras); *O mundo de Hilário de Ojuobá* (Vai Se Quiser); *A sacerdotisa do afefê* (Flor da Mina do Andaraí); *O engenho mal-assombrado* (Flor da Mina do Andaraí); se colocam entre os maiores do gênero em qualquer época. Compositores consagrados do carnaval, como Carlinhos Sideral, Dario Marciano, Chocolate, Pedrinho da Flor e Noca da Portela, foram atuantes autores de sambas de bloco.

A recuperação dos sambas de enredo dos blocos depende, fundamentalmente, do resgate através da cultura oral. Os registros de áudio existentes são esparsos, já que não havia a gravação sistemática dos sambas em LPs.

O grande compositor Mauro Duarte, por exemplo, parceiro de João Nogueira e Paulo César Pinheiro, é um dos maiores compositores da história do bloco Foliões de Botafogo. Dentre os sambas que Mauro fez para o bloco da Zona Sul, temos acesso ao clássico *Tributo aos Orixás* (com Noca da Portela) em virtude da gravação de Clara Nunes, em disco de carreira. A simples audição do samba, uma obra-prima, dá a dimensão de quantos grandes sambas de blocos se perderam no tempo pela ausência do registro sonoro.

A decadência dos blocos de enredo começou, sobretudo, a partir da era do Sambódromo. O foco dos desfiles centralizou-se nas grandes escolas de samba, e os blocos foram afastados da passarela principal. Perderam espaço, inclusive, como agremiações que formavam sambistas para as escolas de samba — espaço que vem sendo ocupado pelas escolas mirins.

Nesse contexto de decadência, alguns blocos de enredo optaram por se transformar em escolas de samba, como é o caso da Flor da Mina e do Difícil É o Nome de Pilares, enquanto outros enrolaram a bandeira — como o Vai Se Quiser e o Foliões de Botafogo. O Canários das Laranjeiras tentou se consolidar como escola de samba, chegou a desfilar no Grupo de Acesso A, mas, em 2008, obteve a última colocação do Grupo E (o último grupo das escolas cariocas) e em 2009 não desfilou, apontando para uma possível extinção.

Grandes compositores

Mano Décio da Viola

Nascido em 1909, em Santo Amaro da Purificação, Bahia, Décio Antônio Carlos, o Mano Décio da Viola, chegou ao Rio de Janeiro com pouco mais de um ano de idade. Foi menino de rua, vendeu doce na feira, dormiu nas calçadas do Centro da cidade, morou em favela e, como tantos outros, tornou-se sambista. Vendeu muito samba pra levantar um troco. Começou a compor na escola de samba Recreio de Ramos e foi diretor e compositor do Prazer da Serrinha, até participar ativamente da fundação do GRES Império Serrano.

Em 1949 fez o seu primeiro samba para a escola imperial, o antológico *Exaltação a Tiradentes*, em parceria com Penteado e Estanislau Silva. A partir daí, o Império desfilou com sambas de Mano Décio em mais de dez carnavais. Foi ele quem convenceu Silas de Oliveira, um modesto tocador de surdo do Prazer da Serrinha, a tentar a sorte como compositor. A dupla matou a pau e, de cara, em 1946, saiu uma obra-prima do cancioneiro carnavalesco, o seminal *Conferência de São Francisco* (também chamado *Paz universal*). Juntos, e em parceria com Manuel Ferreira, Mano Décio e Silas fizeram aquele que, para muitos, é o maior samba de enredo de todos os tempos, o clássico *Heróis da liberdade*, hino da agremiação verde e branca no carnaval de 1969.

Duas injustiças perseguem, até hoje, a memória de Mano Décio da Viola. A primeira, que talvez se explique pela expressão do parceiro, é a de que seria apenas um companheiro menor do mestre Silas de Oliveira. Errado. Mano Décio ganhou uma série de sambas no Império sem a presença de Silas na parceria. *Exaltação ao Brasil holandês*, *Rio dos vice-reis*, *Exaltação a Bárbara Heliodora* e o já citado *Exaltação a Tiradentes* são verdadeiras obras-primas que não foram compostas pela dupla.

A outra injustiça é cometida por aqueles que veem Mano Décio apenas como compositor de sambas de enredo. Foi preciso que, aos 67 anos, em 1976, gravasse o primeiro disco-solo para que o público tivesse acesso a obras-primas como *Adeus*, parceria com o portelense Alberto Lonato, e *Hoje não tem ensaio*, com Darcy da Mangueira.

Falecido em 1984, aos 75 anos, Mano Décio permanece ao lado de Mano Elói, Mestre Fuleiro, Silas de Oliveira, Darcy do Jongo, Vovó Maria Joana, Carlinho Vovô, Alcides Gregório, Nilton Campolino, Calixto do Prato e tantos outros como um ancestral maior da coroa imperial. Há de ser eternamente louvado nas rodas de samba e nos benditos entoados pelos jongueiros que varam a madrugada na Serrinha de Madureira.

Cartola e Carlos Cachaça

Angenor de Oliveira, o Cartola, e Carlos Moreira de Castro, o Carlos Cachaça, não se destacam como compositores de sambas de enredo em virtude da quantidade de obras do gênero que elaboraram.

A rigor, a produção de sambas de enredo é uma parte mínima das obras dos grandes compositores mangueirenses, fundadores do mítico Bloco dos Arengueiros e da Estação Primeira.

A maior parte dos sambas de Cartola e Carlos Cachaça que a Mangueira entoou nos desfiles foi composta na década de 30, quando o gênero samba de enredo ainda não se cristalizara tal como conhecemos hoje.

Basta, porém, mencionar os sambas de enredo de 1947, *Brasil, ciência e arte*, e, sobretudo, o de 1948, *Vale do São Francisco*, para colocar os parceiros na história dos grandes compositores do gênero em todos os tempos.

Curiosamente, a Estação Primeira de Mangueira, que já homenageou com enredos grandes nomes da música popular brasileira — como Braguinha, Dorival Caymmi, Tom Jobim, Caetano Veloso, Gilberto Gil, Gal Costa, Maria Bethânia e Chico Buarque de Holanda —, nunca homenageou Cartola e Carlos Cachaça com enredos específicos.

Em 2008, quando Cartola completaria 100 anos, a Mangueira preferiu desfilar com um enredo patrocinado pelo estado de Pernambuco sobre o centenário do frevo nordestino.

O mestre, porém, recebeu a homenagem da Paraíso do Tuiuti, que apresentou no Grupo de Acesso o enredo *Cartola, teu cenário é uma beleza* (com samba de Betinho do Cavaco, Aníbal, Silvão, Cássia Novelli e Jerônimo).

Jurandir da Mangueira

A cidade de Campos dos Goytacazes, no norte do estado do Rio de Janeiro, foi berço de grandes nomes do futebol e do samba brasileiros. Dentre os craques campistas do gramado podemos citar Didi, Amarildo e Pinheiro. No mundo do samba, vieram de lá nomes como Wilson Baptista, Roberto Ribeiro e Jurandir Pereira da Silva, o Jurandir da Mangueira.

Jurandir é um dos maiores campeões de sambas de enredo da escola verde e rosa. Iniciou sua trajetória vitoriosa em 1966, quando compôs *Exaltação a Villa-Lobos*, em parceria com Cláudio. Além da homenagem ao maestro, a Mangueira desfilou com seus sambas em mais 11 ocasiões.

Parceiro constante de Hélio Turco, Jurandir foi coautor de verdadeiros clássicos do gênero, como *O mundo encantado de Monteiro Lobato* (1967); *Mercadores e suas tradições* (1969); *Yes, nós temos Braguinha* (1984); e *Cem anos de liberdade, realidade ou ilusão?* (1988).

Membro da Velha Guarda da Estação Primeira, Jurandir gravou um disco solo em 2005, em que mostrou seu repertório de sambas de terreiro e sambas de partido-alto da melhor qualidade.

Faleceu no Rio de Janeiro, em 2007, em decorrência de problemas cardíacos. Nos últimos anos de vida vinha se declarando desiludido com os rumos que o samba de enredo tinha tomado e com a velocidade excessiva das baterias das escolas de samba. Para um melodista de mão cheia — e Jurandir era exatamente isso — a batida acelerada tirava do samba a cadência necessária para embalar o canto.

Candeia

Que Antônio Candeia Filho é um dos maiores nomes da história da música brasileira não se discute e é informação corrente. Nem todos sabem, entretanto, que Candeia foi também um compositor de sambas de enredo de mão cheia.

Candeia nasceu em 17 de agosto de 1935, quase no mesmo momento em que as escolas de samba começavam a se consolidar como agremiações características do carnaval carioca. Nascido em Oswaldo Cruz, filho de um tipógrafo que tocava flauta e era membro de comissões de frente, Candeia cresceu nas rodas de samba da casa de Dona Ester, entre os desafios de partido-alto e os sambas característicos da Portela.

Costumava brincar dizendo que foi uma criança que nunca teve uma festinha de aniversário comum, com doces e refrigerantes. O pai, o velho Candeia, amigo de Paulo da Portela e João da Gente, costumava reunir os amigos e promover no aniversário do filho memoráveis rodas de samba regadas a muita feijoada, cerveja e canjebrina.

Ganhou o primeiro samba na azul e branca de Oswaldo Cruz — *Seis datas magnas*, de 1953, em parceria com Altair Marinho — com apenas 16 anos. A Portela foi a campeã daquele carnaval com notas máximas em todos os quesitos.

Foi ainda o compositor dos sambas portelenses de 1955 (*Festa junina*, em parceria com Valdir 59); de 1957 (*Legados de Dom João VI*, também com Valdir 59); de 1959 (*Brasil, panteão de glórias*, com Casquinha, Bubu, Picolino e Valdir 59); e de 1965 (*Histórias e tradições do Rio quatrocentão*, também com Valdir 59).

Naquele ano de 1965, aliás, Candeia, que era policial civil com fama de valente e violento, envolveu-se em uma briga no trânsito, descarregou o revólver nos pneus de um caminhão e acabou tomando cinco tiros. Um deles alojou-se na medula óssea e deixou o compositor paralítico.

A paralisia despertou em Candeia, segundo os amigos próximos, uma consciência mais aguda sobre a herança cultural afro-brasileira e uma postura militante em relação a algumas distorções que o sambista observava nas escolas de samba.

Ainda elaborou, em parceria com Iran Araújo, o enredo da Portela de 1972, *Ilu Ayê, terra da vida*. Descontente, porém, com os rumos tomados pela escola de Oswaldo Cruz e com o gigantismo que começou a caracterizar os desfiles das escolas de uma forma geral, afastou-se da agremiação em meados dos anos 70. Ao lado de outros grandes nomes do samba — como Wilson Moreira e Nei Lopes —, fundou, no final de 1975, o Grêmio Recreativo de Arte Negra e Escola de Samba Quilombo. Escreveu com Isnard o livro protesto *Escola de samba — A árvore que esqueceu a raiz*.

Morreu jovem, em 16 de novembro de 1978, mas permanece como uma referência fundamental para a história do samba e das demais manifestações culturais de base afro-brasileira. Seus sambas de enredo de melodias rebuscadas, surpreendentes, certamente seriam hoje considerados complicados demais pelas escolas de samba. Sinal dos tempos.

Didi

Poucos autores de samba de enredo tiveram uma trajetória tão cheia de mistérios e contradições como Didi, um dos maiores e mais vitoriosos compositores do gênero em todos os tempos.

Além de ter sido um autor de mão cheia de sambas antológicos da União da Ilha do Governador e do Salgueiro, Didi foi formado em direito, procurador da República e advogado de grandes empresas. Nessas ocasiões, ele era o Dr. Gustavo Baeta Neves.

De temperamento boêmio, viveu boa parte de sua trajetória dividido entre as pompas do Poder Judiciário e a informalidade dos botequins e terreiros das escolas de samba.

Didi cresceu na Ilha do Governador. Ganhou o seu primeiro samba em 1955, quando tinha apenas 18 anos. Naquela época, na década de 50, a União da Ilha desfilava no Cacuia, em seu bairro de origem. Com seu parceiro mais constante, Aurinho, Didi foi o autor de cinco sambas da escola entre 1954 e 1959.

Quando a União da Ilha passou a desfilar na Praça Onze, em 1960, Didi e Aurinho foram os autores do primeiro samba da agremiação — *Homenagem às Forças Armadas*.

Para a União da Ilha, Didi compôs vários outros sambas. Alguns fazem parte de qualquer antologia do gênero, como *O amanhã* (1978, com João Sérgio); *O que será?* (1979, com Aroldo Melodia); *É hoje!* (1982, com Mestrinho); e *Um herói, uma canção, um enredo* (1985, com Aurinho).

Além da trajetória vitoriosa na agremiação da Ilha do Governador, Didi foi bem-sucedido no Salgueiro. Entre 1966 e 1969 participou, com Aurinho, de quatro disputas de samba na escola tijucana. Ganhou duas vezes, com *História da liberdade no Brasil* (1967) e *Dona Beja, feiticeira de Araxá* (1968). Para não prejudicar sua imagem no meio jurídico, não assinou esses sambas.

Voltou a vencer disputas no Salgueiro nos anos 80. Em 1983, em parceria com Bala e Celso Trindade, fez e não assinou *Traços e troças*. Em 1987 compôs o seu derradeiro samba, *E por que não?*. Já com a saúde bastante debilitada, morreu naquele mesmo ano.

Em 1991, recebeu a suprema honraria que um sambista pode almejar. A União da Ilha do Governador desfilou com *De bar em bar: Didi, um poeta*. O samba, de autoria de Franco — outro grande compositor da agremiação —, retratava com fidelidade o boêmio mulherengo, dividido entre o prazer das disputas de samba e a formalidade dos tribunais.

No fim das contas, o sambista derrotou o advogado. É dessa forma, como um dos maiores compositores de samba de enredo de todos os tempos, que Didi será lembrado na história da música brasileira e do carnaval.

Silas de Oliveira

É no mínimo inusitado que um dos maiores (para muitos é o maior) compositores de samba de enredo da história tenha sido filho de um evangélico que considerava o samba coisa do diabo.

É esse, porém, o caso de Silas de Oliveira Assumpção, nascido e criado na Rua Guaxima, em Vaz Lobo, bem perto do Morro da Serrinha.

Silas começou a frequentar rodas de samba e de jongo escondido da família. Estimulado por Mano Décio da Viola, começou a compor sambas de enredo no Prazer da Serrinha. Participou da fundação do Império Serrano e acabou se transformando no expoente do gênero. Consagrou-se na criação dos lençóis, os sambas extensos que cobriam os enredos completamente.

Autor de 14 sambas de enredo vencedores dos concursos, o auge da produção de Silas se estabeleceu entre 1964 e 1969. Naqueles anos, o Império Serrano só desfilou com sambas de sua autoria, com parceiros ou sozinho. É difícil estabelecer qual é o melhor samba entre as verdadeiras obras-primas do período — *Aquarela brasileira* (1964); *Os cinco bailes da história do Rio* (1965); *Exaltação à Bahia* (1966); *São Paulo, chapadão de glórias* (1967); *Pernambuco, leão do norte* (1968); e *Heróis da liberdade* (1969).

Silas de Oliveira morreu, em 1972, durante uma roda de samba comandada pelo compositor Mauro Duarte, no clube ASA, em Botafogo. Sofreu um ataque cardíaco exatamente quando se apresentava cantando os sambas de enredo que fizeram sua fama.

De certa forma, a morte de Silas marcou a decadência do estilo de samba que o consagrou. Naquele 1972, o Império Serrano desfilou exaltando Carmem Miranda com um samba curto que apontou para o fim da época dos lençóis.

Em 1974, o compositor virou enredo. A Imperatriz Leopoldinense desfilou com *Réquiem por um sambista: Silas de Oliveira*. O samba de enredo — de Guga, Cosme e Damião — prestava reverência ao mestre maior.

Dona Ivone Lara

Filha de um violonista do Bloco dos Africanos e de uma pastora do Rancho Flor de Abacate, Dona Ivone Lara começou a aprender música no colégio Orsina da Fonseca, na Tijuca, onde estudou como interna após a morte dos pais. Foi aluna de Lucília Villa-Lobos, esposa do grande maestro.

Prima de Mestre Fuleiro, começou a frequentar as rodas de samba da escola Prazer da Serrinha e, posteriormente, do Império Serrano. Ali passou a compor seus primeiros sambas de terreiro, enquanto vivia profissionalmente como enfermeira e assistente social (trabalhou no Serviço Nacional de Doenças Mentais, com a doutora Nise da Silveira).

Ingressou na ala dos compositores do Império Serrano em 1965, ano em que compôs, com Bacalhau e Silas de Oliveira, *Os cinco bailes da história do Rio*. Foi a primeira mulher a vencer um concurso de samba de enredo numa das grandes escolas do carnaval carioca.

A carreira de Dona Ivone Lara permite listá-la como uma das mais expressivas figuras da história da música brasileira. Melodista de rara inspiração, é autora de uma série de grandes sambas, vários deles gravados por nomes expressivos da canção popular.

A sua produção como compositora de sambas de enredo é pequena. Ao compor, porém, *Os cinco bailes da história do Rio*, entrou para a história do gênero como coautora de um clássico apontado por muitos como um dos maiores de todos os tempos.

Djalma Sabiá

Djalma Oliveira Costa era considerado um dos melhores laterais dos campeonatos de futebol do Morro do Salgueiro. Marcador implacável, tinha as pernas finas feito as de um sabiá — e aí está a origem de seu apelido.

Se nos campos de várzea Djalma não fazia feio, no mundo do samba acabou se transformando num verdadeiro mito.

Fundador da Acadêmicos do Salgueiro, é autor de vários sambas da história da escola tijucana: *Brasil, fonte das artes* (1956, com Eden Silva e Nilo Moreira); *Navio negreiro* (1957, com Armando Régis); *Exaltação aos fuzileiros navais* (1958, com Carivaldo da Mota e Graciano Campos); *Viagem pitoresca através do Brasil: Debret* (1959, com Duduca); *Chico Rei* (1964, com Geraldo Babão e Binha); e *Valongo* (1976).

Nascido no dia 13 de maio de 1925 — aniversário da Abolição da Escravatura — Djalma Sabiá figura em qualquer antologia sobre os grandes autores de sambas de enredo de temática afro-brasileira. *Navio negreiro* e *Chico Rei* são, sem favor, dois dos maiores exemplos de como o gênero retratou a trajetória do negro no Brasil.

Martinho da Vila

Martinho José Ferreira, fluminense de Duas Barras, nasceu no dia 12 de fevereiro de 1938, em um sábado de carnaval. Chegou à cidade do Rio de Janeiro no início dos anos 40 e foi criado no bairro de Lins de Vasconcelos, na Serra dos Pretos Forros.

Ainda garoto, começou a frequentar as agremiações carnavalescas da região, especialmente a escola Aprendizes da Boca do Mato, onde foi membro da bateria (tocava frigideira); compositor; presidente da ala dos compositores e diretor de harmonia.

Na Aprendizes da Boca do Mato foi o autor dos sambas de 1957 (*Carlos Gomes*); 1958 (*Exaltação a Tamandaré*); 1959 (*Machado de Assis*); 1960 (*Rui Barbosa na Conferência de Haia*); 1961 (*Vultos da Independência*); e 1965 (*Construtores da Cidade do Rio de Janeiro*).

Nesse último ano, 1965, fez o samba da Aprendizes, mas já estava na ala dos compositores da Unidos de Vila Isabel, aonde chegara levado por alguns compositores e com o aval de Paulo Brazão.

Martinho, na Vila, fez história. Deu ao samba de enredo algumas características melódicas de partido-alto e venceu, desde então, as disputas na Vila em várias ocasiões: *Carnaval de ilusões* (1967, com Gemeu); *Quatro séculos de modas e costumes* (1968); *Yayá do Cais Dourado* (1969, com Rodolpho); *Glórias gaúchas* (1970); *Onde o Brasil aprendeu a liberdade* (1972); *Sonho de um sonho* (1980, com Rodolpho e Graúna); *Pra tudo se acabar na quarta-feira* (1984); *Raízes* (1987, com Ovídio Bessa e Azo); e *Gbala, viagem ao templo da criação* (1993).

Um dos sambas mais bonitos que Martinho compôs, entretanto, não chegou a desfilar. Em 1974, com o enredo *Aruanã-Açu*, a Vila Isabel se dispunha a falar dos carajás e da Transamazônica, a estrada que simbolizou os tempos do milagre econômico da ditadura militar.

Martinho fez um samba com forte teor de crítica à estrada ("Estranhamente o homem branco chegou / Pra construir / Pra progredir / Pra desbravar / E o índio cantou / O seu canto de guerra / Não se escravizou / Mas está sumindo da face da terra..."). O samba vitorioso, de Paulinho da Vila e Rodolpho, cantava a obra do governo militar em tom laudatório ("A grande estrada que passa reinante / Por entre rochas, colinas e serras / Leva o progresso ao irmão distante / Na mata virgem que adorna a terra..."). A Vila preferiu não arriscar e o samba de Martinho ficou como mais um exemplo das grandes obras que não cruzaram a avenida.

Anescarzinho

Anescar Pereira Filho, o Anescarzinho do Salgueiro, nasceu no dia 4 de julho de 1929, em Laranjeiras (bairro, aliás, onde passou a infância, antes de ir para a Mangueira, o mestre Cartola). Mudou-se ainda menino para um barraco que o pai construiu em plena Floresta da Tijuca, no antigo Morro do Trapicheiro.

Foi ali no Trapicheiro, posteriormente conhecido como Morro do Salgueiro, que Anescarzinho começou a se envolver com o samba, assistindo às rodas de partido-alto que aconteciam perto da barraca de peixes do seu pai. De tanto prestar atenção nos mais velhos, como cansou de confessar ao longo da vida, pegou o traquejo do negócio e virou sambista.

Antes dos 20 anos já era compositor da escola de samba Unidos do Salgueiro — onde conheceu o diretor de harmonia Noel Rosa de Oliveira, desde então seu parceiro principal.

Em 1953, a Unidos do Salgueiro fundiu-se com a Depois Eu Digo e a Azul e Branco, dando origem à Acadêmicos do Salgueiro. Alguns membros da Unidos do Salgueiro foram resistentes à fusão. Anescar, entretanto, passou a fazer parte, imediatamente, da ala de compositores da nova agremiação.

Pela Acadêmicos do Salgueiro foi o parceiro de Noel Rosa de Oliveira (com Walter Moreira) em *Quilombo dos Palmares* (1960) e *Chica da Silva* (1963), dois sambas de enredo listados em qualquer antologia do gênero e exemplares da "revolução salgueirense" — assim ficou conhecida a tendência que o Salgueiro adotou de desfilar no carnaval com enredos afro-brasileiros.

Anescarzinho fez também sucesso como compositor de sambas de terreiro e participou, nos anos 60, dos grupos Os Cinco Crioulos (com Paulinho da Viola, Nelson Sargento, Elton Medeiros e Jair do Cavaquinho) e A Voz do Morro (liderado por Zé Kéti).

Morreu no dia 22 de fevereiro do ano 2000, poucos dias após o carnaval, afastado do Salgueiro e desiludido com os rumos tomados pelas "superescolas de samba S.A.".

Noel Rosa de Oliveira

Para começar, vale o esclarecimento prévio: não, Noel Rosa de Oliveira não recebeu esse nome em homenagem ao poeta da Vila — até porque quando o de Oliveira nasceu, em 1920, no Morro do Salgueiro, o autor de *Conversa de botequim* tinha só 9 anos, andava de calças curtas e nem sonhava em ser sambista.

A iniciação de Noel Rosa de Oliveira no mundo do samba foi precoce. Desde os 13 anos tocava instrumentos de percussão e frequentava rodas de partido-alto. Em 1939, levado por Casemiro Calça Larga, já era diretor de harmonia e compositor da Unidos do Salgueiro — uma das três escolas que geraram o GRES Acadêmicos do Salgueiro no início dos anos 50. Para a Unidos do Salgueiro compôs os sambas de enredo de 1947 e 1952.

Reconhecido como um grande melodista, fez sucesso nas rádios como compositor dos sambas de terreiro *Falam de mim* (com Aníbal Silva e Caxiné), *O neguinho e a senhorita* (com Abelardo Silva) e *Vem chegando a madrugada* (com Zuzuca).

Como compositor de samba de enredo, entrou para a história pela porta da frente. É autor dos seminais hinos salgueirenses de 1960 — *Quilombo dos Palmares*, em parceria com Anescarzinho e Walter Moreira — e de 1963 — nada menos do que *Chica da Silva*, também em parceria com Anescarzinho.

Além de compositor, Noel Rosa de Oliveira foi também puxador de sambas do Salgueiro por quase 20 anos — com um vozeirão impressionante, de timbre belíssimo e, detalhe importante, nos tempos em que o puxador não tinha o luxuoso auxílio de equipes de intérpretes, sistema de som em toda a avenida e parafernálias do gênero.

Noel Rosa de Oliveira deixou o posto de puxador do Salgueiro em 1977 — passou o bastão para Rico Medeiros — mas desfilou na escola até 1988, ano de sua morte.

Geraldo Babão

Geraldo Soares de Carvalho, o Geraldo Babão, nasceu no Terreiro Grande, Morro do Salgueiro, no dia 20 de julho de 1926 — histórico ano em que o corso ainda era a grande atração do carnaval; a Coluna Prestes encerrava sua marcha pelo Brasil; e o São Cristóvão conquistava, batendo o Flamengo, o Fluminense, o Botafogo e o Vasco da Gama, o campeonato carioca de futebol.

Babão fez de tudo um pouco para sobreviver. Foi engraxate, trocador de ônibus, entregador e carregador de engradados de cerveja. Fazia tudo isso enquanto tocava flauta (vem daí o apelido) e versava nas rodas de partido-alto do morro tijucano.

Compôs seu primeiro samba de enredo — *Terra amada* — em 1940, aos 14 anos, para a escola Unidos do Salgueiro.

Quando as escolas Azul e Branco e Depois Eu Digo se uniram para formar, em 1953, o GRES Acadêmicos do Salgueiro, alguns membros da Unidos do Salgueiro discordaram da fusão e não participaram da nova agremiação. A Unidos do Salgueiro acabou pouco tempo depois.

Enquanto a Acadêmicos do Salgueiro dava seus primeiros passos tentando unir os bambas do morro, Babão foi fazer samba na Unidos de Vila Isabel. São de sua autoria *O poeta dos escravos* (1960) e *Imprensa Régia* (1961).

Em 1962 Geraldo Babão finalmente aceitou fazer parte da ala dos compositores salgueirenses. Começou emplacando o samba *Descobrimento do Brasil*. Em 1964, em parceria com Djalma Sabiá e Binha, fez o seminal *Chico Rei*, samba-lençol de temática afro-brasileira que deu o vice-campeonato à escola e consagrou Babão como um dos baluartes maiores da história das escolas de samba. Não são poucos os admiradores de sambas de enredo que consideram *Chico Rei* um dos grandes exemplos da grandeza do gênero.

Geraldo Babão compôs ainda para o Salgueiro os sambas de enredo *História do carnaval carioca* (1965); *Eneida, amor e fantasia* (1973); e *Do cauim ao efó, com moça branca, branquinha* (1977, em parceria com Renato de Verdade). Babão morreu no dia 22 de maio de 1988, consagrado como um dos maiores compositores da história do samba carioca.

Hélio Turco

Carioca do Grajaú, Hélio Rodrigues Neves foi morar na Mangueira antes de completar um ano de idade. Herdou o apelido de um tio, Jorge Turco, que era dono de um armarinho no morro.

Na comunidade do Morro da Mangueira, Hélio Turco é conhecido como um exímio artesão de pipas e balões. Não bastasse isso, é o maior vencedor de sambas de enredo da história da verde e rosa.

Chegou à ala de compositores da Mangueira no final dos anos 50, levado pelo amigo Jurandir. Já no ano de 1959, em parceria com Cícero e Pelado, foi o autor do samba *Brasil através dos tempos*. A mesma parceria venceu no ano seguinte, 1960, com *Carnaval de todos os tempos*, e em 1961, com *Recordações do Rio Antigo*.

Perdeu em 1962 para Leleo, Zagaia e Comprido (*Casa-grande e senzala*), mas obteve o tricampeonato, em parceria com Pelado e Comprido, com *Relíquias da Bahia* (1963), *História de um preto-velho* (1964) e *Rio através dos séculos* (1965).

Tornou a vencer em 1967 (*O mundo encantado de Monteiro Lobato*, com Darcy, Jurandir, Batista, Luiz e Dico); em 1968 (*Samba, festa de um povo*, com Darcy, Luiz, Batista e Dico); em 1969 (*Mercadores e suas tradições*, com Darcy e Jurandir); e em 1971 (*Modernos bandeirantes*, com Darcy e Jurandir).

Após se afastar das disputas por 13 anos, voltou a competir em 1984 e ganhou com *Yes, nós temos Braguinha*, em parceria com Jurandir e Alvinho. Com os mesmos parceiros, é o autor dos sambas de 1985 (*Chiquinha Gonzaga*); 1988 (*Cem anos de liberdade, realidade ou ilusão?*); 1990 (*E deu a louca no barroco*); 1991 (*As três rendeiras do universo*); e de 1992 (*Se todos fossem iguais a você*).

Após a volta vitoriosa, Hélio Turco afastou-se novamente das disputas no início dos anos 90, discordando dos rumos que o concurso para a escolha dos sambas tomou nos tempos atuais. Continua morando no morro, fazendo pipas e confeccionando as bandeiras de papel que a torcida mangueirense agita na avenida.

Toco

Há certas frases feitas no mundo das escolas de samba que são, mesmo gastas, rigorosamente verdadeiras. Um exemplo é a velha máxima de que fulano se confunde com a própria história da agremiação — basta pensar em Paulo para a Portela, Cartola para a Mangueira, Molequinho para o Império Serrano e por aí vai.

É justo afirmar, então, que a vida de Antonio Correia do Espírito Santo, o Toco, se confunde com a história da Mocidade Independente de Padre Miguel.

Nascido em 1936, na Vila Vintém, berço da Mocidade, Toco foi compositor, com diversos parceiros, de 12 sambas da verde e branco. Dos seis títulos conquistados pela escola, foi autor dos hinos de quatro deles.

Acompanhou a fundação da escola, em 1955; compôs o primeiro samba da agremiação (*Baile das rosas*, 1957); o hino do primeiro campeonato (*Apoteose ao samba*, 1958); o maior samba da história da escola (*Rapsódia da saudade*, 1971); o samba do primeiro título entre as grandes (*Descobrimento do Brasil*, 1979); os hinos do bicampeonato de 1990 e 1991 (*Vira, virou, a Mocidade chegou* e *Chuê, chuá, as águas vão rolar*); e outras obras marcantes, como *Mãe Menininha do Gantois* (1976), histórico desfile em que os componentes da bateria de Mestre André desfilaram com as cabeças inteiramente raspadas, representando os iaôs do candomblé da Bahia.

Toco morreu no dia 11 de novembro de 2006. Pouco antes, como se um ciclo se fechasse, tinha concluído, em parceria com Marquinhos Marino e Rafael Só, o samba de enredo *O futuro no pretérito, uma história feita a mão*, escolhido para representar a Mocidade Independente de Padre Miguel no carnaval de 2007.

Aurinho da Ilha

A história do samba carioca certamente não seria a mesma sem a contribuição de inúmeros sambistas que exerceram como atividade profissional o trabalho na estiva da zona portuária. Berço do Império Serrano, a estiva foi reduto de sambistas oriundos das comunidades negras da cidade, que formavam a base da mão de obra no cais do porto.

Um deles, Aurinho da Ilha, é um dos poucos sambistas a fazer parte da galeria dos grandes compositores de duas escolas de tradição — a União da Ilha do Governador e a Acadêmicos do Salgueiro.

Aurinho começou fazendo sambas na década de 50, como membro da ala dos compositores da União da Ilha do Governador, agremiação de seu bairro de origem.

Em parceria com Didi, compôs a maior parte dos sambas da escola insulana nas décadas de 50 e 60. É autor, em parceria com Ione do Nascimento, Ademar

Vinhais e Valdir da Vala, do seminal *Domingo*, o samba de 1977 que é considerado um dos mais emblemáticos da escola.

Paralelamente à União, Aurinho compôs para o Salgueiro, com Didi, *História da liberdade no Brasil* (1967) e o *Dona Beja, feiticeira de Araxá* (1968), dois clássicos da escola tijucana.

Norival Reis

Nascido em Angra dos Reis, em 1924, Norival Reis foi criado entre Madureira e Oswaldo Cruz, onde começou a frequentar as rodas de samba da Portela e do Império Serrano.

Cavaquinista exímio, trabalhou como engenheiro de som em grandes gravadoras e começou a compor no final da década de 40. Teve algumas de suas músicas gravadas por Elizeth Cardoso, Ângela Maria e Bezerra da Silva.

No final dos anos 60 passou a fazer parte da ala de compositores da Portela. É coautor, dentre outros, de dois sambas antológicos da escola de Madureira: *Ilu Ayê, terra da vida* (1972) e *Macunaíma, herói de nossa gente* (1975).

Na década de 70, na União de Jacarepaguá, foi coautor dos sambas *Acalanto para Uiara* (1976), *Banzo* (1977) e *Cor, ação e samba* (1978).

Também conhecido pelo apelido de Vavá da Portela, foi homenageado por Paulinho da Viola no samba *O pagode do Vavá*, que retrata as históricas rodas de samba que Norival promovia aos domingos em Madureira.

Norival Reis faleceu em 2001. Três anos depois, no carnaval de 2004, a Tradição desfilou com a reedição do seu samba *Contos de areia*, parceria com Dedé, que embalou o desfile da Portela em 1984.

Marinho da Muda

Mário Pereira, o Marinho da Muda, nascido no Rio de Janeiro em 1928, foi o principal compositor do GRESE Império da Tijuca e maior vencedor de sambas de enredo da história da agremiação do Morro da Formiga.

Seu primeiro samba para a escola foi o de 1956, *Constituição de uma raça*. É um dos autores do histórico samba de 1971, *Misticismo da África para o Brasil*, e de outros grandes sambas da agremiação, como *De sacristão a barão do ouro*, de 1980, e *Tijuca: cantos, recantos e encantos*, de 1986.

Ao lado de nomes como Azeitona — autor do belíssimo *Cataratas do Iguaçu*, de 1981 —, Pedrinho da Flor, Adilson da Viola e Chipolechi, Marinho foi o maior destaque de uma ala de compositores das mais respeitadas entre as escolas tradicionais do carnaval carioca.

Paralelamente à carreira de compositor de sambas de enredo, foi também autor de sambas de quadra e de embalo que fizeram grande sucesso, como o *Ninguém tasca* ("Fica assim de gavião"), em parceria com João Quadrado, um verdadeiro estouro nos salões carnavalescos em 1973.

Marinho da Muda morreu no dia 27 de fevereiro de 1987, em pleno sábado de carnaval. No dia seguinte, a Império da Tijuca entrou na Marquês de Sapucaí apresentando o seu último samba de enredo, *Viva o povo brasileiro*.

Baianinho

Eládio Gomes dos Santos, o Baianinho, nasceu em Salvador, em 1936. Chegou ainda garoto ao Rio de Janeiro, onde foi morar no bairro de Cavalcante. Aprendeu, em um colégio do bairro, a tocar clarineta.

Participou, no final dos anos 50, da fundação do GRES Em Cima da Hora. Em 1963, era seu, em parceria com Zeca do Varejo, o samba de enredo que a escola apresentou no Grupo 3 do carnaval, *Insurreição pernambucana*. No ano seguinte, e com o mesmo parceiro, fez o samba para o enredo *Apoteose econômica e financeira do Império*.

Compôs também, sem parceiros, os sambas de 1972, *Bahia, berço do Brasil*; de 1973, *O saber poético da literatura de cordel*; e o de 1974, *A festa dos deuses afro-brasileiros*.

Autor de pelo menos duas obras maiores do gênero, os sambas de 1973 e de 1974, Baianinho é o maior compositor da história da escola de Cavalcante, ainda que não seja o autor do maior samba da história da agremiação — honraria que cabe a Edeor de Paula por *Os sertões*.

Fora do gênero samba de enredo, participou nos anos 70 do grupo Os Cinco Só — com Wilson Moreira, Jair do Cavaquinho, Velha, Zito e Zuzuca do Salgueiro — e consagrou-se como compositor quando Clara Nunes, em 1971, gravou o samba *É baiana* — até hoje o seu maior sucesso.

Beto Sem-Braço

Laudemir Casemiro, o Beto Sem-Braço, ganhou o apelido na infância, em virtude de uma queda de cavalo na qual perdeu o braço direito.

Em pouco mais de 50 anos de vida (1940—1993), foi o autor de quase 500 músicas gravadas, entre outros, por Alcione, Zeca Pagodinho, Beth Carvalho, Fundo de Quintal, Almir Guineto, Martinho da Vila e Bezerra da Silva.

Trabalhou como feirante, participou das rodas de samba do Cacique de Ramos entre as décadas de 70 e 80 e viveu na fronteira da marginalidade. Preso em algumas ocasiões, chegou a atirar no presidente e no vice-presidente do Império Serrano na disputa de samba de enredo de 1987, descontente com o resultado que eliminou seu samba.

Polêmicas à parte, Sem-Braço foi compositor inspirado.

Parceiro preferido de Aluízio Machado (Aluízio se define como *o braço direito do Beto Sem-Braço*), foi coautor dos clássicos com que o Império Serrano desfilou em 1982 (*Bumbum paticumbum prugurundum*); e em 1983 (*Mãe, baiana mãe*).

Fez ainda para a escola da Serrinha os sambas de 1985 (*Samba, suor, cerveja*); 1987 (*Com a boca no mundo, quem não se comunica se trumbica*); 1989 (*Jorge Amado, axé Brasil!*); e 1992 (*Fala Serrinha: a voz do samba sou eu mesmo, sim senhor*).

Zé Catimba

José Ignácio dos Santos Filho é paraibano, filho de um violeiro repentista. Chegou ao Rio de Janeiro aos 10 anos de idade. Foi morar em Bonsucesso e, pelo estilo malandro adotado nas peladas de futebol, ganhou o apelido de Zé Catimba.

Participou, aos 16 anos, da fundação da Imperatriz Leopoldinense. Fez de tudo na escola. Foi puxador de corda, passista e mestre-sala, mas acabou se consagrando como compositor de alguns dos mais emblemáticos sambas da escola de Ramos.

É autor dos sambas de enredo *Barra de ouro, barra de rio e barra de saia* (1971, com Niltinho); *Martim Cererê* (1972, com Gibi); *Vamos brincar de ser criança* (1978, com Guga, Sereno, Aranha e Tuninho); *O teu cabelo não nega*

(1981, com Gibi e Serjão); *Estrela Dalva* (1987, com Guga, Niltinho Tristeza e Bil Amizade); *Conta outra, que essa foi boa* (1988, com Gabi, Davi Corrêa e Guga); *Terra Brasilis* (1990, com Preto Joia, Tuninho Petróleo, Baianinho e Jorginho da Barreira); *Eu sou da lira, não posso negar* (1997, com Chopinho, Amaurizão e Tuninho Professor).

Carlinhos Sideral

Imaginem um concurso para a escolha de um samba de enredo que tenha tido como um dos membros do júri o grande Pixinguinha. Isso aconteceu de fato em 1969, quando a Imperatriz Leopoldinense apresentou o enredo *Brasil, flor amorosa de três raças*. O samba escolhido — e que recebeu rasgados elogios de Pixinguinha — foi o de autoria de Carlinhos Sideral em parceria com Matias de Freitas.

Cria da Caprichosos de Pilares, onde começou a fazer seus primeiros sambas, Carlinhos Sideral consagrou-se, porém, na escola de Ramos. Além do samba de 1969, foi o autor dos sambas da Imperatriz de 1968 (*Bahia em festa*, com Bidi); de 1970 (a obra-prima sobre a Semana de Arte Moderna de 1922, *Oropa, França e Bahia*, com o parceiro Matias de Freitas); e de 1985 (*Adolã, a cidade mistério*, com Amaurizão, Doutor e Veni).

Destacou-se também como compositor do bloco de enredo Canários das Laranjeiras. Em parceria com Carlinhos do Cavaco, compôs aquele que para muitos é o maior samba de enredo de todos os tempos da história dos blocos cariocas — o seminal *Ganga Zumba*, de 1970.

Nos intervalos entre um carnaval e outro, Carlinhos Sideral assumia a identidade do profissional do ramo de comunicação e desenhista Carlos Artur da Rocha. Respeitado no meio, trabalhou em agências de publicidade até se aposentar. Nunca escondeu, porém, que mais que o desenho sua paixão era mesmo compor sambas de enredo.

O apelido Sideral se deve a outra paixão que o compositor cultivou a vida inteira, além dos sambas de enredo — o estudo de OVNIs (Objetos Voadores Não Identificados). Carlinhos sempre acreditou que marcianos mantinham contatos constantes com nosso planeta. Aos amigos, dizia lamentar que nenhuma escola de samba se aventurasse a fazer um enredo mais profundo sobre discos voadores e similares.

Carlinhos Sideral nasceu no dia 7 de dezembro de 1931, no Rio de Janeiro. Morreu, na mesma cidade, no dia 1º de março de 2003 — aniversário de fundação do Rio e primeiro dia do carnaval daquele ano.

Paulo Brazão

Em 1988, quando a Unidos de Vila Isabel apresentou o enredo *Kizomba, a festa da raça*, um personagem vinha à frente da escola, sentado em um trono, representando um soba africano. Era Paulo Gomes de Aquino, o Paulo Brazão, já debilitado pelos efeitos de um derrame que ocasionaria seu falecimento em 1994.

A homenagem foi mais que merecida. Paulo Brazão, nascido e criado no Morro dos Macacos, foi um dos fundadores da escola branca e azul (a agremiação registrou as suas cores assim, com o branco em primeiro, para se diferenciar das concorrentes que definiam como cor determinante o azul), presidente em três ocasiões e autor de 17 sambas de enredo da Vila Isabel, inclusive o primeiro da história da escola, *De escrava a rainha* (1947).

Metalúrgico de profissão, Brazão tinha o hábito de marcar todos os seus compromissos ligados ao samba após as17h37; horário em que durante décadas bateu o seu cartão de ponto.

Dentre os inúmeros sambas que compôs, Paulo Brazão preferia exatamente o último, *Invenção de Orfeu* (1976), em parceria com Rodolpho e Irani, sobre o poema de Jorge de Lima.

Durante toda a sua vida de sambista, Paulo Brazão só não participou do desfile da Vila Isabel em 1953, quando divergências na diretoria levaram a escola a não desfilar. Naquele ano, o compositor desfilou pela extinta escola de samba Índios do Acaú, onde foi o vencedor do concurso de samba de enredo.

Edeor de Paula

O livro *Os sertões*, de Euclides da Cunha, é um calhamaço de mais de 500 páginas, dividido em três partes: a terra, o homem e a luta. Retrata o dramático episódio da Guerra de Canudos, ocorrido em 1897 no sertão da Bahia. Jornalista enviado como correspondente de guerra ao cenário do conflito, Euclides foi além dos limites da reportagem e escreveu uma obra maior da literatura brasileira.

Quando a Em Cima da Hora, pequena e tradicional escola do bairro de Cavalcante, anunciou o enredo para o carnaval de 1976, muita gente boa considerou a tarefa dos compositores de samba de enredo das mais difíceis da história dos desfiles: o tema era exatamente *Os sertões*.

Como, afinal de contas, sintetizar a caudalosa obra de Euclides da Cunha dentro dos limites de um samba de enredo? É viável carnavalizar episódio de tal forma dramático da história do Brasil? Eram as dúvidas recorrentes acerca do que a agremiação de Cavalcante seria capaz de apresentar no desfile principal.

Quanto à primeira tarefa — a que nos interessa —, o resultado foi surpreendente. O samba de enredo, composto por um único autor, realizou provavelmente a mais bem-sucedida síntese da história da música brasileira em qualquer gênero e em qualquer tempo.

Com impressionante capacidade de dar conta de praticamente todos os elementos fundamentais da tragédia de Canudos e do livro de Euclides da Cunha, o mecânico e, nas horas vagas, compositor Edeor de Paula, cria das rodas de samba do bairro de Guadalupe, compôs aquele que muita gente que entende do riscado considera o maior samba de enredo da história.

Não há mesmo como negar que ao definir o homem com a sentença mais famosa do livro ("sertanejo é forte / supera a miséria sem fim / sertanejo homem forte / dizia o poeta assim"), e ao caracterizar a aridez do cenário em versos curtos e geniais ("ó solitário sertão / de sofrimento e solidão / a terra é seca / mal se pode cultivar / morrem as plantas / e foge o ar / a vida é triste / neste lugar"), o autor superou as expectativas mais otimistas.

Além de *Os sertões*, Edeor de Paula foi vitorioso na Beija-Flor de Nilópolis, onde compôs, em parceria com Wilson Bombeiro e Sergio Fonseca, o samba de 1993 — *Uni-duni-tê, a Beija-Flor escolheu, é você*. O samba, porém, não chegou perto da projeção e da qualidade da obra-prima que a Em Cima da Hora apresentou em 1976.

Cá pra nós, nao era mesmo necessário — *Os sertões* é mais do que suficiente para que Edeor de Paula faça parte de qualquer lista dos grandes compositores de sambas de enredo de todos os tempos.

Davi Corrêa

O Engenho de Dentro é um reduto de grandes sambistas cariocas, escolas de samba e blocos tradicionais. Uma das crias da região é Davi Corrêa, que começou ainda garoto a compor sambas para os blocos que desfilavam pelas ruas do bairro no carnaval.

Em 1972, ingressou na ala dos compositores da Portela. No ano seguinte, foi o autor do samba de enredo *Pasárgada, o amigo do rei*. Em 1975, compôs, com Norival Reis, o clássico *Macunaíma, herói de nossa gente*, uma das mais felizes traduções, para a linguagem do samba de enredo, de uma obra literária.

A Portela ainda desfilou com sambas de Davi Corrêa para os enredos *Incrível, fantástico, extraordinário* (1979, com Tião Nascimento e J. Rodrigues); *Hoje tem marmelada* (1980, com Norival Reis e Jorge Macedo); *Das maravilhas do mar fez-se o esplendor de uma noite* (1981, com Jorge Macedo); e *Meu Brasil brasileiro* (1982, com Jorge Macedo).

Davi Corrêa afastou-se da Portela em 1983. Acabou, nos anos seguintes, vencendo sambas na Unidos de Vila Isabel, no Salgueiro, na Imperatriz Leopoldinense, na Mangueira e na Estácio de Sá. Os anos portelenses, porém, representam o auge da trajetória do compositor.

Aluízio Machado

A trajetória de Aluízio Machado é, de certa forma, diferente do exemplo da maioria dos compositores de samba de enredo. Machado começou a carreira de cantor e compositor participando de shows, na década de 60, no Teatro Opinião, ao lado de Nara Leão e João do Vale. Lançou o primeiro LP de carreira em 1975.

Desde garoto, porém, participava dos desfiles do Império Serrano e chegou a desfilar como mestre-sala na Imperatriz Leopoldinense.

Nos anos 70, convidado por Martinho da Vila, ingressou na ala de compositores da Unidos de Vila Isabel. Consagrou-se como compositor, porém, a partir da década de 80 na escola de coração, o Império Serrano.

É compositor de *Bumbum paticumbum prugurundum* (1982, com Beto Sem-Braço); *Mãe, baiana mãe* (1983, com Beto Sem-Braço); *Eu quero* (1986, com

Luiz Carlos do Cavaco e Jorge Nóbrega); *Com a boca no mundo, quem não se comunica se trumbica* (1987, com Beto Sem-Braço e Bicalho); *Jorge Amado, axé Brasil!* (1989, com Beto Sem-Braço, Bicalho e Arlindo Cruz); *Império Serrano, um ato de amor* (1993, com Arlindo Cruz, Acyr Marques e Bicalho); *E verás que um filho teu não foge à luta* (1996, com Lula, Beto Pernada, Arlindo Cruz e Índio); *Aclamação e coroação do imperador da Pedra do Reino — Ariano Suassuna* (2002, com Maurição, Carlos Sena, Elmo Caetano e Lula); *Onde houver trevas que se faça a luz* (2003, com Arlindo Cruz, Maurição, Carlos Sena e Elmo Caetano); *O império do divino* (2006, com Arlindo Cruz, Maurição, Carlos Sena e Elmo Caetano); e *Ser diferente é normal* (2007, com Arlindo Cruz, Maurição, Carlos Sena e João Bosco).

Aluízio Machado é, hoje, um dos membros destacados da Velha Guarda do Império Serrano.

Wilson Moreira e Nei Lopes

Que Wilson Moreira e Nei Lopes formam uma das mais importantes parcerias da história do samba, comparável apenas à de Bide e Marçal, não se discute. A união entre melodias inusitadas e letras altamente sofisticadas dessa dupla deu à música brasileira uma quantidade impressionante de clássicos — entre sambas, calangos, jongos, batuques, sambas de partido-alto, xibas e curimbas.

Compositores ligados às escolas de samba (Moreira é fundador da Mocidade Independente de Padre Miguel e Lopes foi membro da ala dos compositores da Acadêmicos do Salgueiro), acabaram se dedicando mais à composição de sambas de enredo para a Quilombo, escola fundada por Candeia para se contrapor aos rumos tomados pelas grandes agremiações cariocas em meados dos anos 70.

No LP *A arte negra de Wilson Moreira e Nei Lopes*, lançado em 1980 e até hoje considerado um marco da discografia do samba no Brasil, a dupla gravou os sambas de enredo *Ao povo em forma de arte* (1978) e *Noventa anos de Abolição* (1979).

Nei Lopes é ainda autor (com os parceiros Zé Luiz, Luiz Carlos da Vila e Sereno) de mais dois sambas para a Quilombo: *Nosso nome, resistência* (1980) e *Solano Trindade, poeta negro* (1981).

Ao povo em forma de arte está seguramente entre os dez maiores clássicos da história do samba de enredo.

QUESTÕES IMPORTANTES
Conceito de autoria no mundo do samba

"Samba é que nem passarinho — é de quem pegar." Essa é a clássica frase de Donga, quando foi acusado de ter plagiado ou registrado como seus os versos anônimos do samba-maxixe *Pelo telefone*, considerado por muitos o primeiro samba a ser gravado.

Desde os seus primeiros tempos, o mundo do samba nunca levou a ferro e fogo a questão da autoria, como é concebida pelo pensamento ocidental, a partir do Renascimento.

Sempre foi comum a presença de "parceiros", ou coautores, que figuravam nessa condição não por terem participado da composição, mas por serem intérpretes, por terem levado o sambista a uma rádio ou a uma gravadora de discos.

Prática generalizada, principalmente até os anos 50, foi a venda de sambas — quando os nomes dos verdadeiros autores sequer constavam da obra.

No mundo do samba de enredo, o conceito de autoria também nunca correspondeu precisamente ao de composição. Há tantos casos em que os parceiros são incorporados ao samba por questões de disputa (por serem membros influentes na comunidade da escola, porque podem financiar a disputa, por terem prestígio e assim sucessivamente), como há casos em que o autor não assina a obra (porque está concorrendo em outra, porque não faz parte da ala de compositores, porque a escola de samba impõe um número máximo de parceiros).

Um exemplo conhecido de compositor que não assinou alguns de seus principais sambas é Didi. Não convém mencionar o nome dos que assinam mas não compõem.

Mas há nisso um aspecto filosófico que é importante ressaltar: para o sambista, o ato de compor não é necessário para tornar alguém autor ou parceiro de um samba de enredo. O samba de enredo é uma obra quase sempre coletiva, que envolve a composição e a disputa — sendo esta um elemento fundamental, que dá sentido à obra. Mais, um samba de enredo só se completa como obra quando ganha e desfila — tão íntima é a relação entre o samba, o enredo e o desfile.

Um samba derrotado, não escolhido, praticamente deixa de existir como obra de arte, perde a razão de ser se não desfila (embora haja casos de sambas derrotados que se tornaram famosos).

Assim, parceiro de samba de enredo não é apenas aquele que compõe, letra ou música. É aquele que defende o samba na disputa. O mundo do samba não pertence exatamente à civilização ocidental.

Posfácio à segunda edição
Momento atual

Quando a primeira versão deste livro foi concluída, no ano de 2009, apontamos dilemas capazes de colocar em risco a própria continuidade do samba de enredo como gênero fundamental e original do tronco do samba. A padronização estilística, o excesso de enredos patrocinados sem qualquer relação com o ambiente das escolas de samba, o andamento acelerado das baterias, a aparente desintegração das alas de compositores, a falta de renovação autoral, os critérios de julgamento e o próprio descolamento entre as escolas de samba e o público mais amplo — falávamos ali de um fenômeno cultural popular que estava virando um fenômeno restrito a uma bolha — apontavam dificuldades.

De lá para cá, importantes mudanças ocorreram. Uma das mais saudáveis foi o surgimento de sambas que buscaram quebrar uma excessiva rigidez estilística e trouxeram novos ares para o gênero, que parece ter começado a sair de uma crise estética de proporções significativas, ainda que outras questões tenham surgido desde então.

O ano de 2012 é emblemático desses novos rumos e seus dilemas. A Unidos do Porto da Pedra, na ocasião, desfilou com um enredo sobre a importância do leite para a humanidade — a partir de um patrocínio obtido junto a uma famosa marca de iogurte. O desenvolvimento do enredo começou com a inacreditável comissão de frente denominada "Lactobacilos da folia" e não parou por aí. A escola apresentou setores como "A festa do leite e do iogurte na Antiguidade" e "Iogurte, do Império Otomano às cortes europeias", para encerrar o desfile com uma constrangedora apologia do iogurte para a humanidade.

O samba de enredo, evidentemente, não conseguiu escapar das inusitadas exigências do patrocinador e trazia trechos constrangedores:

> Seguiu o alimento vencendo batalhas
> Esse doce sabor pelo mundo
> Com o tempo rompendo muralhas
> Brilhou à luz da civilização [...]
> Leveza, o equilíbrio se traduz em beleza
> Do dia a dia me refaz
> Iogurte é leite, tem saúde e muito mais.

O mesmo ano que apresentou na avenida os lactobacilos da folia trouxe, também, pelo menos dois sambas que apontavam caminhos novos para o gênero: a Vila Isabel apresentou *O canto livre de Angola*, enredo coroado com um belíssimo samba composto por André Diniz, Evandro Bocão, Arlindo Cruz, Arthur das Ferragens e Leonel; e a Portela veio com *Bahia: e o povo na rua cantando... é feito uma reza um ritual*, com samba de Toninho Nascimento, Luiz Carlos Máximo, Wanderley Monteiro e Naldo.

Os dois sambas citados procuravam escapar da mesmice dos últimos anos do gênero, trazendo ousadias estilísticas. A Vila inovou ao apresentar um contracanto na segunda parte do samba, que teve ótimo desempenho na avenida e ressaltava a letra bem trabalhada, com soluções poéticas belíssimas:

> Pelos terreiros (reza, jongo e capoeira)
> Nascia o samba (ao sabor de um chorinho)
> Tia Ciata embalou
> Nos braços de violões e cavaquinhos (a tocar)
> Nesse cortejo (a herança verdadeira)
> A nossa Vila (agradece com carinho)
> Viva o povo de Angola e o negro rei Martinho!

A Portela veio com um samba que retratou o enredo sobre a Bahia não apenas na letra, mas também no ritmo e na melodia, que dialogaram com a tradição do samba de roda do recôncavo baiano e das chulas de capoeira. Além disso, os compositores quebraram o padrão dos dois refrões — que parecia intocável nos tempos recentes — e trouxeram três refrões. Os dois primeiros, mais curtos, conduziam a linha melódica até o irresistível refrão final:

> Madureira sobe o Pelô
> Tem capoeira
> Na batida do tambor
> Samba ioiô
> Rola o toque de Olodum
> Lá na Ribeira
> A Bahia me chamou...

O ano de 2013, em alguma medida, repetiu o que ocorrera no ano anterior. Diversos enredos patrocinados geraram sambas sem maiores qualidades, presos a uma rigidez que inibia voos mais arrojados. Foi o ano em que passaram pela Marquês de Sapucaí enredos sobre Rock in Rio, royalties do Petróleo, Coreia do Sul e cavalo manga-larga marchador.

De novo, todavia, a Vila Isabel e a Portela apresentaram sambas consistentes que apontavam caminhos para o gênero. A Vila veio com um enredo sobre a agricultura, patrocinado por uma empresa transnacional, fabricante de agrotóxicos e representante do agronegócio. A carnavalesca Rosa Magalhães e os autores do belo samba (Martinho da Vila, Arlindo Cruz, André Diniz, Leonel e Tunico da Vila) driblaram a armadilha dos agrotóxicos e retrataram a vida dos homens simples do campo, do trabalho cotidiano à festa junina.

A contradição entre o patrocínio e o samba foi tão gritante que a escola chegou a receber uma carta assinada por diversos movimentos sociais participantes da Campanha Permanente Contra os Agrotóxicos e pela Vida. A carta elogiava o samba e a maneira como a vida no campo foi retratada, mas repudiava o patrocínio.

A Portela manteve o ótimo nível do samba de 2012, em um enredo sobre o bairro de Madureira. Assinavam o samba os compositores Luiz Carlos Máximo, Toninho Nascimento, André do Posto 7 e Monteiro.

A partir destes dois anos emblemáticos, 2012 e 2013, algumas tendências se consolidaram e outras se insinuaram, conforme listamos a seguir:

1. As alas de compositores entendidas como grupamentos fechados, com regras rígidas de ingresso e permanência, e núcleos de inteligência, cujos membros são responsáveis pela elaboração dos sambas de enredo, deixaram de existir. Não há, no horizonte próximo, perspectivas de que elas se reconstruam.

2. Diversos cantores e compositores formados fora das escolas de samba, com carreiras mais vinculadas a outros segmentos e até mesmo estilos de música popular brasileira, passaram a compor sambas de enredo com frequência. Em reportagem publicada no jornal *O Globo* de 19/2/2017, Leonardo Bruno, jornalista e membro do júri do Estandarte de Ouro, apontava a aproximação entre os chamados "compositores de sambas de meio de ano" e as escolas de samba, destacando as trajetórias de Moacyr Luz, Paulo César Feital, Altay Veloso, Fred Camacho e Toninho Nascimento; todos com trajetórias consolidadas fora das escolas de samba.

   Na mesma reportagem, Luís Felipe de Lima, músico e pesquisador da história do samba, apontava que "o gênero samba de enredo se tornou repetitivo, com fórmulas gastas. A chegada de compositores com outras experiências ajuda a revitalizar o repertório das escolas". De lá pra cá, a tendência que aproxima compositores com outras experiências estéticas da elaboração de sambas de enredo se intensificou. A Mocidade Independente de Padre Miguel, por exemplo, chegou a ter a cantora Sandra de Sá como uma das compositoras do samba de 2020 (*Elza Deusa Soares*) e Carlinhos Brown como um dos autores do samba de 2022 (*Batuque ao Caçador*).

Há quem veja a presença dos artistas de fora do ambiente das escolas de samba como um elemento de renovação do samba de enredo, que, nas décadas de 1990 e 2000, teria ficado engessado em fórmulas, reticente a novidades. Esses artistas trariam, ainda, maior apelo popular a um gênero aparentemente desgastado. As obras que a dupla Altay Veloso e Paulo César Feital compuseram para a Mocidade Independente de Padre Miguel nos anos de 2017 e 2018 (com enredos versando sobre o Marrocos e a Índia, respectivamente) seriam representativas disso. As letras extremamente bem elaboradas de Feital e as soluções melódicas e harmônicas de Veloso comprovariam tal fato, abrindo portas para mergulhos cada vez mais ousados.

Por outro lado, há ponderações críticas sobre a presença de compositores de fora do ambiente das escolas nas composições de sambas de enredo, entendidas como um elemento a mais da dissolução das alas de compositores e inibidora da formação de novos compositores saídos das comunidades do samba. No momento em que escrevemos a revisão atualizada deste livro, a questão está em aberto.

3. Diversas escolas de samba, sobretudo dos grupos de acesso, têm aberto mão, nos últimos anos, da realização das disputas em quadra e optado pela encomenda dos sambas de enredo a parcerias consagradas. Os argumentos geralmente utilizados por essas escolas incluem desde problemas de ordem financeira para realizar disputas eliminatórias de sambas até a garantia de obter assim um samba de melhor qualidade.

Caso notório e emblemático foi o da escola de samba Renascer de Jacarepaguá. A agremiação passou por graves problemas ao perder sua quadra de ensaios, em virtude das obras da TransCarioca, via expressa aberta no contexto das obras para a realização dos Jogos Olímpicos de 2016, no Rio de Janeiro. Sem condições de fazer a disputa para o carnaval de 2014, que homenageou o caricaturista Lan, a agremiação encomendou o samba daquele ano aos compositores Cláudio Russo e Moacyr Luz. A partir de então, a dupla assinou diversos e ótimos sambas encomendados pela agremiação, chegando a fazer parceria com a cantora Teresa Cristina (em 2015 e 2016) e o compositor e intérprete Diego Nicolau (entre 2017 e 2020).

4. Importantes mudanças na linha dos enredos, acompanhadas por notável renovação entre os carnavalescos, parece ter repercutido favoravelmente na composição de sambas. Uma das explicações para tal fato tem direta relação com a difícil conjuntura brasileira em anos mais recentes.

O Brasil mergulhou em grave crise econômica entre os anos de 2014 e 2016, sobretudo em um cenário de esgotamento do ciclo de alta dos preços das *commodities* no mercado externo. Isso teve impacto negativo nas exportações brasileiras e diminuiu a entrada de capital estrangeiro no país. O contexto recessivo de extrema gravidade impactou fortemente a captação de recursos, via enredos patrocinados, que marcou as escolas de samba do grupo especial em anos de bonança. Como diz a célebre frase de um samba de Monsueto, "a fonte secou".

Com dificuldade para obter patrocínios, e diante da necessidade de baratear os carnavais, diversas agremiações tiveram que recorrer a enredos autorais e apostar em carnavalescos jovens, com experiência forjada na precariedade dos grupos de acesso.

O exemplo mais emblemático disso é o de Leandro Vieira. Depois de trabalhar como assistente artístico da Imperatriz Leopoldinense e da Grande Rio, Leandro assinou o carnaval de 2015 da Caprichosos de Pilares, no grupo de acesso. A escola, com enormes dificuldades financeiras e estruturais, apresentou o enredo *Na minha mão é mais barato*, abordando o comércio popular do Rio de Janeiro. O desfile credenciou Leandro, na ocasião com 31 anos de idade, a assumir o carnaval da Estação Primeira de Mangueira no ano seguinte. Com notórias dificuldades financeiras, a verde e rosa apostou em um enredo autoral do carnavalesco sobre a cantora Maria Bethânia e ganhou o carnaval.

Mantendo a linha de enredos autorais, Leandro propôs, para 2019, que a Mangueira desfilasse recontando fatos, trajetórias e efemérides da história do Brasil a partir de uma leitura dissonante de certa historiografia oficial. O enredo *História para ninar gente grande* foi embalado por um samba de enorme repercussão, composto por Manu da Cuíca, Luiz Carlos Máximo, Tomaz Miranda, Deivid Domênico, Danilo Firmino, Silvio Mama, Ronie Oliveira e Márcio Bola:

> Salve os caboclos de julho
> Quem foi de aço nos anos de chumbo
> Brasil, chegou a vez
> De ouvir as Marias, Mahins, Marielles, malês.

É notável também o caso da Grande Rio. A escola, que teve ótimos sambas no início da década de 1990, mergulhou durante longo período em enredos patrocinados e sambas de qualidade inferior. Numa notável mudança de perspectiva — e diante de resultados ruins e de um rebaixamento em 2018, que só não se consumou porque houve virada de mesa —, a escola de Duque de Caxias buscou no grupo de acesso, para o carnaval de 2019, a dupla de jovens artistas Gabriel Haddad e Leonardo Bora.

Com ousadia estética e prioridade para enredos de grande relevância cultural em carnavais realizados na Acadêmicos do Sossego e na Acadêmicos do Cubango, Haddad e Bora propuseram para a Grande Rio, em 2020, um enredo sobre Joãozinho da Gomeia, emblemático babalorixá e artista baiano radicado em Duque de Caxias. O enredo gerou um samba de excepcional qualidade e levou a escola ao vice-campeonato. Em 2022 — depois da interrupção dos desfiles em 2021, em virtude da pandemia de Covid —, a escola apresentou um enredo sobre as diversas facetas de Exu, o seminal orixá dos candomblés e entidade das umbandas, conquistando, finalmente, e com um bom samba de enredo, o primeiro campeonato.

Os carnavais mais recentes, enfim, têm aberto perspectivas muito interessantes em relação às temáticas abordadas. É ainda notável, nesse aspecto, o impacto que artistas e intelectuais negros têm trazido para as escolas de samba. Enredistas como Vinicius Natal (colaborador de Bora e Haddad nos citados enredos da Grande Rio) e Mauro Cordeiro, carnavalescos como André Rodrigues e João Vitor Araújo, engajados a partir de vivências próprias no amplo e sofisticado arco de experiências estéticas e engajamento político e cultural do negro brasileiro, apontam caminhos promissores para o presente e o futuro do carnaval.

Os carnavais mais recentes cristalizaram a excelência de ótimos compositores de samba de enredo que já inscreveram seus nomes na história do gênero, como André Diniz, Cláudio Russo, Gustavo Clarão, Samir Trindade, Diego Nicolau e Lequinho da Mangueira; todos com vitórias sucessivas e trajetória longa. Há que destacar o fato de que os regulamentos recentes permitem que um compositor possa assinar abertamente composições em diferentes escolas de um mesmo grupo. Quando concluímos essa atualização, por exemplo, Cláudio Russo, ótimo compositor, seria autor dos sambas que a Unidos da Tijuca e a Paraíso do Tuiuti cantarão na avenida no carnaval de 2023. Em 2022, Moacyr Luz assinou os sambas que Mangueira e Paraíso do Tuiuti levaram para a Marquês de Sapucaí.

À guisa de conclusão, as atualizações propostas para este trabalho atestam a capacidade que o samba de enredo tem de se renovar e de driblar crises que, vez por outra, marcam a trajetória do gênero e deixam mais interrogações que certezas. Diversas questões continuam em aberto: as escolas de samba conseguirão, um dia, reconstruir laços mais profundos com as suas comunidades, ou têm a tendência de se cristalizar como fenômeno de um nicho de aficionados pelo carnaval de avenida? O gênero samba de enredo conseguirá, nos próximos anos, atrair novos compositores e compositoras, ou dependerá ainda de artistas de fora da comunidade que queiram se dedicar ao gênero, além de uma geração limitada de grandes compositores que talvez não encontre sucessão? Os critérios de julgamento do quesito acompanharão a renovação necessária ou se manterão presos a pormenores que, muitas vezes, inibem a criatividade do compositor? Os enredos autorais, de marcadas e engajadas perspectivas culturais, continuarão prevalecendo, consolidando tendências recentes?

Nas encruzilhadas entre o esgotamento estético e a renovação, o certo é que o samba de enredo continua. Para onde vai, o tempo dirá.

Alberto Mussa
Luiz Antonio Simas
Dezembro de 2022

Apêndices

Relação de sambas de enredo

Constam deste apêndice apenas os sambas de que os autores dispõem de gravações originais ou conhecem de memória. Não fazem parte da relação as obras conhecidas apenas pela letra.

Para simplificar, nem sempre reproduzimos aqui o título completo dos enredos, porque alguns deles são extensos demais, são quase títulos-lençóis. Preferimos, assim, chamá-los pela forma reduzida com que são popularmente conhecidos.

1939
Portela   *Teste ao samba*

1942
Portela   *A vida do samba*

1943
Portela   *Carnaval e guerra*

1944
Portela   *Brasil glorioso*

1945
Portela   *Motivos patrióticos*

1946
Mangueira   *Carnaval da vitória*
Portela   *Alvorada do novo mundo*
Prazer da Serrinha   *Conferência de São Francisco*

1947
Mangueira   *Brasil, ciência e arte*
Portela   *Honra ao mérito*

1948

Império Serrano	*Castro Alves*
Mangueira	*Vale do São Francisco*

1949

Império Serrano	*Exaltação a Tiradentes*
Mangueira	*Apologia aos mestres*

1950

Império Serrano	*Batalha naval*

1951

Império Serrano	*Sessenta e um anos de República*

1952

Mangueira	*Gonçalves Dias*

1953

Portela	*Seis datas magnas*
Cartolinhas de Caxias	*Benfeitores do universo*

1954

Aprendizes de Lucas	*Exaltação a São Paulo*
Mangueira	*Rio através dos séculos*
Salgueiro	*Uma romaria na Bahia*
Beija-Flor	*O caçador de esmeraldas*

1955

Filhos do Deserto	*Inferno verde*
Império Serrano	*Exaltação a Caxias*
Mangueira	*Quatro estações do ano*
Salgueiro	*Epopeia do samba*
Unidos do Salgueiro	*Glória aos mártires da Independência*

1956

Império Serrano	*Caçador de esmeraldas*
Mangueira	*O grande presidente*

Portela	*Riquezas do Brasil*
Salgueiro	*Brasil, fonte das artes*
União da Ilha	*Epopeia do petróleo*

1957

Império Serrano	*Dom João VI*
Portela	*Legados de Dom João VI*
Salgueiro	*Navio negreiro*

1958

Império Serrano	*Exaltação a Bárbara Heliodora*
Portela	*Vultos e efemérides do Brasil*
Salgueiro	*Um século e meio a serviço do Brasil*
Mocidade Independente	*Apoteose ao samba*

1959

Império Serrano	*Brasil holandês*
Portela	*Brasil, panteão de glórias*
Salgueiro	*Viagem pitoresca através do Brasil: Debret*
Aprendizes da Boca do Mato	*Machado de Assis*
União da Ilha	*Paisagens da Ilha*

1960

Império Serrano	*Medalhas e brasões*
Portela	*Rio, cidade eterna*
Salgueiro	*Quilombo dos Palmares*

1961

Mangueira	*Recordações do Rio Antigo*
Salgueiro	*Vida e obra do Aleijadinho*
Cabuçu	*Rio, ontem e hoje*
Tupi	*Seca do Nordeste*
Unidos da Tijuca	*Casa-grande e senzala*
Imperatriz Leopoldinense	*Riquezas e maravilhas do Brasil*

1962

Império Serrano	*Rio dos vice-reis*
Mangueira	*Casa-grande e senzala*
Portela	*Rugendas, viagem pitoresca através do Brasil*
Salgueiro	*O descobrimento do Brasil*
Beija-Flor	*Dia do Fico*

1963

Beija-Flor	*O guarani*
Império Serrano	*Exaltação a Mem de Sá*
Salgueiro	*Chica da Silva*
Imperatriz Leopoldinense	*Três capitais*

1964

Império Serrano	*Aquarela brasileira*
Mangueira	*História de um preto-velho*
Portela	*Segundo casamento de Dom Pedro I*
Salgueiro	*Chico Rei*
Imperatriz Leopoldinense	*A favorita do imperador*

1965

Império Serrano	*Os cinco bailes da história do Rio*
Mangueira	*Rio Antigo*
Salgueiro	*História do carnaval carioca*

1966

Império Serrano	*Glória e graças da Bahia*
Mangueira	*Exaltação a Villa-Lobos*
Portela	*Memórias de um sargento de milícias*
Salgueiro	*Amores célebres do Brasil*

1967

Império Serrano	*São Paulo, chapadão de glórias*
Mangueira	*O mundo encantado de Monteiro Lobato*
Salgueiro	*História da liberdade no Brasil*
Vila Isabel	*Carnaval de ilusões*

1968

Império da Tijuca	*Exaltação a Candido Portinari*
Império Serrano	*Pernambuco, leão do norte*
Lucas	*História do negro no Brasil*
Mangueira	*Samba, festa de um povo*
Mocidade Independente	*Viagem pitoresca através do Brasil*
Portela	*O tronco do ipê*
Salgueiro	*Dona Beja, feiticeira de Araxá*
Vila Isabel	*Quatro séculos de modas e costumes*

1969

Em Cima da Hora	*Ouro escravo*
Imperatriz Leopoldinense	*Brasil, flor amorosa de três raças*
Império Serrano	*Heróis da liberdade*
Lucas	*Rapsódia folclórica*
Mangueira	*Mercadores e suas tradições*
Mocidade Independente	*Francisco Adolfo de Varnhagen*
Portela	*Treze naus*
Salgueiro	*Bahia de todos os deuses*
São Carlos	*Gabriela, Cravo e Canela*
Vila Isabel	*Iaiá do Cais Dourado*

1970

Imperatriz Leopoldinense	*Oropa, França e Bahia*
Império Serrano	*Arte em tom maior*
Jacarezinho	*O fabuloso mundo do circo*
Mangueira	*Um cântico à natureza*
Mocidade Independente	*Meu pé de laranja-lima*
Portela	*Lendas e mistérios da Amazônia*
Salgueiro	*Praça Onze, carioca da gema*
Santa Cruz	*Bravura, amor e beleza da mulher brasileira*
São Carlos	*Terra de Caruaru*
Vila Isabel	*Glórias gaúchas*
Cabuçu	*As musas de Chico Buarque*
Em Cima da Hora	*Mundo encantado de Debret*
Império da Tijuca	*Segredos e encantos da Bahia*
Lins Imperial	*Memórias da Rua do Ouvidor*

Paraíso do Tuiuti	*Alencar, o patriarca da literatura*
União de Jacarepaguá	*Salões e damas imperiais*
União do Centenário	*Brasil, berço de riquezas*
Unidos de Padre Miguel	*Primaveras de Casimiro de Abreu*
Capricho do Centenário	*Marquesa de Santos, que reinou pela graça*
União da Ilha	*O sonho de um sambista*
Canários	*Ganga Zumba*

1971

Imperatriz Leopoldinense	*Barra de ouro, barra de rio e barra de saia*
Império da Tijuca	*O misticismo da África para o Brasil*
Império Serrano	*Nordeste, seu povo, seu canto, sua glória*
Mangueira	*Modernos bandeirantes*
Mocidade Independente	*Rapsódia da saudade*
Portela	*Lapa em três tempos*
Salgueiro	*Festa para um rei negro*
São Carlos	*Brasil turístico*
Unidos de Padre Miguel	*Samba do crioulo doido*
Vila Isabel	*Ouro mascavo*

Beija-Flor	*Carnaval, sublime ilusão*
Cartolinhas de Caxias	*Viagem ao Norte e Nordeste brasileiros*
Jacarezinho	*Bahia de ontem, de hoje e de sempre*
Lins Imperial	*Casa-grande e senzala*
Lucas	*Tributo às raízes*
Manguinhos	*Ouro verde*
Paraíso do Tuiuti	*Rio, carnaval e batucada*
Santa Cruz	*Três fases da poesia*
Tupi	*São Francisco a caminho do sertão*
União da Ilha	*Ritual afro-brasileiro*
União de Jacarepaguá	*Marília de Dirceu*

1972

Em Cima da Hora	*Bahia, berço do Brasil*
Imperatriz Leopoldinense	*Martim Cererê*
Império da Tijuca	*O samba no morro e na sociedade*

Império Serrano	*Alô, alô, taí Carmem Miranda*
Lucas	*Brasil das duzentas milhas*
Mangueira	*Rio, carnaval dos carnavais*
Mocidade Independente	*Rainha mestiça em tempo de lundu*
Portela	*Ilu Ayê, terra da vida*
Salgueiro	*Mangueira, minha madrinha querida*
São Carlos	*Rio Grande do Sul na festa do preto forro*
Unidos de Padre Miguel	*Madureira, seu samba, sua história*
Vila Isabel	*Onde o Brasil aprendeu a liberdade*
Beija-Flor	*Bahia dos meus amores*
Cabuçu	*Laços de amizade*
Caprichosos	*Brasil, a flor que desabrocha*
Grande Rio	*A outra força do Brasil*
Independentes de Cordovïl	*Datas, personagens e fatos históricos*
Jacarezinho	*Banzo Aiê*
Manguinhos	*Zumbi dos Palmares*
Paraíso do Tuiuti	*Brasil de ponta a ponta*
Santa Cruz	*Brasil folclórico*
São Clemente	*Dança de um povo livre*
Tupi	*Chiquinha Gonzaga, alma cantante do Brasil*
União de Jacarepaguá	*A festa da Independência*
Unidos de Bangu	*Um dos motivos da independência do Brasil*
Vila Santa Teresa	*Heróis da liberdade*
Foliões de Botafogo	*Tributo aos Orixás*

1973

Em Cima da Hora	*O saber poético da literatura de cordel*
Imperatriz Leopoldinense	*ABC do carnaval à maneira da literatura de cordel*
Império Serrano	*Viagem encantada Pindorama adentro*
Jacarezinho	*Ameno Resedá*
Mangueira	*Lendas do Abaeté*
Mocidade Independente	*Rio, Zé Pereira*
Portela	*Pasárgada, o amigo do rei*
Salgueiro	*Eneida, amor e fantasia*

Tupi	*Assim dança o Brasil*
Vila Isabel	*Zodíaco no samba*
Beija-Flor	*Educação para o desenvolvimento*
Caprichosos	*Aclamação e coroação de Dom Pedro I*
Império da Tijuca	*Brasil, explosão de progresso*
Império do Marangá	*Aquarela brasileira*
Independentes de Cordovil	*Festival do cinema brasileiro*
Lucas	*Histórias que ouvimos na infância*
Paraíso do Tuiuti	*Os imortais da música brasileira*
Ponte	*Dança para os orixás*
São Carlos	*Lamartine Babo*
União da Ilha	*I-Juca-Pirama*
União de Jacarepaguá	*As sete portas da Bahia de Carybé*
Unidos da Tijuca	*Bom dia, café*
Unidos de Padre Miguel	Cazuza

1974

Beija-Flor	*Brasil ano dois mil*
Em Cima da Hora	*Festa dos deuses afro-brasileiros*
Imperatriz Leopoldinense	*Réquiem por um sambista: Silas de Oliveira*
Império Serrano	*Dona Santa, rainha do maracatu*
Mangueira	*Mangueira em tempo de folclore*
Mocidade Independente	*A Festa do Divino*
Portela	*O mundo melhor de Pixinguinha*
Salgueiro	*Rei de França na ilha da assombração*
São Carlos	*Heroínas do romance brasileiro*
Vila Isabel	*Aruanã-Açu*
Cabuçu	*Devaneios de um poeta*
Império da Tijuca	*Minas de prata*
Independentes de Cordovil	*Festas tradicionais da Bahia*
Lins Imperial	*Cobra Norato*
Lucas	*Mulata maior*
Paraíso do Tuiuti	*Olimpíadas, festa de um povo*
Ponte	*Rio em festa*
Santa Cruz	*O rouxinol da canção brasileira*
Tupi	*Essa Nega Fulô*

União da Ilha	*Lendas e festas das iabás*
União de Jacarepaguá	*Bandeira branca*
Unidos da Tijuca	*Petrópolis, nossa flor serrana*
Unidos de Bangu	*Rio, pé de moleque*

Acadêmicos do Beltrão	(não identificado)
Bafo do Tigre	(não identificado)
Banda do Fonseca	(não identificado)
Bugres do Cubango	(não identificado)
Caçadores da Vila	(não identificado)
Corações Unidos	(não identificado)
Cubango	*Festas tradicionais fluminenses*
Império Gonçalense	(não identificado)
Poços do Anil	(não identificado)
Sousa Soares	(não identificado)
Unidos do Mem de Sá	(não identificado)
Viradouro	*Pleito de vassalagem a Olorum*

Canários	*Tempo de obrigação*
Cara de Boi	*Iaiá Bahia, meu bem*
Flor da Mina	*Pildes Pereira*
Guerreiros da Ilha	*Curtição*
Mocidade de São Mateus	*Festa da Penha*
Quem Fala de Nós Não...	*Salgueiro, sua história, suas glórias*
Quem Quiser Pode Vir	*Rio, alegria e cor*
Unidos de Vila Kennedy	*Mulata deusa de bronze*
Unidos de Vila Rica	*Mundo encantado do folclore brasileiro*
Unidos do Cabral	*A rainha Quiximbi*
Unidos do Cantagalo	*Portela através dos tempos*
Vai Se Quiser	*Oiê muié rendá*

1975

Beija-Flor	*O grande decênio*
Em Cima da Hora	*Personagens marcantes do carnaval carioca*
Imperatriz Leopoldinense	*A morte da porta-estandarte*
Império Serrano	*Zaquia Jorge, vedete do subúrbio, estrela de Madureira*

Lucas	*Cidades feitas de memória*
Mangueira	*Imagens poéticas de Jorge de Lima*
Mocidade Independente	*O mundo fantástico do uirapuru*
Portela	*Macunaíma, herói de nossa gente*
Salgueiro	*O segredo das minas do Rei Salomão*
São Carlos	*Festa do Círio de Nazaré*
União da Ilha	*Nos confins de Vila Monte*
Vila Isabel	*Quatro séculos de paixão*
Caprichosos	*Congada do Rei Davi*
Foliões de Botafogo	*Glória em pedra-sabão*
Império da Tijuca	*Muiraquitã, o amuleto do amor*
Independentes de Cordovil	*O mestiço predestinado*
Jacarezinho	*Catarina Mina*
Lins Imperial	*Dona Flor e seus dois maridos*
Paraíso do Tuiuti	*Vida e obra de Cecília Meirelles*
Ponte	*Eleição e coroação da boneca do café*
Santa Cruz	*Tenda dos milagres*
São Clemente	*Quem quebrou meu violão, trá lá lá*
Tupi	*Brasil, glórias e integração*
União de Jacarepaguá	*Reais pessoas*
Unidos da Tijuca	*Magia africana no Brasil e seus mistérios*
Unidos de Bangu	*Emília no País da Gramática*

1976

Beija-Flor	*Sonhar com rei dá leão*
Em Cima da Hora	*Os sertões*
Imperatriz Leopoldinense	*Por mares nunca dantes navegados*
Império Serrano	*A lenda das sereias, rainhas do mar*
Lins Imperial	*Folia de reis*
Lucas	*Mar baiano em noite de gala*
Mangueira	*No reino da mãe do ouro*
Mocidade Independente	*Menininha do Gantois*
Portela	*O homem do Pacoval*
Salgueiro	*Valongo*
São Carlos	*Arte negra na legendária Bahia*
Tupi	*Riquezas áureas da nossa bandeira*

União da Ilha	*Poema de máscaras em sonhos*
Vila Isabel	*Invenção de Orfeu*
Cabuçu	*Reisado da terra das Alagoas*
Império do Marangá	*Glórias do Teatro Municipal*
Independentes de Cordovil	*Recordar é viver*
Independentes do Zumbi	*Símbolos e cenários do carnaval carioca*
Jacarezinho	*Canudos, sua história, sua gente*
Santa Cruz	*Brasília*
União de Jacarepaguá	*Acalanto para Uiara*
Unidos da Tijuca	*No mundo encantado dos deuses afro--brasileiros*
Unidos de Bangu	*Festas e tradições de nossa gente*
Unidos de Nilópolis	*Maranhão em tempo de bumba-meu-boi*
Unidos de Padre Miguel	*Ajuricaba, um herói amazonense*
Vila Santa Teresa	*Ídolos do rádio brasileiro*
Cacarecos Unidos	*As sete portas da Bahia*
Flor da Mina	*Sonho dourado*
Mocidade de São Mateus	*O reino encantado de Ossãe*
Mocidade de Vicente	*Eldorado, a cidade encantada do Achuí*
Namorar Eu Sei	*Carnaval, as reinações de Momo*
Quem Fala de Nós Não...	*Carnaval em três dimensões*
Quem Quiser Pode Vir	*Os tradicionais bailes de carnaval*
Unidos de Vila Rica	*O mistério da cabeça do imperador*
Unidos do Cabral	*Bahia branca de Menininha*
Unidos do Cantagalo	*Lendas misteriosas e fantásticas*

1977

Beija-Flor	*Vovó e o rei da saturnália na corte egipciana*
Cabuçu	*Sete Povos das Missões*
Imperatriz Leopoldinense	*Viagem fantástica às terras de Ibirapitanga*
Império da Tijuca	*O mundo de barro de Mestre Vitalino*
Império Serrano	*Brasil, berço dos imigrantes*
Mangueira	*Panapanã, o segredo do amor*
Mocidade Independente	*Samba, marca registrada do Brasil*
Portela	*Festa da Aclamação*

Salgueiro	*Do cauim ao efó, com moça branca, branquinha*
São Carlos	*Quarenta anos de Rádio Nacional*
União da Ilha	*Domingo*
Vila Isabel	*Ai, que saudade que eu Tenho*
Arranco	*Logun, Príncipe de Efan*
Arrastão	*Um talismã para Iaiá*
Cidade de Deus	*Baronesa da Taquara*
Em Cima da Hora	*Heitor dos Prazeres*
Foliões de Botafogo	*O cortiço*
Grande Rio	*Os precursores*
Império do Marangá	*Lenda do arco-íris*
Independentes de Cordovil	*Manjares do céu e da terra*
Manguinhos	*Tesouro maldito*
Paraíso do Tuiuti	*Brasil caboclo*
Tupi	*Um sonho colorido*
União de Jacarepaguá	*Banzo*
Flor da Mina	*Engenho mal-assombrado*

1978

Arranco	*Sonho infantil*
Arrastão	*Talaque, talaque, o romance da Maria-Fumaça*
Beija-Flor	*Criação do mundo na tradição nagô*
Império Serrano	*Oscarito, uma chanchada no asfalto*
Mangueira	*Dos carroceiros do imperador ao Palácio do Samba*
Mocidade Independente	*Brasiliana*
Portela	*Mulher à brasileira*
Salgueiro	*Do Yorubá à luz, a aurora dos deuses*
União da Ilha	*O amanhã*
Vila Isabel	*Dique, um mar de amor*
Cabuçu	*Cabuçu exalta as pedras preciosas do Brasil*
Caprichosos	*Festa da Uva no Rio Grande do Sul*
Engenho da Rainha	*Criação do mundo segundo os carajás*
Imperatriz Leopoldinense	*Vamos brincar de ser criança*
Império do Marangá	*Salamanca do Jarau*

Jacarezinho	*Todas as rosas do meu Rio*
Ponte	*Festa de Olubajé*
Santa Cruz	*O mestre da musicologia nacional*
São Carlos	*Céu de Orestes num chão de estrelas*
São Clemente	*Apoteose ao teatro de revista*
Tupi	*Manoa, um sonho dourado*
União de Jacarepaguá	*Coração e samba*
Alegria de Copacabana	*Copacabana*
Baba do Quiabo	*Trio de Ouro, glória da música popular brasileira*
Bafo do Leão	*Oxumarê*
Boi da Freguesia	*A festa de casamento do mestre-sala com a porta-bandeira*
Cacarecos Unidos	*Beija-Flor, símbolo alegre de uma cidade*
Cara de Boi	*O rabicho da Geralda*
Flor da Mina	*Vila Rica*
Mocidade de Vicente	*Festança do rei negro*
Mocidade Unida do J. A.	*Uma rosa em vida, homenagem ao poeta*
Unidos de Vila Rica	*Criança, carnaval de alegria*
Unidos do Cabral	*Show fantástico*
Vai Se Quiser	*O mundo de Hilário de Ojuobá*
Quilombo	*Ao povo em forma de arte*

1979

Beija-Flor	*O paraíso da loucura*
Imperatriz Leopoldinense	*Oxumarê, a lenda do arco-íris*
Mangueira	*Avatar, e a selva transformou-se em ouro*
Mocidade Independente	*Descobrimento do Brasil*
Portela	*Incrível, fantástico, extraordinário*
Salgueiro	*O reino encantado da mãe natureza contra o rei do mal*
São Carlos	*Das trevas à luz do sol, uma odisseia dos carajás*
União da Ilha	*O que será?*
Arranco	*Quem conta um conto aumenta um ponto*

Arrastão	*Da lapinha ao coreto, um folguedo popular*
Cabuçu	*O gigante negro, da Abolição à República*
Caprichosos	*Uruçumirim, paraíso tupinambá*
Império Serrano	*Municipal maravilhoso, setenta anos de glória*
Lucas	*O Rio de Janeiro em tempo de Debret*
Ponte	*Sonho da vovó*
Vila Isabel	*Os dourados anos de Carlos Machado*
Em Cima da Hora	*Do astro-rei à rainha das flores*
Império da Tijuca	*As três mulheres do rei*
Império do Marangá	*Os verdes mares de Iracema*
Jacarezinho	*Sai azar, pé de pato, mangalô três vezes*
Lins Imperial	*A guerra do reino divino*
Tupi	*Folia, folia*
Unidos da Tijuca	*Brasil canta e dança*
Unidos de Bangu	*Brasil, batucai vossos pandeiros*
Unidos do Uraiti	*Força da vida*
Grande Rio	*Imagens do Nordeste místico*
Unidos de Nilópolis	*Debret e os vendedores ambulantes*
Vila Santa Teresa	*Os índios e seus deuses*
Acadêmicos da Carioca	*Feira de Caruaru*
Acadêmicos do Beltrão	*Viva o amor*
Acadêmicos do Sossego	*Cobra Norato*
Boêmios da Madama	*Zodíaco em nossa terra*
Branco no Samba	*E hoje tem espetáculo? Tem, sim senhor*
Caçadores da Vila	*Alô, alô, Brasil 1979*
Canarinhos da Engenhoca	*O escravo Nhô Lau*
Combinado do Amor	*Maeh Verá Guaçu*
Cubango	*Afoxé*
Império Gonçalense	*Bahia sinhá*
Sousa Soares	*Do país do carnaval a Tieta do Agreste*
Viradouro	*Ainda um paraíso tropical*
Flor da Mina	*A sacerdotisa do afefê*
Quilombo	*Noventa anos de Abolição*

1980

Beija-Flor	*O sol da meia-noite, uma viagem ao país das maravilhas*
Imperatriz Leopoldinense	*O que é que a baiana tem?*
Império Serrano	*Império das ilusões, Atlântida, Eldorado, sonho e aventura*
Mangueira	*Coisas nossas*
Mocidade Independente	*Tropicália maravilha*
Portela	*Hoje tem marmelada*
Salgueiro	*O bailar dos ventos, relampejou mas não choveu*
São Carlos	*Deixa Falar*
União da Ilha	*Bom, bonito e barato*
Vila Isabel	*Sonho de um sonho*
Arranco	*O Guarani de José de Alencar*
Arrastão	*Mambembes e mamulengos*
Cabuçu	*Tua obra não nega, Lalá*
Caprichosos	*É a maior*
Império da Tijuca	*De sacristão a barão do ouro*
Império do Marangá	*Brasil, terra do amor*
Lins Imperial	*Guarda Velha, velha guarda*
Lucas	*França, bumba, assombração no Maranhão*
Ponte	*Maravilhosa Marajó*
São Clemente	*A doce ilusão do sambista*
Unidos da Tijuca	*Delmiro Gouveia*
Unidos de Bangu	*Juparanã, lagoa encantada*
Quilombo	*Nosso nome, resistência*

1981

Beija-Flor	*Carnaval do Brasil, a oitava das maravilhas do mundo*
Imperatriz Leopoldinense	*O teu cabelo não nega*
Império Serrano	*Na terra do pau-brasil, nem tudo Caminha viu*
Mangueira	*De Nonô a JK*
Mocidade Independente	*Abram alas pra folia, aí vem a Mocidade*

Portela	*Das maravilhas do mar fez-se o esplendor de uma noite*
Salgueiro	*Rio de Janeiro*
União da Ilha	*1910, burro na cabeça*
Unidos da Tijuca	*O que dá pra rir dá pra chorar*
Vila Isabel	*Dos jardins do Éden à Era de Aquário*
Arranco	*Ou isto ou aquilo*
Arrastão	*Rudá, o deus do amor*
Cabuçu	*De Daomé a São Luís, a pureza mina-jeje*
Caprichosos	*Amor, sublime amor*
Império da Tijuca	*Cataratas do Iguaçu*
Lins Imperial	*Meu Padim Pade Ciço*
Lucas	*O imperador de Parada de Lucas*
Santa Cruz	*Amazonas, verde que te quero verde*
São Carlos	*O esplendor da Praça Tiradentes*
Unidos de Bangu	*É hoje, a história do carnaval*
Em Cima da Hora	*Boi bumbá com abóbora*
Engenho da Rainha	*O curioso Mercado de Ver-o-Peso*
Ponte	*As excelências e seus carnavais*
São Clemente	*Assim dança o Brasil*
Acadêmicos do Cachambi	*Vinicius de Moraes, poeta do povo*
Império de Campo Grande	*O mundo maravilhoso de Mestre Vitalino*
Jacarezinho	*Paulo da Portela, majestade do samba*
União de Rocha Miranda	*Papai, mamãe, vovó*
União de Vaz Lobo	*Renascendo das cinzas*
Unidos da Zona Sul	*Vamos brincar de ser criança*
Unidos de Cosmos	*Enfim a felicidade*
Unidos de Nilópolis	*Devaneio de um pierrô*
Unidos de Padre Miguel	*Aí vem dezembro*
Vila Santa Teresa	*O samba tem alma, poesia e amor*
Branco no Samba	*E foi tanta beleza que Cabral endoidou*
Caçadores da Vila	*Alegres como se fossem livres*
Camisolão	*Pela conquista da boa sorte*
Canarinhos da Engenhoca	*O palácio encantado de Uiara*
Combinado do Amor	*Danças e folguedos*

Corações Unidos	*No que o Velho Chico dormiu a Uiara surgiu*
Cubango	*Fruto do amor proibido*
Ilha da Conceição	*O grande show em coloridos mil*
Império Gonçalense	*A bruxinha que era boa*
Mocidade Almerinda	*A vida romântica de um poeta: Vinicius de Moraes*
Sousa Soares	*Por ser um dia de sábado*
Viradouro	*Amor em tom maior*
Quilombo	*Solano Trindade, poeta negro*

1982

Beija-Flor	*O olho azul da serpente*
Imperatriz Leopoldinense	*Onde canta o sabiá*
Império da Tijuca	*Iara, ouro e pinhão na terra da gralha azul*
Império Serrano	*Bumbum paticumbum prugurundum*
Mangueira	*As mil e uma noites cariocas*
Mocidade Independente	*O Velho Chico*
Portela	*Meu Brasil brasileiro*
Salgueiro	*No reino do faz de conta*
São Carlos	*Onde há rede há renda*
União da Ilha	*É hoje!*
Unidos da Tijuca	*Lima Barreto, mulato, pobre, mas livre*
Vila Isabel	*Noel Rosa, nas batalhas do Boulevard*
Arranco	*Como vencer na vida sem fazer força*
Arrastão	*Brasil verde e amarelo*
Cabuçu	*A lenda do dragão dourado*
Caprichosos	*Moça bonita não paga*
Em Cima da Hora	*Popô, papá, bubu, babá*
Império do Marangá	*Lágrimas*
Lins Imperial	*Clementina, uma rainha negra*
Lucas	*Lua viajante*
Ponte	*O casamento da Dona Baratinha*
Santa Cruz	*Braguinha, carnaval e sonho*
União de Jacarepaguá	*Gosto que me enrosco*
Unidos de Bangu	*Você sabe como é*
Cidade de Deus	*A voz do povo*

Independentes de Cordovil	*Festa das três raças*
Jacarezinho	*Eterna glória do samba*
Manguinhos	*O alegre mundo das reinações*
Paraíso do Tuiuti	*Alegria*
São Clemente	*As intocáveis tempestades de Dan*
Tupi	*O Sobrenatural de Almeida*
Unidos de Nilópolis	*Galanga, o Chico Rei*
Unidos do Uraiti	*Morada de amor da rainha do mar*
Viradouro	*Mutu, Muido Kitoko*

1983

Beija-Flor	*A grande constelação das estrelas negras*
Caprichosos	*Um cardápio à brasileira*
Imperatriz Leopoldinense	*O Rei da Costa do Marfim visita Chica da Silva*
Império Serrano	*Mãe baiana mãe*
Mangueira	*Verde que te quero rosa*
Mocidade Independente	*Como era verde o meu Xingu*
Ponte	*E eles verão a Deus*
Portela	*A ressurreição das coroas*
Salgueiro	*Traços e troças*
União da Ilha	*Toma lá, dá cá*
Unidos da Tijuca	*Brasil, devagar com o andor que o santo é de barro*
Vila Isabel	*Os imortais*

Arrastão	*Barravilhosa*
Cabuçu	*A visita do Oni de Ifé ao Obá de Oió*
Em Cima da Hora	*Enredo sem enredo*
Império da Tijuca	*Santos e pecados*
Império do Marangá	*A coroa do rei não é de ouro nem de prata, eterna monarquia*
Jacarezinho	*Negro como a noite, quente como o inferno, doce como o amor*
Lins Imperial	*Glauber presente*
Lucas	*Senta que o leão é manso*
Paraíso do Tuiuti	*Vamos falar de amor*
Santa Cruz	*Uma andorinha só não faz verão*

São Carlos	*Orfeu do Carnaval*
Unidos de Bangu	*Obrigado, Brasil*
Cubango	*Metais e pedrarias que embelezam o Brasil*
Viradouro	*Acredite se quiser*

1984

Beija-Flor	*O gigante em berço esplêndido*
Caprichosos	*A visita da nobreza do riso a Chico Rei*
Estácio de Sá	*Quem é você*
Imperatriz Leopoldinense	*Alô, mamãe*
Império da Tijuca	*9215*
Império Serrano	*Foi malandro é*
Mangueira	*Yes, nós temos Braguinha*
Mocidade Independente	*Mamãe, eu quero Manaus*
Ponte	*Oferendas*
Portela	*Contos de areia*
Salgueiro	*Skindô, skindô*
União da Ilha	*Quem pode pode, quem não pode...*
Unidos da Tijuca	*Salamaleicum, a epopeia dos insubmissos malês*
Vila Isabel	*Pra tudo se acabar na quarta-feira*
Arrastão	*O conto lendário de marabá*
Cabuçu	*Beth Carvalho, a enamorada do samba*
Em Cima da Hora	*Trinta e Três, destino Dom Pedro II*
Engenho da Rainha	*Ô tucá juê*
Império do Marangá	*Águas lendárias*
Jacarezinho	*Ziguezagueando no zum-zum da fantasia*
Lins Imperial	*Só vale quem tem*
Lucas	*Dança, Brasil*
Paraíso do Tuiuti	*1984*
Santa Cruz	*Acima da coroa de um rei, só um Deus*
São Clemente	*O diabo tá solto no asfalto*
Unidos de Bangu	*Atrás do trio elétrico*
Boêmios da Madama	*Ave, Bahia, cheia de graça*
Camisolão	*Beija mel conta os orixás*
Combinado do Amor	*Memórias póstumas de Ponciano Barbaça*

Corações Unidos	*Maranhão, o que a história não conta mas se acredita*
Cubango	*Por que Oxalá usa Ekodidé*
Mocidade Almerinda	*Skindô dodô*
Pacíficos	*A lenda dos orixás negros*
Sousa Soares	*Tão bom se assim fosse*
Unidos do Gavião	*Salve a vida*
Viradouro	*O sonho de Ilê Ifé*

1985

Beija-Flor	*A Lapa de Adão e Eva*
Cabuçu	*A festa é nossa, ninguém tasca*
Caprichosos	*E por falar em saudade*
Em Cima da Hora	*Me acostumo mas não me amanso*
Estácio de Sá	*Chora, chorões*
Imperatriz Leopoldinense	*Adolã, a cidade mistério*
Império da Tijuca	*Se a lua contasse*
Império Serrano	*Samba, suor, cerveja*
Mangueira	*Abram alas que eu quero passar*
Mocidade Independente	*Ziriguidum 2001*
Portela	*Recordar é viver*
Salgueiro	*Anos trinta, vento sul, Vargas*
Santa Cruz	*Ibrahim, de leve eu chego lá*
São Clemente	*Quem casa quer casa*
União da Ilha	*Um herói, uma canção, um enredo*
Vila Isabel	*Parece até que foi ontem*

Arranco	*Chuê chuá, moronguetá, cruz credo*
Arrastão	*Depois do mal feito chorar não é proveito*
Engenho da Rainha	*Não existe pecado do lado de baixo do Equador*
Jacarezinho	*Do batuque à Apoteose, o samba pede passagem*
Lins Imperial	*Feliz por um dia*
Lucas	*Essa gente brasileira*
Ponte	*Dez, nota dez*
Unidos da Tijuca	*Mas o que foi que aconteceu*
Unidos de Bangu	*É hoje só, amanhã não tem mais*

Unidos de Padre Miguel	*Folia, amor e fantasia*
Tradição	*Pássaro guerreiro, Xingu*

Acadêmicos do Sossego	*O sonho nosso de cada dia*
Boêmios da Madama	*No tempo das candolecas*
Bugres do Cubango	*Eu hoje estou de bem com a vida*
Cacique do Viradouro	*O sonho do curumim no circo das ilusões*
Camisolão	*Elis, eternamente Regina*
Combinado do Amor	*Alto lá, que esta terra tem dono*
Corações Unidos	*Do entrudo à apoteose*
Cubango	*Explode saudade*
Ilha da Conceição	*Antigamente que era bom*
Mocidade Almerinda	*Força e glória de uma raça*
Sousa Soares	*Entrou no bico do pato, saiu no bico do pinto*
Viradouro	*Na terra de Antônio de Mariz, só não viu quem não quis*

1986

Beija-Flor	*O mundo é uma bola*
Cabuçu	*Stanislau*
Caprichosos	*Brazil não seremos jamais, ou seremos?*
Estácio de Sá	*Prata da noite: Grande Otelo*
Imperatriz Leopoldinense	*Um jeito pra ninguém botar defeito*
Império da Tijuca	*Tijuca: cantos, recantos e encantos*
Império Serrano	*Eu quero*
Mangueira	*Caymmi*
Mocidade Independente	*Bruxarias e histórias do arco da velha*
Ponte	*Tá na hora do samba*
Portela	*Morfeu no carnaval, a utopia brasileira*
Salgueiro	*Pamplona*
União da Ilha	*Assombrações*
Unidos da Tijuca	*Cama, mesa e banho de gato*
Vila Isabel	*De alegria cantei, de alegria pulei*

Arranco	*Sai mais uma*
Em Cima da Hora	*Terra Brasilis*
Engenho da Rainha	*Ganga Zumba, raiz da liberdade*
Independentes de Cordovil	*Quem não discute tem que engolir*

Jacarezinho	*Candeia, luz da inspiração*
Lucas	*No ano da copa, bota no meio*
Santa Cruz	*E você, o que é que dá?*
São Clemente	*Pouca saúde, muita saúva, os males do Brasil são*
União de Jacarepaguá	*No cheiro, no trago, no mastigo ou de baforada*

Arrastão	*Mano Décio, apoteose do samba*
Lins Imperial	*Por um lugar ao sol*
Paraíso do Tuiuti	*A neta de Chiquita Bacana*
Tradição	*Rei senhor, rei Zumbi, rei nagô*
Tupi	*Cobiças e lendas na Amazônia*
União de Rocha Miranda	*As festas*
União de Vaz Lobo	*A festa no castelo de Xangô*
Unidos de Bangu	*A procissão dos navegantes*

Acadêmicos da Carioca	*Carmem Miranda*
Acadêmicos do Sossego	*Brasil, em se plantando tudo dá*
Bugres do Cubango	*Zé, um brasileiro*
Caçadores da Vila	*Chico Rei*
Camisolão	*Rainha Jinga do Brasil*
Combinado do Amor	*Dança das horas*
Corações Unidos	*Rio loucura total*
Cubango	*Vamos ao teatro*
Ilha da Conceição	*Paraíso de ilusões*
Império de Niterói	*O que é que a baiana tem?*
Mocidade Almerinda	*De João VI ao mundo encantado de Dom João Trinta*
Sousa Soares	*A história que o branco escondeu*
Um Amor para Todos	*Jardim Esperança*
Unidos do Gavião	*Glórias, glórias e mais glórias*
Viradouro	*Novos ventos, novos tempos, história de uma integração*

1987

Beija-Flor	*As mágicas luzes da ribalta*
Cabuçu	*Roberto Carlos na cidade da fantasia*
Caprichosos	*Eu prometo: ajoelhou, tem que rezar*

Estácio de Sá	*O titi tido sapoti*
Imperatriz Leopoldinense	*Estrela Dalva*
Império da Tijuca	*Viva o povo brasileiro*
Império Serrano	*Com a boca no mundo, quem não se comunica se trumbica*
Jacarezinho	*Lupicínio Rodrigues, a dor de cotovelo*
Mangueira	*Carlos Drummond de Andrade*
Mocidade Independente	*Tupinicópolis*
Ponte	*GRES Saudade*
Portela	*Adelaide, a pomba da paz*
Salgueiro	*E por que não?*
São Clemente	*Capitães de asfalto*
União da Ilha	*Extra, extra!*
Vila Isabel	*Raízes*
Arranco	*Tradição de uma raça*
Engenho da Rainha	*E o Rio amanheceu cantando*
Independentes de Cordovil	*Amado, Jorge amante*
Lins Imperial	*Tenda dos milagres*
Lucas	*Coisa mais linda, mais cheia de graça*
Tradição	*Sonhos de Natal*
Unidos da Tijuca	*As três faces da moeda*

1988

Beija-Flor	*Sou negro, do Egito à liberdade*
Cabuçu	*O mundo mágico dos Trapalhões*
Caprichosos	*Luz, câmera, ação*
Estácio de Sá	*O boi dá bode*
Imperatriz Leopoldinense	*Conta outra, que essa foi boa*
Império Serrano	*Para com isso, dá cá o meu*
Mangueira	*Cem anos de liberdade, realidade ou ilusão?*
Mocidade Independente	*Beijim, beijim, bye bye Brasil*
Ponte	*O bem-amado Paulo Gracindo*
Portela	*Lenda carioca, os sonhos do vice-rei*
Salgueiro	*Em busca do ouro*
São Clemente	*Quem avisa amigo é*
Tradição	*O melhor da raça, o melhor do carnaval*

União da Ilha	*Aquarilha do Brasil*
Unidos da Tijuca	*Templo do absurdo*
Vila Isabel	*Kizomba, a festa da raça*
Arranco	*Pra ver a banda passar cantando coisas de amor*
Engenho da Rainha	*De sete em sete pintando uns setes*
Império da Tijuca	*Nosso Sinhô, rei do samba*
Independentes de Cordovil	*Roberto Burle Marx*
Jacarezinho	*Parabéns pra vocês*
Lins Imperial	*Primavera, tempo de saudade: tributo a Zinco e Caxambu*
Lucas	*Na ginga do samba aí vem Ataulfo*
Paraíso do Tuiuti	*Filho de branco é menino, filho de negro é moleque*
Santa Cruz	*Como se bebe nessa terra*
Tupi	*E agora, José?*
Cubango	*Ave, Bahia, cheia de graça*
Mocidade Unida	*Arco-Íris tem que dar certo*

1989

Arranco	*Quem vai querer?*
Beija-Flor	*Ratos e urubus, larguem a minha fantasia*
Cabuçu	*Milton Nascimento: sou do mundo, sou de Minas Gerais*
Caprichosos	*O que é bom todo mundo gosta*
Estácio de Sá	*Um, dois, feijão com arroz*
Imperatriz Leopoldinense	*Liberdade, liberdade! abre as asas sobre nós*
Império Serrano	*Jorge Amado, axé Brasil!*
Jacarezinho	*Mitologia, astrologia, horóscopo*
Mangueira	*Trinca de reis*
Mocidade Independente	*Elis, um trem chamado emoção*
Ponte	*Vida que te quero viva*
Portela	*Achado não é roubado*
Salgueiro	*Templo negro em tempo de consciência negra*
São Clemente	*Made in Brazil, yes nós temos banana*
Tradição	*Rio, samba, amor e tradição*

União da Ilha	*Festa profana*
Unidos da Tijuca	*De Portugal à Bienal no país do carnaval*
Vila Isabel	*Direito é direito*
Arrastão	*Zezé, um canto de amor e raça*
Em Cima da Hora	*Num passe de mágica*
Engenho da Rainha	*Canta Brasil*
Império da Tijuca	*Rio, samba e carnaval*
Independentes de Cordovil	*Marrom, som Brasil*
Lins Imperial	*Gênios da ilusão*
Lucas	*Estrelas solitárias*
Paraíso do Tuiuti	*Folclore, tradição popular*
Santa Cruz	*Stanislaw, uma história sem final*
Tupi	*Rio boa-praça*
Leão	*O alafim de Oió*
Viradouro	*Mercadores e mascates*

1990

Beija-Flor	*Todo mundo nasceu nu*
Cabuçu	*Será que votei certo para presidente?*
Caprichosos	*Com a boca no mundo*
Estácio de Sá	*Langsdorff, delírio na Sapucaí*
Imperatriz Leopoldinense	*Terra Brasilis*
Império Serrano	*Histórias de nossa história*
Lins Imperial	*Madame Satã*
Mangueira	*E deu a louca no barroco*
Mocidade Independente	*Vira, virou, a Mocidade chegou*
Portela	*É de ouro e prata esse chão*
Salgueiro	*Sou amigo do rei*
Santa Cruz	*Os heróis da resistência*
São Clemente	*E o samba sambou*
União da Ilha	*Sonhar com rei dá João*
Unidos da Tijuca	*E o Borel descobriu, navegar foi preciso*
Vila Isabel	*Se esta terra, se esta terra fosse minha*
Arranco	*Do leite de cabra ao silicone*
Engenho da Rainha	*Dan, a serpente encantada do arco-íris*

Lucas	*O magnífico Niemeyer*
Paraíso do Tuiuti	*Eneida, o pierrô está de volta*
Ponte	*Robauto, uma ova*
Unidos do Grande Rio	*Por que sou carioca?*
Viradouro	*Só vale o que está escrito*

1991

Beija-Flor	*Alice no Brasil das maravilhas*
Caprichosos	*Terceiro milênio: em busca do juízo final*
Estácio de Sá	*O Brasil brega e kitsch*
Grande Rio	*Antes, durante e depois: o despertar do homem*
Imperatriz Leopoldinense	*O que é que a banana tem?*
Império Serrano	*É por aí que eu vou*
Lins Imperial	*Chico Mendes, o arauto da natureza*
Mangueira	*As três rendeiras do universo*
Mocidade Independente	*Chuê, chuá, as águas vão rolar*
Portela	*Tributo à vaidade*
Salgueiro	*Me masso se não passo pela Rua do Ouvidor*
São Clemente	*Já vi este filme*
União da Ilha	*De bar em bar: Didi, um poeta*
Unidos da Tijuca	*Tá na mesa, Brasil*
Vila Isabel	*Luiz Peixoto: e tome polca!*
Viradouro	*Bravíssimo: Dercy Gonçalves, retrato de um povo*
Arranco	*Barracão, pregos, panos e paetês*
Cabuçu	*Aconteceu, virou Manchete*
Engenho da Rainha	*Meu padrinho padre Cícero do Juazeiro do Norte*
Império da Tijuca	*Canaã, terra prometida do Brasil*
Independentes de Cordovil	*Elas, eles e eles possuidores da noite*
Jacarezinho	*Sou negro, sou gente, sou raça*
Leão	*Quem te viu, quem TV*
Lucas	*Nem todo amarelo é ouro, nem todo vermelho é sangue*
Paraíso do Tuiuti	*Asa branca*
Ponte	*Quando o Rio ria*

Santa Cruz	*O Boca do Inferno*
Tradição	*De geração a geração nas asas da Tradição*

1992

Beija-Flor	*Há um ponto de luz na imensidão*
Caprichosos	*Brasil feito à mão, do barro ao carnaval*
Estácio de Sá	*Pauliceia desvairada, setenta anos de modernismo no Brasil*
Imperatriz Leopoldinense	*Não existe pecado abaixo do Equador*
Leão	*O leão na selva de ilusões de Janete Clair*
Mangueira	*Se todos fossem iguais a você*
Mocidade Independente	*Sonhar não custa nada, ou quase nada*
Portela	*Todo o azul que o azul tem*
Salgueiro	*O negro que virou ouro nas terras do Salgueiro*
Santa Cruz	*De quatro em quatro eu chego lá*
Tradição	*O espetáculo maior: as flores*
União da Ilha	*Sou mais minha Ilha*
Unidos da Tijuca	*Guanabaram, o seio do mar*
Vila Isabel	*A Vila vê o ovo e põe às claras*
Viradouro	*E a magia da sorte chegou*
Arranco	*Mandacaru, fruta-flor do querer*
Cabuçu	*Xuxa, a realidade vira sonho no xou da Cabuxu*
Engenho da Rainha	*Mãe terra, e o homem refez a criação*
Grande Rio	*Águas claras para um rei negro*
Império da Tijuca	*Mistério chamado Brasil*
Império Serrano	*Fala Serrinha: a voz do samba sou eu mesmo, sim senhor*
Independentes de Cordovil	*Um negro chamado felicidade: Neguinho*
Jacarezinho	*O mundo encantado de Maria Clara Machado*
Lins Imperial	*Rio, Eco 92*
Lucas	*Baía com I*
Ponte	*Da cor do pecado*
Rocinha	*Pra não dizer que não falei das flores*
São Clemente	*E o salário, ó!*
Unidos do Campinho	*Passa, passa tempo*

1993

Beija-Flor	*Uni, duni, tê, a Beija-Flor escolheu você*
Caprichosos	*Não existe pecado no lado de cá do Túnel Rebouças*
Estácio de Sá	*A dança da lua*
Grande Rio	*No mundo da lua*
Imperatriz Leopoldinense	*Marquês que é marquês do sassarico é freguês*
Mangueira	*Dessa fruta eu como até o caroço*
Mocidade Independente	*Marraio feridô sou rei*
Ponte	*A face do disfarce*
Portela	*Cerimônia de casamento*
Salgueiro	*Peguei um ita no norte*
União da Ilha	*Os maiores espetáculos da terra*
Unidos da Tijuca	*Dança Brasil*
Viradouro	*Amor, sublime amor*
Vila Isabel	*Gbala, viagem ao templo da criação*
Arranco	*Acredite se quiser*
Arrastão	*Quem canta seus males espanta*
Cabuçu	*De quadrinho em quadrinho, lá vai meu recado*
Cubango	*Do fogo às águas recriando a terra*
Engenho da Rainha	*Ciranda, cirandinha, vamos todos sonhar*
Império da Tijuca	*Vitis vinífera, a Império é uma uva*
Império Serrano	*Império Serrano, um ato de amor*
Jacarezinho	*Mangueira, beleza que a natureza criou*
Leão	*O que é que a Baixada tem?*
Lins Imperial	*No mundo encantado de Beto Carrero*
Lucas	*O galo cantou e Lucas saboreou*
Mocidade Unida	*Dona Zica e dona Neuma, enredo de verdade*
Rocinha	*Tristão e Isolda, uma ópera no asfalto*
Santa Cruz	*Quo Vadis, meu negro de ouro*
São Clemente	*O pão nosso de cada dia*
Tradição	*Não me leve a mal, hoje é carnaval*

1994

Beija-Flor	*Margareth Mee, a dama das bromélias*
Caprichosos	*Estou amando loucamente uma coroa de quase 90 anos*
Estácio de Sá	*Saara, e a Estácio chegou no lelê do alalaô*
Grande Rio	*Os santos que a África não viu*
Imperatriz Leopoldinense	*Catarina de Médicis na corte dos tupinambôs e tabajeres*
Império Serrano	*Uma festa brasileira*
Mangueira	*Atrás da verde e rosa só não vai quem já morreu*
Mocidade Independente	*Avenida Brasil, tudo passa, ninguém viu*
Ponte	*Marrom, da cor do samba*
Portela	*Quando o samba era samba*
Salgueiro	*Rio de lá pra cá*
Tradição	*Passarinho, passarola, quero ver voar*
União da Ilha	*Abracadabra, o despertar dos mágicos*
Unidos da Tijuca	*Só rio, é verão*
Vila Isabel	*Muito prazer!*
Viradouro	*Teresa de Benguela, uma rainha negra no Pantanal*
Arranco	*Sapucaia Oroca*
Arrastão	*Assim caminha a humanidade*
Cabuçu	*Brajiru, meu Japão brasileiro*
Canários	*Quem é bom já nasce feito*
Império da Tijuca	*Nelson Rodrigues, um beijo na Sapucaí*
Independentes de Cordovil	*Garotinho vem sacudindo a Sapucaí*
Jacarezinho	*E agora eu, ao vivo e a cores*
Santa Cruz	*Na rota dos mercadores*

1995

Beija-Flor	*Bidu Saião e o canto de cristal*
Caprichosos	*Da terra brotei, negro sou e ouro virei*
Estácio de Sá	*Uma vez Flamengo*
Grande Rio	*História para ninar um povo patriota*

Imperatriz Leopoldinense	*Mais vale um jegue que me carregue*
Império Serrano	*O tempo não para*
Mangueira	*A esmeralda do Atlântico*
Mocidade Independente	*Padre Miguel, olhai por nós*
Ponte	*Paraná, esse estado leva a sério o meu Brasil*
Portela	*Gosto que me enrosco*
Salgueiro	*O caso do por acaso*
São Clemente	*O que é que não é mas será?*
Tradição	*Gira roda, roda gira*
União da Ilha	*Todo dia é dia de índio*
Unidos da Tijuca	*Os nove bravos do Guarani*
Unidos de Vila Rica	*Deu panos pra manga*
Vila Isabel	*Cara ou coroa, as duas faces da moeda*
Viradouro	*O rei e os três espantos de Debret*
Arranco	*Ria se puder*
Arrastão	*Frevança*
Cabuçu	*Um abraço à Cinelândia: 60 anos de Teatro Rival*
Cubango	*Da aldeia de São Lourenço a Niterói, a cidade-sorriso*
Difícil É o Nome	*A grande estrela, o sol*
Em Cima da Hora	*No reflexo do espelho, a arte de dançar*
Engenho da Rainha	*Yolhesman Crisbele, a república de Ipanema é um desbunde*
Império da Tijuca	*No sassarico da Colombo*
Independentes de Cordovil	*Retratos e canções*
Jacarezinho	*E o Jacarezinho descobriu a Atlântida, a tela perdida*
Leão	*Arautos do Brasil mulato*
Lins Imperial	*Uma festa em verde e rosa*
Lucas	*Os quindins de iaiá*
Mocidade Unida	*Domingo é dia de Quinta*
Porto da Pedra	*Campo e cidade em busca da felicidade*
Rocinha	*Sem medo de ser feliz*
Santa Cruz	*Deuses e costumes nas terras de Santa Cruz*
Vizinha Faladeira	*O relicário do samba*

1996

Beija-Flor	*Aurora do povo brasileiro*
Caprichosos	*Samba sabor chocolate*
Estácio de Sá	*De um novo mundo eu sou e uma nova cidade*
Grande Rio	*Na era dos Felipes o Brasil era espanhol*
Imperatriz Leopoldinense	*Leopoldina, Imperatriz do Brasil*
Império da Tijuca	*O reino unido e independente do Nordeste*
Império Serrano	*E verás que um filho teu não foge à luta*
Mangueira	*Tambores da Mangueira na terra da encantaria*
Mocidade Independente	*Criador e criatura*
Ponte	*As sombras da folia em alto-astral*
Portela	*Essa gente bronzeada mostra seu valor*
Porto da Pedra	*Um carnaval dos carnavais, a folia do mundo*
Salgueiro	*Anarquistas sim, mas nem todos*
Tradição	*Do barril ao Brasil*
União da Ilha	*A viagem da pintada encantada*
Unidos da Tijuca	*Ganga Zumbi, expressão de uma raça*
Vila Isabel	*A heroica cavalgada de um povo*
Viradouro	*Aquarela do Brasil, ano dois mil*
Arrastão	*As icamiabas*
Cabuçu	*Do reclame ao merchandising*
Cubango	*Bandeira nacional*
Em Cima da Hora	*Iara, cigana, canta, dança e toca, é Rio, é rua, é Carioca*
Engenho da Rainha	*Anjo azul*
Rocinha	*Bahia com muito amor*
Santa Cruz	*Ribalta, sonho, luz e ilusão*
São Clemente	*Se a canoa não virar, a São Clemente chega lá*
Vizinha Faladeira	*Elba popular brasileira*
Abolição	*Quem é que faz a alegria do povo?*
Acadêmicos do Dendê	*Prédio roubado, ponha-se na rua, ora pois, pois*
Arranco	*Ser Brasil, ser brasileiro*
Canários	*Aruanda, um sonho de Zumbi*
Difícil É o Nome	*João, nosso João*
Independentes de Cordovil	*Que rei sou eu?*

Jacarezinho	*Vapt vupt: quarenta e quatro anos de humor e fantasia*
Leão	*Tudo isto quer dizer Brasil*
Lins Imperial	*Méier, ponto de encontro de cantos e encantos*
Lucas	*Rua da Carioca, a mais carioca do Rio*
Vigário Geral	Fica o dito pelo não dito

1997

Beija-Flor	*A Beija-Flor é festa na Sapucaí*
Estácio de Sá	*Através da fumaça, o mágico do carnaval*
Grande Rio	*Madeira-Mamoré, a volta dos que não foram*
Imperatriz Leopoldinense	*Eu sou da lira, não posso negar*
Império Serrano	*O mundo dos sonhos de Beto Carrero*
Mangueira	*O Olimpo é verde e rosa*
Mocidade Independente	*De corpo e alma na avenida*
Portela	*Linda, eternamente Olinda*
Porto da Pedra	*No reino da folia, cada louco com a sua mania*
Rocinha	*A viagem fantástica do Zé Carioca à Disney*
Salgueiro	*De poeta, carnavalesco e louco, todo mundo tem um pouco*
Santa Cruz	*Não se vive sem bandeira*
União da Ilha	*Cidade maravilhosa, o sonho de Pereira Passos*
Unidos da Tijuca	*Viagem pitoresca pelos cinco continentes num jardim*
Vila Isabel	*Não deixe o samba morrer*
Viradouro	*Trevas! Luz! A explosão do Universo*
Arranco	*Chico Anísio, 50 anos de humor*
Cabuçu	*Todas as Marias de nossa terra*
Caprichosos	*Do tambor ao computador*
Em Cima da Hora	*Sérgio Cabral, a cara do Rio*
Império da Tijuca	*A coroa do perdão na terra de Oió*
São Clemente	*A São Clemente bota fogo na Sapucaí*
Tradição	*Balangandãs*
Boi da Ilha	*Galanga no Congo, Chico em terra de Vila Rica*
Canários	*Do mundo da emoção à nova era da comunicação*

Cubango	*Os pontos dos nossos contos*
Difícil É o Nome	*O samba que virou suco*
Engenho da Rainha	*De Búfalo Bill ao caubói brasileiro, viva o peão boiadeiro*
Jacarezinho	*Sonhando com a infância, como é doce ser criança*
Lins Imperial	*Tudo isso é Brasil*
Lucas	*Capela e Aprendizes, o Galo conta a sua história*
Unidos de Vila Rica	*Cores da África*
Vicente Carvalho	*Da caminhada de glórias ao jubileu de ouro*
Vigário Geral	*Rio de janeiro a janeiro, uma sinfonia apoteótica*

1998

Beija-Flor	*O mundo místico dos caruanas nas águas do Patu Anu*
Caprichosos	*Negra origem, negro Pelé, negra Bené*
Grande Rio	*Luís Carlos Prestes, o cavaleiro da esperança*
Imperatriz Leopoldinense	*Quase ano 2000*
Mangueira	*Chico Buarque da Mangueira*
Mocidade Independente	*Brilha no céu a estrela que me faz sonhar*
Portela	*Os olhos da noite*
Porto da Pedra	*Samba nos pés e mãos ao alto, isto é um assalto*
Salgueiro	*Parintins, a ilha do boi-bumbá*
Tradição	*Viagem fantástica ao pulmão do mundo*
União da Ilha	*Fatumbi, Ilha de Todos os Santos*
Unidos da Tijuca	*De Gama a Vasco, a epopeia da Tijuca*
Vila Isabel	*Lágrimas, suor e conquistas*
Viradouro	*Orfeu, o negro do carnaval*
Cubango	*Nausicaa, a odisseia cubanga dos verdes mares*
Em Cima da Hora	*Quem é você Zuzu Angel?*
Estácio de Sá	*Academia Brasileira de Letras, cem anos de cultura*
Império da Tijuca	*Elimar superpopular*

Império Serrano	*Sou ouro negro da mãe África*
Lins Imperial	*Búzios, paraíso da humanidade*
Ponte	*Quem pode pode, no pagode se sacode*
Rocinha	*Tá na ponta da língua*
Santa Cruz	*O exagerado Cazuza nas terras de Santa Cruz*
São Clemente	*Maiores são os poderes do povo*
Jacarezinho	*Etnias em festa na Sapucaí*

1999

Beija-Flor	*Araxá, lugar alto onde primeiro se avista o sol*
Caprichosos	*No universo da beleza, mestre Pitangui*
Grande Rio	*Ei, ei, ei, Chateau é nosso rei*
Imperatriz Leopoldinense	*Theatrum rerum naturalium Brasilae*
Império Serrano	*Uma rua chamada Brasil*
Mangueira	*O século do samba*
Mocidade Independente	*Villa-Lobos e a apoteose brasileira*
Portela	*De volta aos caminhos de Minas Gerais*
Salgueiro	*Salgueiro é sol e sal nos quatrocentos anos de Natal*
São Clemente	*A São Clemente comemora e traz Rui Barbosa*
Tradição	*Nos braços da história: Jacarepaguá*
União da Ilha	*Barbosa Lima, 101 anos do sobrinho do Brasil*
Viradouro	*Anita Garibaldi, heroína das sete magias*
Vila Isabel	*João Pessoa, onde o sol brilha mais cedo*
Cabuçu	*O meu cabelo não nega*
Cubango	*Tempero, uma pitada na história*
Em Cima da Hora	*Horas, eras de glórias e outras histórias*
Estácio de Sá	*No passo do compasso, a Estácio no sapatinho*
Império da Tijuca	*No palco da alegria, Molejão é rei nesta folia*
Jacarezinho	*Canta e se encanta com os mistérios do senhor da luz*
Ponte	*O samba é a minha voz*
Porto da Pedra	*E na farofa do confete tem limão, tem serpentina*
Santa Cruz	*Abraão Medina em noite de gala*
Unidos da Tijuca	*O dono da terra*
Unidos de Vila Rica	*Sargentelli, lenda viva do ziriguidum*

2000

Beija-Flor	*Brasil, pátria de todos ou terra de ninguém*
Caprichosos	*Brasil, teu espírito é santo*
Grande Rio	*Carnaval à vista*
Imperatriz Leopoldinense	*Quem descobriu o Brasil foi seu Cabral*
Mangueira	*Dom Obá II, rei dos esfarrapados, príncipe do povo*
Mocidade Independente	*Verde, amarelo, azul-anil colorem o Brasil no ano 2000*
Portela	*Trabalhadores do Brasil, a época de Getúlio Vargas*
Porto da Pedra	*Ordem e progresso, amor e folia no milênio da fantasia*
Salgueiro	*Sou rei, sou Salgueiro, meu reinado é brasileiro*
Tradição	*Liberdade, sou negro, raça e tradição*
União da Ilha	*Pra não dizer que não falei das flores*
Unidos da Tijuca	*Terra dos papagaios, navegar foi preciso*
Vila Isabel	*Eu sou índio, eu também sou imortal*
Viradouro	*Brasil, visões de paraísos e infernos*
Cabuçu	*Brasil 500, ano 2000, Cabral faz a festa no Brasil*
Cubango	*Uma independência de fato*
Em Cima da Hora	*Osvaldo Cruz, a saga de um herói brasileiro*
Estácio de Sá	*Envergo mas não quebro*
Império da Tijuca	*O ouro vermelho de Paty do Alferes*
Império Serrano	*Os canhões dos Guararapes*
Inocentes	*Petrópolis, roxo de amor por você*
Jacarezinho	*Do barão à fundação, 100 anos a serviço da nação*
Paraíso do Tuiuti	*O monarca da fuzarca*
Rocinha	*O sonho da França Antártica*
Santa Cruz	*Brasil, do extrativismo à reciclagem, 500 anos de riquezas*
São Clemente	*No ano 2000 a São Clemente é tupi, com Sergipe na Sapucaí*

2001

Beija-Flor	*A saga de Agotime, Maria Mineira Naê*
Caprichosos	*Goiás, um sonho de amor no coração do Brasil*
Grande Rio	*Gentileza, o profeta saído do fogo*
Imperatriz Leopoldinense	*Cana caiana, cana roxa, cana fita*
Império Serrano	*O Rio corre pro mar*
Mangueira	*A seiva da vida*
Mocidade Independente	*Paz e harmonia, Mocidade é alegria*
Paraíso do Tuiuti	*Um mouro no quilombo, isto a história registra*
Portela	*Querer é poder*
Salgueiro	*Salgueiro no mar de Xarayés, é pantanal, é carnaval*
Tradição	*O homem do baú*
União da Ilha	*A União traz a força com muita energia*
Unidos da Tijuca	*Nelson Rodrigues pelo buraco da fechadura*
Viradouro	*Os sete pecados capitais*
Boi da Ilha	*Orun Aiyê*
Em Cima da Hora	*Goiá Tacá Amopi, o campo das delícias*
Estácio de Sá	*E aí, tem Patrocínio? Temos José*
Império da Tijuca	*Macaé, a Princesinha do Atlântico*
Inocentes	*Região dos Lagos*
Leão	*Alá lá ô, um carnaval das arábias*
Ponte	*Em azul e branco meu coração se deixou levar*
Porto da Pedra	*Um sonho possível, crescer e viver, agora é lei*
Santa Cruz	*Mário Lago, na rolança do tempo uma vida de histórias*
São Clemente	*A São Clemente mostrou e nada mudou*
Unidos de Vila Rica	*Da vila olímpica à Vila Rica, Chiquinho da Mangueira*
Vila Isabel	*Estado maravilhoso cheio de encantos mil*
Arranco	*Ó que saudades que eu tenho*
Cabuçu	*Cabuçu canta e encanta com o canto das sereias*
Rocinha	*E Deus criou a mulher*
Alegria da Zona Sul	*Brasil, um país de todas as raças*
Engenho da Rainha	*Engenho da Rainha, 51 anos, uma boa ideia*

2002

Beija-Flor	*O Brasil dá o ar da sua graça, de Ícaro a Rubem Berta*
Caprichosos	*Deu pra ti, tô em alto-astral, tô em Porto Alegre, trilegal*
Grande Rio	*Os papagaios amarelos nas terras encantadas do Maranhão*
Imperatriz Leopoldinense	*Goytacazes, tupi or not tupi*
Império Serrano	*Aclamação e coroação do imperador da Pedra do Reino*
Mangueira	*Brasil com z é pra cabra da peste, Brasil com s é nação do Nordeste*
Mocidade Independente	*O grande circo místico*
Portela	*Amazonas, esse desconhecido*
Porto da Pedra	*Serra acima, rumo à terra dos coroados*
Salgueiro	*Asas de um sonho, viajando com o Salgueiro*
São Clemente	*Guapimirim, paraíso ecológico*
Tradição	*Lagos, os encantos da Costa do Sol*
Unidos da Tijuca	*O mundo de língua portuguesa*
Viradouro	*Viradouro, viramundo, rei do mundo*
Boi da Ilha	*Boi da Ilha é Holambra*
Estácio de Sá	*Cinquenta anos do jornal O Dia*
Império da Tijuca	*Vossa Excelência: feijão com arroz*
Leão	*Do esplendor diamantino aos sonhos dourados de Juscelino*
Paraíso do Tuiuti	*Arlindo*
Ponte	*Tancredo Neves*
Rocinha	*Na Rocinha, o povo é notícia*
Santa Cruz	*Papel das origens à folia, história, arte e magia*
União da Ilha	*Folias de Caxias: de João a João*
União de Jacarepaguá	*Asas, sonhos de muitos*
Unidos de Vila Rica	*Sou rei, sou Rio, sou Vila Rica do norte*
Vila Isabel	*O glorioso Nilton Santos*
Alegria da Zona Sul	*O sonho dourado de Percy*
Cubango	*África, o exuberante paraíso negro*
Em Cima da Hora	*A poesia anda de bonde*

| Jacarezinho | *Daniel Azulay* |
| Lucas | *Centenário de Paulo da Portela* |

2003

Beija-Flor	*O povo conta sua história*
Caprichosos	*Zumbi, rei dos Palmares e herói do Brasil*
Grande Rio	*O nosso Brasil que vale*
Imperatriz Leopoldinense	*Nem todo pirata tem perna de pau*
Império Serrano	*E onde houver trevas que se faça a luz*
Mangueira	*Os dez mandamentos*
Mocidade Independente	*Para sempre no seu coração, carnaval da doação*
Portela	*Ontem, hoje e sempre Cinelândia*
Porto da Pedra	*Os donos da rua, um jeitinho brasileiro de ser*
Salgueiro	*Salgueiro, minha paixão, minha raiz*
Santa Cruz	*Do universo teatral à ribalta do carnaval*
Tradição	*O Brasil é penta, R é 9*
Unidos da Tijuca	*Agudás*
Viradouro	*Bibi Ferreira*

Boi da Ilha	*Cabo Frio*
Cubango	*Cândido Mendes*
Estácio de Sá	*Um banho da natureza, Cachoeiras de Macacu*
Inocentes	*O gênio da Inocentes e a lâmpada maravilhosa*
Leão	*Beleza: a eterna busca do ser*
Paraíso do Tuiuti	*Portinari*
Ponte	*De Graham Bell a Sergio Mota*
Rocinha	*Tricolor de coração*
São Clemente	*Mangaratiba*
União da Ilha	*Maria Clara Machado*
União de Jacarepaguá	*O de cupim é do capim*
Vila Isabel	*Oscar Niemeyer*

2004

Beija-Flor	*Manoa, Manaus, Amazônia*
Caprichosos	*Xuxa*
Grande Rio	*Vamos vestir a camisinha*

Imperatriz Leopoldinense	*Breazail*
Mangueira	*Mangueira redescobre a estrada real*
Mocidade Independente	*Não corra, não mate, não morra*
Porto da Pedra	*Sou tigre, sou o porto, da pedra à internet*
Salgueiro	*A cana que aqui se planta, tudo dá*
São Clemente	*Boi voador sobre o Recife*
Unidos da Tijuca	*O sonho da criação*
Alegria da Zona Sul	*Dorival Caymmi*
Cubango	*Cubango shopping*
Estácio de Sá	*A fome é zero*
Inocentes	*Pan-Americano*
Leão	*Insone planeta insano*
Lins Imperial	*75 anos de Mangueira*
Paraíso do Tuiuti	*Olha que coisa mais linda, o poeta está no Paraíso (Vinicius)*
Rocinha	*O mago do novo, João do povo*
Santa Cruz	*Nas páginas do Brasil, Santa Cruz escreve sua história*
União da Ilha	*Com pandeiro ou sem pandeiro eu brinco*
União de Jacarepaguá	*Rio de Janeiro*
Vila Isabel	*A Vila é Para Ti*

2005

Beija-Flor	*Sete Povos*
Caprichosos	*Liesa*
Grande Rio	*Alimentar o corpo e a alma faz bem*
Imperatriz Leopoldinense	*Uma delirante confusão fabulística*
Império Serrano	*Um grito que ecoa no ar*
Mangueira	*Energia*
Mocidade Independente	*Buon mangiare, Mocidade, a arte está na mesa*
Portela	*Oito ideias para mudar o mundo*
Salgueiro	*Fogo*
Tradição	*Soja*
Unidos da Tijuca	*Entrou por um lado, saiu pelo outro*
Vila Isabel	*Singrando em mares bravios e construindo o futuro*
Viradouro	*A Viradouro é só sorriso*

Alegria da Zona Sul	*Teatro Rival*
Cubango	*O fruto da África de todos os deuses no Brasil de fé*
Paraíso do Tuiuti	*Cravo de ouro*
Renascer	*Espelho, espelho meu*
Rocinha	*Um mundo sem fronteiras*
Santa Cruz	*Rio, conquistas e glórias*
São Clemente	*Velho é a vovozinha*
União da Ilha	*Corcovado tentação*
União de Jacarepaguá	*Iriruama, arara o ama, por toda a eternidade*
Vizinha Faladeira	*2222 Gil, o expresso da cultura*
Império da Tijuca	*Sargentelli*
Inocentes	*O ouro do lixo*
Jacarezinho	*Monarco*
Leão	*Emilinha Borba*
Lins Imperial	*O bêbado e a equilibrista*
Praça da Bandeira	*Josué de Castro*
Vicente Carvalho	*Da lenda à história de Itaguaí*

2006

Beija-Flor	*Poços de Caldas*
Caprichosos	*Na folia com o Espírito Santo*
Grande Rio	*Amazonas, o Eldorado é aqui*
Imperatriz Leopoldinense	*Um por todos, todos por um*
Império Serrano	*O império do divino*
Mangueira	*Das águas do São Francisco nasce um rio de esperança*
Mocidade Independente	*A vida que pedi a Deus*
Portela	*Brasil, marca a tua cara e mostra para o mundo*
Porto da Pedra	*Bendita és tu entre as mulheres do Brasil*
Rocinha	*Felicidade não tem preço*
Salgueiro	*Microcosmos, o que os olhos não veem o coração sente*
Unidos da Tijuca	*Ouvindo tudo que vejo, vou vendo tudo que ouço*

Vila Isabel	*Soy loco por ti, América: a Vila canta a latinidade*
Viradouro	*Arquitetando folias*
Alegria da Zona Sul	*A Alegria é show de bola*
Arranco	*Gueledés, o retrato da alma*
Cubango	*Na magia da escrita, a viagem do saber*
Renascer	*A divina comédia brasileira*
Santa Cruz	*Um sonho chamado França*
São Clemente	*De Gonzagão a Gonzaguinha*
União da Ilha	*As minas del rei São João*
Vizinha Faladeira	*Adorável loucura na cidade do encantamento*
Difícil É o Nome	*Olubajé, a festa da libertação*
Flor da Mina	*Da cadeirinha ao metrô*
Independentes da Praça	*O sertão vai virar mar*
Lins Imperial	*Arraial da pavulagem*
Paraíso do Tuiuti	*O imperador morava ali, do outro lado do Tuiuti*
Parque Curicica	*GLS com a bandeira da alegria*
União de Jacarepaguá	*Alô, alô, Intendente, aquele abraço*

2007

Beija-Flor	*Áfricas, do berço real à corte brasileira*
Grande Rio	*Caxias, o caminho do progresso, o retrato do Brasil*
Imperatriz Leopoldinense	*Teresinha, uhuhuuu, vocês querem bacalhau?*
Império Serrano	*Ser diferente é normal*
Mangueira	*Minha pátria é minha língua*
Mocidade Independente	*O futuro no pretérito, uma história feita a mão*
Portela	*Uma festa dos esportes*
Porto da Pedra	*Preto e branco a cores*
Salgueiro	*Candaces*
Unidos da Tijuca	*De lambida em lambida*
Vila Isabel	*Metamorfoses*
Viradouro	*A Viradouro vira o jogo*

Arranco	*Sinfonia brasileira das quatro estações*
Caprichosos	*Gás*
Cubango	*Paracambi*
Império da Tijuca	*O intrépido santo guerreiro*
Renascer	*Jacarepaguá, fábrica de sonhos*
Rocinha	*Gigante mundo dos pequenos*
Santa Cruz	*O tempo que o tempo tem*
São Clemente	*Barrados no baile*
União da Ilha	*Ripa na tulipa*
Alegria da Zona Sul	*Negro, não humilhe*
Boi da Ilha	*Alô, alô, se liga, tem boi na linha*
Difícil É o Nome	*Rio das Ostras, a pérola brasileira*
Flor da Mina	*O grande estadista do Brasil*
Independentes da Praça	*Ecoa um grito de liberdade nos quilombos da Baixada*
Inocentes	*Chatô*
Lucas	*Circo, futebol e samba: a expressão de um povo*
Parque Curicica	*Brazil S. A. é a pátria quem nos pariu*
Sereno	*Portela*
União de Jacarepaguá	*Chá*
Unidos de Padre Miguel	*Unidos pelos caminhos da fé*
Vizinha Faladeira	*Oduduya, a volta a tempo da criação*

2008

Beija-Flor	*Macapaba*
Grande Rio	*Do verde de Coari vem meu gás*
Imperatriz Leopoldinense	*João e Marias*
Mangueira	*Cem anos de frevo*
Mocidade Independente	*O quinto império*
Portela	*Reconstruindo a natureza, recriando a vida*
Porto da Pedra	*Cem anos da imigração japonesa*
Salgueiro	*O Rio de Janeiro continua sendo*
São Clemente	*O clemente João VI no Rio*
Unidos da Tijuca	*Vou juntando o que eu quiser*
Vila Isabel	*Trabalhadores do Brasil*
Viradouro	*É de arrepiar*

Caprichosos	*Itaboraí*
Cubango	*Mercedes Baptista*
Estácio de Sá	*História do futuro*
Império da Tijuca	*Duzentos anos da corte real*
Império Serrano	*Taí, eu fiz tudo pra você gostar de mim*
Lins Imperial	*Dom João VI*
Renascer	*É chegado a Portugal o tempo de padecer*
Rocinha	*Nordeste*
Santa Cruz	*Itaguaí*
Alegria da Zona Sul	*Albino Pinheiro*
Arranco	*Andanças e folias*
Boi da Ilha	*Gaia, a reação da mãe terra*
Independentes da Praça	*Viagem fantástica ao mundo do circo*
Inocentes	*Ewe, a cura vem da floresta*
Lucas	*Piauí*
Paraíso do Tuiuti	*Cartola*
Parque Curicica	*O mundo místico das águas*
Sereno	*O gigante chamado Brasil*
Tradição	*Isto sim é a Tradição*
União de Jacarepaguá	*Macaé*
Unidos de Padre Miguel	*O reino das águas de Olocum*
Vicente Carvalho	*Brasil, país mulato*
Vizinha Faladeira	*Vizinha Faladeira no Brasil das maravilhas*

2009

Beija-Flor	*No chuveiro da alegria quem banha o corpo lava a alma*
Grande Rio	*Voilá Caxias*
Imperatriz Leopoldinense	*Imperatriz só quer mostrar que faz samba também*
Mangueira	*Formação do povo brasileiro*
Mocidade Independente	*Machado de Assis e Guimarães Rosa*
Portela	*E por falar em amor, onde anda você?*
Porto da Pedra	*Não me proíbam criar, pois preciso curiar*
Salgueiro	*Tambor*

Unidos da Tijuca	*Uma odisseia sobre o espaço*
Vila Isabel	*Teatro Municipal*
Viradouro	*Vira-Bahia, pura energia*
Caprichosos	*No transporte da alegria*
Estácio de Sá	*Que chita bacana*
Inocentes	*Brizola, a voz do povo*
Paraíso do Tuiuti	*O Cassino da Urca*
Renascer	*Como vai, vai bem? Veio a pé ou veio de trem?*
Rocinha	*Tem francesinha no salão*
Santa Cruz	*SOS planeta Terra*
São Clemente	*O beijo moleque da São Clemente*
União da Ilha	*Viajar é preciso, viagens extraordinárias*
Alegria da Zona Sul	*Heitor dos Prazeres*
Arranco	*O Arranco é todo amor*
Arrastão	*E foram felizes para sempre*
Boi da Ilha	*Cem anos do Teatro Municipal*
Corações Unidos	*O grito de amor e rebeldia de uma pátria livre*
Jacarezinho	*Ora pois, pois, tem paticumbum à vista*
Lins Imperial	*Lapa, estrela da vida inteira*
Parque Curicica	*Carioca é aquele*
Praça da Bandeira	*Descobrindo a história e a cultura do Rio de Janeiro*
Sereno	*Carmem Miranda*
Tradição	*Saquarema*
União de Jacarepaguá	*Paulinho da Viola*
Unidos de Padre Miguel	*Vinho, néctar dos deuses*

2010

Beija-Flor	*Brasília, a capital da esperança*
Grande Rio	*Das arquibancadas ao camarote número um*
Imperatriz Leopoldinense	*Brasil de todos os deuses*
Mangueira	*Mangueira é música do Brasil*
Mocidade Independente	*Do paraíso de Deus ao paraíso da loucura*
Portela	*Derrubando fronteiras, conquistando liberdade*

Porto da Pedra	*Com que roupa eu vou?*
Salgueiro	*Histórias sem fim*
União da Ilha	*Dom Quixote de La Mancha*
Unidos da Tijuca	*É segredo*
Vila Isabel	*Noel, a presença do poeta da Vila*
Viradouro	*México*
Cubango	*Os loucos da praia chamada saudade*
Estácio de Sá	*Deixa falar, a Estácio é isso aí*
Império da Tijuca	*Suprema Jinga, senhora do trono Brazngola*
Império Serrano	*João das ruas do Rio*
Inocentes	*Água para prover a vida*
Paraíso do Tuiuti	*Eneida, o Pierrot está de volta*
Renascer	*Aquaticópolis*
Rocinha	*Icamiabas*
Santa Cruz	*Nos passos do compasso*
São Clemente	*Choque de ordem na folia*
Unidos de Padre Miguel	*Aço*
Acadêmicos do Sossego	*Made in Nictheroy*
Alegria da Zona Sul	*No mundo da fantasia, vejo as cores da Alegria*
Arranco	*Bendita baderna numa rua chamada felicidade*
Boi da Ilha	*E o boi, quem diria, foi parar na Freguesia*
Flor da Mina	*Vela*
Jacarezinho	*Jacarezinho ponto com ponto br*
Parque Curicica	*Não creio, mas sei lá*
Sereno	*Abracadabra, o circo Sereno chegou*
União de Jacarepaguá	*Da morada da esperança ao grande palco do sambista*
Vicente Carvalho	*Bonecas, impossível não se apaixonar*

2011

Beija-Flor	*A simplicidade de um rei*
Grande Rio	*Y Jurerê Mirim*
Imperatriz Leopoldinense	*Sambar faz bem à saúde*
Mangueira	*O filho fiel, sempre Mangueira*

Mocidade Indenpendente	*Parábola dos divinos semeadores*
Portela	*Rio, azul da cor do mar*
Porto da Pedra	*O sonho sempre vem para quem sonhar*
Salgueiro	*O Rio no cinema*
São Clemente	*Rio abençoado por Deus e bonito por natureza*
União da Ilha	*O mistério da vida*
Unidos da Tijuca	*Esta noite levarei sua alma*
Vila Isabel	*Cabelo*
Alegria da Zona Sul	*Os doze obás de Xangô*
Caprichosos	*Gente Humilde*
Cubango	*A emoção está no ar*
Estácio	*Rosas*
Império da Tijuca	*O mundo em carnaval*
Império Serrano	*A bênção, Vinicius*
Inocentes	*Mamonas*
Renascer	*Águas de março*
Rocinha	*Estou vidrado em você*
Santa Cruz	*Paz e amor, o sonho não acabou*
Viradouro	*Quem sou eu sem você?*

2012

Beija-Flor	*São Luís, o poema encantado do Maranhão*
Grande Rio	*Eu acredito em você, e você?*
Imperatriz Leopoldinense	*Jorge, amado Jorge*
Mangueira	*Sou Cacique, sou Mangueira*
Mocidade Independente	*Portinari*
Portela	*Bahia*
Porto da Pedra	*Da seiva materna ao equilíbrio da vida*
Renascer	*Romero Brito: O artista da alegria dá o tom da folia*
Salgueiro	*Cordel branco e encarnado*
São Clemente	*Uma aventura musical na Sapucaí*
União da Ilha	*De Londres ao Rio*
Unidos da Tijuca	*Rei Luiz do sertão*
Vila Isabel	*Canto livre de Angola*
Cubango	*Barão de Mauá*
Estácio de Sá	*Luma de Oliveira*

Império da Tijuca	*Utopias*
Império Serrano	*Dona Ivone Lara*
Inocentes	*Corumbá, ópera tupi guaicuru*
Paraíso do Tuiuti	*A tal mineira*
Rocinha	*Vou colocar teu nome na praça*
Santa Cruz	*Nas ondas do rádio, o show de Antônio Carlos*
Viradouro	*Nelson Rodrigues*

2013

Beija-Flor	*Do cavalo do amanhecer ao mangalarga marchador*
Grande Rio	*Ouro negro sem disputa, em defesa do Rio*
Imperatriz Leopoldinense	*Pará, o muiraquitã do Brasil*
Inocentes	*As sete confluências do rio Han*
Mangueira	*Cuiabá*
Mocidade Independente	*Rock in Rio*
Portela	*Madureira, onde meu coração se deixou levar*
Salgueiro	*Fama*
São Clemente	*Horário nobre*
União da Ilha	*Vinicius no plural*
Unidos da Tijuca	*O deus Thor pede passagem para mostrar a Alemanha*
Vila Isabel	*Brasil, celeiro do mundo*
Alegria da Zona Sul	*Quem não chora não mama*
Caprichosos	*Fanatismo, enigma da mente humana*
Cubango	*Teimosias da imaginação*
Estácio de Sá	*A ópera de um menino*
Império da Tijuca	*Negra pérola mulher*
Império Serrano	*Caxambu*
Jacarezinho	*Puxador não... Jamelão*
Paraíso do Tuiuti	*Chico Anísio*
Porto da Pedra	*Me diga o que calças e eu te direi quem tu és*
Renascer	*Rio, uma viagem alucinante*
Rocinha	*Feijoada à brasileira*
Santa Cruz	*O dragão do mar e a lenda do Ceará*
Sereno	*Na busca da paz*
União de Jacarepaguá	*Vassouras*

Unidos de Padre Miguel	*O encontro entre o céu e a terra no reino do Alafin de Oió*
Vila Santa Teresa	*Axé, no caminho das águas sagradas*
Viradouro	*Nem melhor, nem pior...Salgueiro*

2014

Beija-Flor	O astro iluminado da comunicação brasileira
Grande Rio	*Verdes olhos de Maysa sobre o mar, no caminho: Maricá*
Imperatriz Leopoldinense	*Artur X, o reino do galinho de ouro na corte da Imperatriz*
Império da Tijuca	*Batuk*
Mangueira	*A festança brasileira cai no samba da Mangueira*
Mocidade Independente	*Pernambucópolis*
Portela	*Um Rio de mar a mar*
Salgueiro	*Gaia, a vida em nossas mãos*
São Clemente	*Favela*
União da Ilha	*É brinquedo, é brincadeira*
Unidos da Tijuca	*Acelera, Tijuca*
Vila Isabel	*Retratos de um Brasil plural*

Alegria da Zona Sul	*Sacopenapã*
Caprichosos	*Dos malandros e das madames: Lapa*
Cubango	*Continente negro, uma epopeia africana*
Em Cima da Hora	(não identificado)
Estácio	*Um Rio à beira mar*
Império Serrano	*Angra com os reis*
Inocentes	*O triunfo da América, o canto lírico de Joaquina Lapinha*
Paraíso do Tuiuti	(não identificado)
Parque Curicica	*Na garrafa, no barril, salve a cachaça*
Porto da Pedra	*Majestades do samba, os defensores do meu pavilhão*
Renascer	*Olhar caricato, simplesmente Lan*
Rocinha	*Do paraíso sonhado um sonho realizado*
Santa Cruz	*Jundiaí*

Tradição	(não identificado)
União de Jacarepaguá	*Os iorubás, a história do povo nagô*
Unidos de Padre Miguel	*Decifra-me ou te devoro*
Viradouro	*Sou a terra de Ismael, Guanabaran vou cruzar*

2015

Beija-Flor	*Um griô conta a história: Guiné Equatorial*
Grande Rio	*A Grande Rio é do baralho*
Imperatriz Leopoldinense	*Axé Nkenda*
Mangueira	*Mulher de Mangueira, mulher brasileira*
Mocidade Independente	*Se o mundo fosse acabar, me diz o que você faria*
Portela	*Imaginário: 450 janeiros de uma cidade surreal*
Salgueiro	*Do fundo do quintal, sabores e saberes na Sapucaí*
São Clemente	*A incrível história do homem que só tinha medo da Matita Pereira*
União da Ilha	*Beleza pura?*
Unidos da Tijuca	*O olhar suíço de Clóvis Bornay*
Vila Isabel	*O maestro brasileiro está na terra de Noel*
Viradouro	*Nas veias do Brasil*

Alegria da Zona Sul	*Karioka*
Caprichosos	*Na minha mão é mais barato*
Cubango	*Cubango: a realeza africana de Niterói*
Em Cima da Hora	*O Rio das Arábias*
Estácio de Sá	*De braços abertos de janeiro a janeiro: sorrio, sou Rio*
Império Serrano	*Poema aos peregrinos da fé*
Império da Tijuca	*O Império nas águas doces de Oxum*
Inocentes	*Nelson Sargento*
Paraíso do Tuiuti	*Curumim chama cunhantã*
Parque Curicica	*Os três tenores do samba*
Porto da Pedra	*Há uma luz que nunca se apaga*
Renascer	*Um manifesto ao povo em forma de arte*
Santa Cruz	*Um pequeno menino se tornou um Grande Otelo*

Unidos de Bangu	*Imperium*
Unidos de Padre Miguel	*O cavaleiro armorial mandacariza o carnaval*

2016

Beija-Flor	*Mineirinho genial... Marquês de Sapucaí, o poeta imortal*
Estácio de Sá	*Salve Jorge, o guerreiro na fé*
Grande Rio	*Fui no Itororó, mas achei a bela Santos*
Imperatriz Leopoldinense	*É o amor que mexe com a minha cabeça*
Mangueira	*Maria Betânia, a menina dos olhos de Oyá*
Mocidade Independente	*O Brasil de La Mancha*
Portela	*No voo da águia, uma viagem sem fim*
Salgueiro	*A ópera dos malandros*
São Clemente	*Mais de mil palhaços no salão*
União da Ilha	*Olímpico por natureza, todo mundo se encontra no Rio*
Unidos da Tijuca	*Semeando sorriso, a Tijuca festeja o solo sagrado*
Vila Isabel	*Memórias do Pai Arraia*
Alegria da Zona Sul	*Ogum*
Caprichosos	*Tem gringo no samba*
Cubango	*Um banho de mar à fantasia*
Império da Tijuca	*O tempo ruge, a Sapucaí é grande*
Império Serrano	*Silas canta a Serrinha*
Inocentes	*Cacá Diegues, retratos de um Brasil em cena*
Paraíso do Tuiuti	*A farra do boi*
Parque Curicica	*Corações mamulengos*
Porto da Pedra	*Palhaço Carequinha*
Renascer	*Ibêjis, orixás que viraram santos no Brasil*
Rocinha	*Nova Roma é Brasil, Brasil é Rocinha*
Santa Cruz	*Diz mata! Digo verde. A natureza veste a incerteza*
Unidos de Padre Miguel	*O quinto dos infernos*
Viradouro	*O alabê de Jerusalém: a saga de Ogundana*
Flor da Mina	*Se veste nas sete cores do arco-íris para Oxumarê passar*
Acadêmicos do Sossego	*O circo do menino passarinho*

2017

Beija-Flor	*A virgem dos lábios de mel: Iracema*
Grande Rio	*Ivete do rio ao Rio*
Imperatriz Leopoldinense	*Xingu, o clamor que vem da floresta*
Mangueira	*Só com a ajuda do santo*
Mocidade Independente	*As mil e uma noites, pra lá de Marrakesh*
Paraíso do Tuiuti	*Carnavaleidoscópio tropifágico*
Portela	*Ao ver esse rio passar*
Salgueiro	*A divina comédia do carnaval*
São Clemente	*Onisuáquimalipanse (Envergonhe-se quem pensar mal disso)*
União da Ilha	*Nzara Ndembu, glória ao senhor do tempo*
Unidos da Tijuca	*Música na alma, inspiração de uma nação*
Vila Isabel	*O som da cor*
Alegria da Zona Sul	*Vou festejar com Beth Carvalho*
Cubango	*Versando Nogueira nos cem anos do ritmo que é nó*
Estácio de Sá	*É! O moleque desceu o São Carlos*
Império da Tijuca	*O último dos profetas*
Império Serrano	*Meu quintal é maior do que o mundo*
Inocentes	*Vilões: o verso do inverso*
Parque Curicica	*O importante é ser feliz e mais nada*
Porto da Pedra	*Ô abre-alas, que as marchinhas vão passar*
Renascer	*O papel e o mar*
Rocinha	*Viriato Ferreira*
Santa Cruz	*Uma viagem de sabedoria além da imaginação*
Acadêmicos do Sossego	*Zezé Motta, a deusa de ébano*
Unidos de Padre Miguel	*Ossãe, o poder da cura*
Viradouro	*E todo menino é um rei*

2018

Beija-Flor	*Monstro, os filhos abandonados da pátria*
Grande Rio	*Vai para o trono ou não vai?*
Imperatriz Leopoldinense	*Uma noite real no Museu Imperial*
Império Serrano	*O império do samba na rota da China*
Mangueira	*Com dinheiro ou sem dinheiro eu brinco*
Mocidade Independente	*Namastê*

Paraíso do Tuiuti	*Meu Deus, meu Deus, está extinta a escravidão?*
Portela	*De repente de lá pra cá e dirrepente daqui pra lá*
Salgueiro	*Senhoras do ventre do mundo*
São Clemente	*Academicamente popular*
União da Ilha	*Brasil bom de boca*
Unidos da Tijuca	*Um coração urbano: Miguel*
Vila Isabel	*Corra que o futuro vem aí*
Alegria da Zona Sul	*Bravos malês, a saga de Luiza Mahin*
Cubango	*O rei que bordou o mundo*
Estácio	*No pregão da folia*
Império da Tijuca	*Olubajé*
Inocentes	*Moju, Magé, Mojubá, sinfonias e batuques*
Porto da Pedra	*Rainhas do rádio*
Renascer	*Renascer de flechas e de lobos*
Rocinha	*Madeira matriz*
Santa Cruz	*Quem acredita sempre alcança*
Acadêmicos do Sossego	*Ritualis*
Unidos de Bangu	*A travessia da Calunga Grande*
Unidos de Padre Miguel	*Eldorado submerso: delírio tupi-parintintim*
Viradouro	*Vira a cabeça, loucos gênios da criação*

2019

Beija-Flor	*Quem não viu vai ver: as fábulas do Beija-Flor*
Grande Rio	*Quem nunca? Que atire a primeira pedra*
Imperatriz Leopoldinense	*Me dá um dinheiro aí!*
Império Serrano	*O que é, o que é?*
Mangueira	*História para ninar gente grande*
Mocidade Independente	*Eu sou o tempo. O tempo é vida.*
Paraíso do Tuiuti	*O salvador da pátria*
Portela	*Hei de sempre ouvir cantar um sabiá*
Salgueiro	*Xangô*
São Clemente	*E o samba sambou*
União da Ilha	*A peleja poética entre Rachel e Alencar*
Unidos da Tijuca	*Cada macaco no seu galho*
Vila Isabel	*A Vila canta a cidade de Pedro*
Viradouro	*Vira Viradouro*

Alegria da Zona Sul	*Saravá, Umbanda!*
Cubango	*Igbá Cubango: a alma das coisas e a arte dos milagres*
Estácio de Sá	*A fé que emerge das águas*
Império da Tijuca	*Império do café, o vale da esperança*
Inocentes	*O frasco do bandoleiro, um causo com a boca na botija*
Porto da Pedra	*Antônio Pitanga, um negro em movimento*
Renascer	*Dois de fevereiro no Rio Vermelho*
Rocinha	*Bananas para o preconceito*
Santa Cruz	*Ruth de Souza*
Acadêmicos do Sossego	*Não se meta com a minha fé, acredito em quem quiser*
Unidos da Ponte	*Oferendas*
Unidos de Bangu	*Do ventre da terra, raízes para o mundo*
Unidos de Padre Miguel	*Qualquer semelhança*
Flor da Mina	*Floresta da Tijuca: onde se viu nascer minha Flor*

2020

Beija-Flor	*Se essa rua fosse minha*
Estácio de Sá	*Pedra*
Grande Rio	*Tata Londirá: o canto do Caboclo*
Mangueira	*A verdade vos fará livre*
Mocidade Independente	*Elza deusa Soares*
Paraíso do Tuiuti	*O santo e o rei: encantarias de Sebastião*
Portela	*Guajupiá, terra sem males*
Salgueiro	*O rei negro do picadeiro*
São Clemente	*O conto do vigário*
União da Ilha	*Nas encruzilhadas da vida... salve-se quem puder*
Unidos da Tijuca	*Onde moram os sonhos*
Vila Isabel	*Jaçanã e um índio chamado Brasil*
Viradouro	*Viradouro de alma lavada*
Bangu	*Memórias de um griô*
Cubango	*A voz da liberdade*

Imperatriz Leopoldinense	*Só dá Lalá*
Império da Tijuca	*Quimeras de um eterno aprendiz*
Império Serrano	*Lugar de mulher é onde ela quiser*
Inocentes	*Marta do Brasil*
Padre Miguel	*Ginga*
Porto da Pedra	*O que é que a baiana tem? Do Bonfim a Sapucaí*
Renascer	*Eu que te benzo, Deus que te cura*
Rocinha	*A guerreira negra*
Santa Cruz	*Santa Cruz de Barbalha: um conto popular no Cariri*
Acadêmicos do Sossego	*Os tambores de Olokum*
Unidos da Ponte	*Elos da Eternidade*
Vigário Geral	*O conto do vigário*

2022

Beija-Flor	*Empretecer o pensamento*
Grande Rio	*Fala, Majeté! Sete chaves de Exu*
Imperatriz Leopoldinense	*Onde cantam Dalva e Lamartine*
Mangueira	Angenor, José e Laurindo
Mocidade Independente	*Batuque ao caçador*
Paraíso do Tuiuti	*Ka rí ba tí ye*
Portela	*Igi Osè Baobá*
Salgueiro	*Resistência*
São Clemente	*Minha vida é uma peça*
Tijuca	Waranã, a reexistência vermelha
Vila Isabel	*A Vila é de Martinho*
Viradouro	*Não há tristeza que possa suportar tanta alegria*
Bangu	*Deu Castor na cabeça*
Cubango	*Onilé Cubango*
Em Cima da Hora	*Trinta e três, destino de Dom Pedro II*
Estácio	*Uma vez Flamengo*
Império da Tijuca	*Samba de Quilombo*
Império Serrano	*Mangangá*
Inocentes	*A meia-noite dos tambores silenciosos*

Lins Imperial	*Mussum pra sempris*
Padre Miguel	*Iroko, é tempo de xirê*
Porto da Pedra	*Meu tempo é agora*
Santa Cruz	*Axé Milton Gonçalves!*
Acadêmicos do Sossego	*Visões xamânicas*
União da Ilha	*O vendedor de orações*
Unidos da Ponte	*Santa Dulce dos pobres*
Vigário Geral	*Pequena África*

Relação de estandartes de ouro: sambas ganhadores do grupo especial

São Carlos	1972 1973 1985
Em Cima da Hora	1973 1976 1984
Mocidade Independente	1974 1997 2018 2022
Tupi	1974
Portela	1975 1979 1981 1987 1991 1995 1998 2012 2016
Unidos da Tijuca	1975 1999 2003
União de Jacarepaguá	1976 1981 2004
União da Ilha	1977
Arranco	1977 2006
Salgueiro	1978 2014
Caprichosos	1978
Cabuçu	1979 1996 1997
Vila Isabel	1980 1984 1988 1993 1994 2003 2013
Lins Imperial	1980 1988
Império Serrano	1982 1983 1986 1992 1993 2000 2001 2004 2006
Lucas	1982 1983
Engenho da Rainha	1985 1986 1990
Tradição	1987
Imperatriz Leopoldinense	1989 1996 2008 2010 2011 2015
Arrastão	1989
Mangueira	1990 2000 2002 2009 2019
Santa Cruz	1991 1995
Viradouro	1992
Canários	1994
Ponte	1998 2002

Beija-Flor	1999	2005	2007	2017
Boi da Ilha	2001			
Cubango	2005	2008		
Império da Tijuca	2007			
Inocentes	2009			
Grande Rio	2022			

Bibliografia

ALBIN, Ricardo e outros. *Dicionário Houaiss ilustrado: Música Popular Brasileira*. Rio de Janeiro: Paracatu Editora, 2009.

ARAÚJO, Hiram. *Carnaval: seis milênios de história*. Rio de Janeiro: Gryphus, 2000.

AUGRAS, Monique. *O Brasil do samba-enredo*. Rio de Janeiro: FGV, 1998.

BARBOZA, Marilia T., Carlos Cachaça e Arthur de Oliveira Filho. *Fala, Mangueira!* Rio de Janeiro: José Olympio, 1980.

CABRAL, Sérgio. *As escolas de samba do Rio de Janeiro*. Rio de Janeiro: Lumiar Editora, 1996.

COSTA, Haroldo. *100 anos de carnaval no Rio de Janeiro*. São Paulo: Irmãos Vitale, 2000.

_____. *Salgueiro, 50 anos de glória*. Rio de Janeiro: Record, 2003.

ENDERS, Armelle. *A história do Rio de Janeiro*. Rio de Janeiro: Gryphus, 2004.

GERSON, Brasil. *História das ruas do Rio*. Rio de Janeiro: Lacerda, 2000.

LOPES, Nei. *Guimbaustrilho e outros mistérios suburbanos*. Rio de Janeiro: Dantes, 2001.

LOPES, Nei. *O negro no Rio de Janeiro e sua tradição musical*. Rio de Janeiro: Pallas, 1992.

MOURA, Roberto. *Tia Ciata e a Pequena África no Rio de Janeiro*. Rio de Janeiro: Secretaria Municipal de Cultura, 1995.

VALENÇA, Rachel e Suetônio. *Serra, Serrinha, Serrano, o Império do samba*. Rio de Janeiro: José Olympio, 1981.

VARGENS, João e Carlos Monte. *A velha guarda da Portela*. Rio de Janeiro: Manati, 2001.

Índice de agremiações

Abolição 233

Acadêmicos da Carioca 216, 224

Acadêmicos da Cidade de Deus 86, 214, 219

Acadêmicos da Rocinha 52, 128, 229-230, 232-234, 236-242, 244-250, 252-256

Acadêmicos de Duque de Caxias 167-168, 200

Acadêmicos de Santa Cruz 83, 86, 103, 158-159, 222, 224, 226-227, 229-234, 236-257

Acadêmicos do Beltrão 211, 216

Acadêmicos do Cachambi 218

Acadêmicos do Cubango 104, 106, 108, 129, 160, 200, 211, 216, 219, 221-224, 226, 230, 232-233, 235-237, 239-245, 247-256, 258

Acadêmicos do Dendê 233

Acadêmicos do Engenho da Rainha 88, 113, 117, 146-147, 214, 218, 221-223, 225-230, 232, 233, 235, 238, 257

Acadêmicos do Grande Rio 77, 127, 130, 167-168, 209, 214, 216, 228-231, 237-256, 258

Acadêmicos do Salgueiro 63-66, 68-70, 74, 76, 81-82, 87, 89, 93-95, 100, 105, 121, 126, 128, 148-150, 154, 175, 177, 179-181, 183-184, 204-210, 212, 214-215, 217-223, 225-245, 247-257

Acadêmicos do Sossego 216, 223, 224, 247, 252-257

Alegria da Zona Sul 238, 239, 241-255

Alegria de Copacabana 215

Ameno Heliotropo 156

Ameno Resedá 12

Aprendizes da Boca do Mato 64, 178, 205

Aprendizes de Lucas 61, 162, 204

Arranco 94, 103-104, 131, 164-165, 214, 215, 217-219, 222, 223, 225-234, 238, 243-247, 257

Arrastão de Cascadura 89, 91, 113, 165-166, 214, 216-222, 224, 227, 230-233, 246, 257

Arrepiados 15

Azul e Branco 23, 27, 29, 40, 149-150, 179, 181

Baba do Quiabo 215

Bafo do Leão 215

Bafo do Tigre 211

Baianinhas de Oswaldo Cruz 135

Banda do Fonseca 211

Beija-Flor 60, 77, 92-93, 96, 105, 118, 123, 139, 144-145, 189, 204, 206, 208-215, 217, 219-231, 233-256, 258

Bloco dos Africanos 177

Bloco dos Arengueiros 136-137, 172

Bloco dos Brotinhos 151

Boêmios da Madama 216, 221, 223

Boi da Freguesia 215

Boi da Ilha 234, 238-240, 244-247, 258

Branco no Samba 216, 218

Bugres do Cubango 211, 223-224

Cabuçu ver Unidos do Cabuçu

Caçadores da Vila 211, 216, 218, 224

Cacarecos Unidos 213, 215

Cacique de Ramos 156, 186

Cacique do Viradouro 223

Cada Ano Sai Melhor 15, 152

Camisolão 218, 221, 223-224

Canarinhos da Engenhoca 216, 218

Canários das Laranjeiras 108, 168-169, 187, 208, 211, 231, 233-234, 257

Capricho do Centenário 86, 168, 208

Caprichosos de Pilares 77, 88, 115-116, 145-146, 187, 199, 209-210, 212, 214, 216-231, 233-242, 244-246, 248-252, 257

Cara de Boi 211, 215

Cartolinhas de Caxias 59, 168, 204, 208

Cidade de Deus *ver* Acadêmicos da Cidade de Deus

Combinado do Amor 98, 216, 218, 221, 223, 224

Conjunto de Oswaldo Cruz 15, 16, 135

Corações Unidos 93, 155, 211, 219, 222-224, 246

Cubango *ver* Acadêmicos do Cubango

Deixa Falar 14, 152

Depois Eu Digo 149, 179, 181

Difícil É o Nome 169, 232, 233, 235, 243, 244

Em Cima da Hora 76, 88, 91, 99, 101, 157-158, 163, 185, 189, 207-212, 214, 216, 218-223, 227, 232-239, 250, 251, 256, 257

Endiabrados de Ramos 156

Engenho da Rainha *ver* Acadêmicos do Engenho da Rainha

Estação Primeira de Mangueira *ver* Mangueira

Estácio de Sá 90, 126, 130, 152, 190, 221-223, 225-231, 233-241, 245-256

Filhos do Deserto 60, 61, 161, 204

Flor da Mina 93, 105-106, 168-169, 211, 213-216, 243, 247, 252, 255

Flor do Abacate 12

Flor do Camiseiros 149

Flor do Lins 161

Foliões de Botafogo 101, 168-169, 209, 212, 214

Galo da Leopoldina 163

Grande Rio *ver* Acadêmicos do Grande Rio

Guerreiros da Ilha 211

Ilha da Conceição 219, 223-224

Imperatriz Leopoldinense 60, 69, 79, 83, 86, 94-97, 118, 156-157, 176, 186-187, 190, 199, 205-215, 217, 219-223, 225-257

Império da Tijuca 77, 81, 85, 88, 92, 100-101, 103, 113, 128, 139-140, 144, 184-185, 207, 208, 210, 212, 213, 216, 217-223, 225-239, 242, 244, 245, 247-256, 258

Império de Campo Grande 218

Império de Niterói 224

Império do Marangá 210, 213, 214, 216, 217, 219-221

Império Gonçalense 211, 216, 219

Império Serrano 48, 50, 55, 59, 61, 68, 74, 76, 78, 84, 91, 95, 110, 127, 143-144, 149-150, 154, 165-166, 171, 176-177, 182-184, 186, 190-191, 204-214, 216, 217, 219-223, 225-234, 236-243, 245, 247-257

Independentes da Praça 243-245

Independentes de Cordovil 86, 209, 210, 212-214, 220, 223, 225-229, 231-233

Independentes do Zumbi 213

262

Índios do Acaú 188
Inocentes 237, 238, 240-242, 244-256, 258

Jacarezinho *ver* Unidos do Jacarezinho

Lambe Copo 167
Leão de Nova Iguaçu 227-230, 232, 234, 238-242
Lins Imperial 60, 82- 83, 98, 126, 161-162, 207-208, 210, 212, 216-222, 224-230, 232, 234-236, 241-243, 245, 246, 257
Lucas *ver* Unidos de Lucas

Mangueira 15, 16, 23, 25, 26-27, 29, 42, 45, 49-50, 57-58, 61, 67, 69, 75, 77, 86, 94-95, 97, 112, 124-125, 127-128, 136-137, 149, 154, 161, 164, 172-173, 179, 182-183, 190, 199-200, 203-210, 212-215, 217, 219-223, 225-257
Manguinhos *ver* Unidos de Manguinhos
Mimosas Cravinas 12
Mocidade de São Mateus 211, 213
Mocidade de Vicente 213, 215
Mocidade Independente de Padre Miguel 64, 76, 90-92, 109, 115, 188, 141, 153-155, 183, 191, 197-198, 205, 207-210, 212-215, 217, 219-223, 225-246, 248-257
Mocidade Almerinda 219, 222-224
Mocidade Unida do J.A. 215
Mocidade Unida 226, 230, 232

Namorar Eu Sei 213

Ouro Sobre Azul 135

Pacíficos 103, 222

Paixão de Ramos 156
Para o Ano Sai Melhor 15, 16, 152
Paraíso das Baianas 151
Paraíso das Borboletas 12
Paraíso das Morenas 152
Paraíso do Tuiuti 96, 151, 172, 200, 208-210, 212, 214, 220, 221, 224, 226-228, 237-243, 245-247, 249-256
Parque Curicica 243-247, 250-253
Paz e Amor 156
Poços do Anil 211
Ponte *ver* Unidos da Ponte
Portela Tradição 167
Portela 15, 16, 22-23, 25, 28-29, 38-39, 41-44, 46, 48, 50, 58, 63-64, 69, 75-76, 86, 98, 109, 112, 114, 117, 135-136, 149-151, 154, 161, 165, 167, 169, 173-174, 183-184, 190, 196-197, 203-223, 225-246, 248-257
Porto da Pedra *ver* Unidos do Porto da Pedra
Praça da Bandeira 242, 246
Prazer da Serrinha 42, 143-144, 171, 176-177, 203
Príncipe da Floresta 136-137

Quem Fala de Nós Come Mosca 135
Quem Fala de Nós Não Sabe o Que Diz 211, 213
Quem Nos Faz É o Capricho 135
Quem Quiser Pode Vir 211, 213
Quilombo 108, 111, 174, 191, 215-217, 219

Recreio das Flores 12
Recreio de Ramos 156, 171
Recreio de São Carlos 152
Renascer 129, 198, 242-256
Rocinha *ver* Acadêmicos da Rocinha
Rosa de Ouro 12

Sai Como Pode 156

Salgueiro *ver* Acadêmicos do Salgueiro

Santa Cruz *ver* Acadêmicos de Santa Cruz

São Carlos *ver* Unidos de São Carlos

São Clemente 68, 116-117, 160-161, 209, 212, 215, 217, 218, 220-222, 224-230, 232-234, 236-244, 246-256

Sereno 191, 244-247, 249

Sousa Soares 211, 216, 219, 222-224

Terreiro Grande 149

Tradição 116, 167, 184, 223-227, 229-246, 251, 257

Tupi de Brás de Pina 62-63, 77, 82, 86, 147-148, 205, 208-210, 212, 214-216, 220, 224, 226-227, 257

Um Amor para Todos 224

União da Ilha do Governador 60, 70, 75, 80, 84, 89, 94-95, 101, 126, 150-151, 175,183, 205, 208, 210-215, 217-223, 225-244, 246-255, 257

União de Jacarepaguá 95, 100, 110, 112, 154-155, 184, 208-215, 219, 224, 239-247, 249, 251, 257

União de Rocha Miranda 218, 224

União de Vaz Lobo 218, 224

União do Centenário 77, 168, 208

Unidos da Capela 141, 162

Unidos da Ponte 94, 100-101, 103, 148, 210, 212, 215-223, 225, 226, 228-233, 236, 238-240, 255-257

Unidos da Tijuca 16, 23, 25, 26, 37, 42-44, 50, 66, 67, 82, 84-85, 92, 98, 102, 117, 130-131, 137-138, 200, 205, 210-213, 216-223, 225-244, 246-255, 257

Unidos da Vila São Luís 168

Unidos da Zona Sul 218

Unidos de Bangu 77, 138-139, 209, 211-213, 216-219, 221-222, 224, 252, 254, 255

Unidos de Cosmos 218

Unidos de Lucas 67-68, 77-78, 85, 87, 92-93, 102, 162-163, 207-210, 212, 216-222, 224-230, 232, 234, 235, 240, 244, 245, 257

Unidos de Manguinhos 77, 80, 208-209, 214, 220

Unidos de Nilópolis 213, 216, 218, 220

Unidos de Padre Miguel 115, 155-156, 208-210, 213, 218, 223, 244-247, 249, 251-257

Unidos de São Carlos 87, 90-91, 107, 113, 152-153, 207-210, 212, 214-215, 217-219, 221, 257

Unidos de Terra Nova 146

Unidos de Vila Isabel 70, 73, 79, 87, 95, 97, 99, 111, 114, 141-142, 178-179, 181, 188, 190, 196-197, 206-210, 212-214, 216-223, 225-241, 243-244, 246-257

Unidos de Vila Kennedy 168, 211

Unidos de Vila Rica 211, 213, 215, 232, 234, 235-236, 238-239

Unidos do Arrastão 166

Unidos do Cabral 211, 213, 215

Unidos do Cabuçu 80, 106-107, 140-141, 159, 205, 207, 209, 210, 213, 214, 216-234, 236-238, 257

Unidos do Campinho 229

Unidos do Cantagalo 211, 213

Unidos do Gavião 222, 224

Unidos do Grande Rio 228

Unidos do Jacarezinho 110, 163-164, 207-209, 212-213, 215, 216, 218, 220-222, 224-226, 228-232, 234-237, 240, 242, 246-247, 249

Unidos do Mem de Sá 211

Unidos do Porto da Pedra 127-128, 166-167, 195, 232-245, 247-257
Unidos do Salgueiro 149, 179-181, 204
Unidos do Tuiuti 151
Unidos do Uraiti 216, 220
Unidos do Viradouro 142-143, 160, 211, 216, 219-224, 227-241, 243-244, 246-257

Vai Como Pode 16, 23, 135
Vai Se Quiser 109, 155, 168-169, 211, 215

Vê Se Pode 152
Vicente Carvalho 235, 242, 245, 247
Vigário Geral 162, 234-235, 256, 257
Vila Isabel *ver* Unidos de Vila Isabel
Vila Santa Teresa 209, 213, 216, 218, 250
Viradouro *ver* Unidos do Viradouro
Vizinha Faladeira 15, 18, 23, 52, 232-233, 242-245
Voz do Salgueiro 149

Este livro foi composto na tipografia Minion Pro,
em corpo 10,5/14,5, e impresso em
papel off-white no Sistema Cameron da
Divisão Gráfica da Distribuidora Record.